진보
집권
플랜

진보 집권 플랜

오연호가 묻고
조국이 답하다

오마이북

조국의 이야기
'촛불'을 기억하는 당신에게

'잃어버린 10년'을 되찾겠다는 구호를 내걸었던 이명박 정권은 표현의 자유 보장 수준과 남북관계를 10년 전으로 되돌려놓았다. 대한민국 전체가 순식간에 공지영 작가의 소설 《도가니》의 배경이 된 '무진霧津시'가 된 느낌이다. 국가권력은 '고소영'과 '강부자'▪ 집단의 이익을 노골적으로 대변·옹호하는 기구로 전락했다. 10년간 평화의 기운이 자리를 잡았던 한반도에는 '냉전'을 넘어 '열전'의 기운이 가득하다. 이 속에서 과거 자신의 말과 기준을 180도 바꾸면서 권력 유지·행사에 '올인'하는 '후흑한厚黑漢'(두꺼운 얼굴과 시커먼 마음을 지닌 사람)들이 기세등등하게 '완장'을 차고 설친다.

민주주의를 '다수결주의'로 환치시키고 반대파와 비판자를 '법치'의 대상으로 파악하는 이들은 다음과 같이 당당하게 말한다. "지난 선거에서 다수가 우릴 뽑았잖아. 우린 임기 동안 우리 편끼리 마

▪ '고소영'은 '고려대, 소망교회, 영남 출신', '강부자'는 '강남 땅부자'의 줄임말이다. 2008년 집권 초기에 내각 파문으로 '특권층과 부자만을 위한 정권'이라는 비판을 받은 이명박 정부의 인사 스타일을 빗댄 신조어이다.

음대로 할 수 있어. 억울하면 다음 선거에서 이겨서 너희 마음대로 하면 될 거 아냐. 물론 너희가 이기게 놔두진 않을 거지만……." 반면 진보·개혁 진영은 사분오열되어 있다. '반MB' 투쟁을 위한 화력도 시원찮고 '반MB'를 넘는 비전도 분명하지 않다.

그리하여 주변의 많은 사람이 비관과 절망을 말했다. 나 역시 가슴이 아리고 막막한 때가 있었다. 지식인으로서 공력功力의 부족함, 학자로서 무력감을 느꼈다. 믿었던 모든 것, 추구했던 모든 것을 되돌아보고 되씹어보았다.

그러나 나는 낙관과 희망을 말하고자 한다. 전국의 거리에서 촛불을 들었던 주권자를 믿기 때문이다. 그 장엄한 촛불의 행렬은 거리에서 사라졌지만 촛불은 각 주권자의 마음속에서 빛나고 있다. 2010년 6월 지방선거의 결과는 하늘에서 떨어진 것이 아니다. 그것은 이명박 정권 출범 이후 짜증, 고통, 분노를 느낀 수많은 주권자들이 조용히 내린 결단의 산물이다. 짙은 안개가 진실을 가리고 있는 이 '무진 공화국'에서도 주권자의 의식과 힘을 믿고서 끈질기게 헤쳐나가면 안개를 걷어낼 수 있다.

이 대담은 오연호 〈오마이뉴스〉 대표기자의 제안으로 시작되었다. 시각, 연배, 경험이 비슷한 데다 같은 동네에 살고 있는 오 대표와 이런저런 얘기를 나누다가 우리 사회의 주요 문제를 총체적으로 점검해보자는 데 의기투합했다. 이명박 정권의 무도無道함에 대한 비판과 분노 표출을 넘어 지난 김대중·노무현 두 민주정부의 공과 과를 공정하게 평가하고 미래의 비전과 정책을 제시해야 진보·개혁 진영이 권력을 되찾을 수 있다는 점에 공감했다.

이후 우리는 7개월 동안 수시로 만나 대담을 나누었다. 마침 내가 6개월의 안식학기를 받은 터라 시간 여유가 있었다. 오 대표는 질문을 준비했고 나는 대답을 준비했다. 우리는 에두르지 않고 직설적으로 묻고 답했다. 구체적인 정책은 물론 구체적인 사람에 대한 긍정적·부정적 평가를 피하지 않았다. 나는 진보·개혁 진영이 깊이 생각하지 않고 있는 문제, 직면하기를 회피하는 문제, 관성에 따라 사고하고 행동하는 문제 등을 드러내고 그에 대한 나름의 해답을 제시하려 했다. 진보·개혁 진영이 '성역'처럼 생각하는 지점도 치고 들어갔다. 따라서 이 대담집에서 제시된 나의 의견은 수구·보수 진영으로부터 맹공을 받을 것이 분명하고, 이에 더하여 진보·개혁 진영에서도 비판을 받을 것이다. 그러나 내 의견의 합리적 핵심이 무엇인지만 알아준다면, 그리고 소통하고 연대한다면 아무 문제 없다.

학문을 한다는 것 자체가 주이상스 jouissance■인바 온통 학해學海에 빠져 헤엄치고 있어야 할 사람이 특정 정파의 집권 전략과 정책을 운운하며 시간과 정력을 낭비하느냐고 비난하는 이도 있을 것이다. "까마귀 우는 곳에 백로야 가지 마라" 하며 "학자는 정치판에서 멀어져야 한다"고 훈계하는 이도 있을 것이다. 이런 충고들도 나는 다 감당할 것이다.

그러나 몇 가지 점만큼은 분명히 하고 싶다. 대한민국이라는 정치 공동체에 사는 사람은 그 누구도 정치로부터 자유로울 수 없다. 우

■ 프랑스어로 주이상스는 성적인 쾌락을 뜻하지만, 정신분석학자 라캉(Jacques Lacan)은 금지된 욕망에서 얻을 수 있는 극도의 쾌락, 억압적 일상이 깨지면서 경험하는 쾌락을 지칭하는 용어로 사용한다.

리는 매 순간 정치행위를 하고 있으며 심지어 '탈정치'를 말하는 것 자체도 하나의 정치행위이다. 경제, 문화, 예술 등은 정치만큼 똑같이 중요하지만 정치의 향방과 수준은 시민의 삶에 더 직접적인 영향을 미친다. 이명박 정권이 출현하자 그 이전 10년과는 다른 변화가 얼마나 많이 생겼는지 생각해보라. 2012년, 늦어도 2017년에 진보·개혁 진영이 집권하지 못한다면 한국 사회가 어떻게 변모해 있을지 생각해보라. 법과 제도의 중요성을 아는 사람으로서 이와 직결되는 정치를 외면하는 것은 의무해태이자 직무유기이다.

이 대담집은 나와 동시대를 살았으며 또한 살고 있는 '386세대'의 옆구리를 꾹 찌르는 책이다. 우리는 군사독재와 권위주의 체제에서 힘든 청년 시절을 보낸 후 어느새 집안의 가장, 조직의 중견, 사회의 허리가 되었다. 그 과정에서 세상과 사물의 빛과 그림자, 음과 양을 다 보았다. 그렇지만 이제 냉소, 초연, 안주安住를 넘어 자식 세대에게 어떠한 세상을 물려줄 것인지 고민할 때가 되었다. 우리는 용케 생존에 성공하고, 나아가 세속적 기준으로 '승자'가 되기도 했지만, 우리가 겪었던 무한경쟁의 쳇바퀴 속으로 자식과 손자가 또 들어가는 일은 막아야 한다.

그리고 나는 이 책을 20, 30대 청년들이 많이 읽기를 희망한다. 현재 청년들은 현실의 팍팍함과 미래에 대한 불안에 시달리고 있다. 대학등록금 1000만 원, 청년실업자 100만 명이라는 통계는 고통의 근원이 무엇인지를 보여준다. 이러한 환경 속에서 청년들은 험한 세상에서 살아남으려면 각자도생各自圖生과 각개약진各個躍進으로 자신만의 스펙specification(학력·학점·토익점수 등 취업준비생의 외적 조건)을 쌓는 수밖에 없다는 철학을 가지게 된 듯하다. 그러나 법과 제도

의 변화 없이 개별적 분투만으로 문제가 해결될 확률은 낮다. 이 대담집을 통하여 청년들이 한국 사회의 미래와 자신의 역할을 다시 생각해볼 수 있었으면 좋겠다. 인생의 선배가 내미는 손을 잡아주길 희망한다.

군사독재정권에 대한 전투적 저항이 계속되었던 1980년대 전반기를 뒤로하고 대학원에 진학한 이후 줄곧 나는 학자의 길, 교수의 길을 걷고 있다. 뜻과 마음을 나누며 세미나, 농촌활동, 시위 등을 같이하던 여러 벗과 지인들이 정치인으로, 시민사회운동가로, 법률가로 나설 때 나는 학문을 택했다. 잘하는 것이 공부밖에 없는 '범생이'에게 별다른 선택지가 없기도 했지만, 1987년 헌법체제의 출범을 앞두고 세상을 더 깊고 더 세밀히 분석해봐야겠다는 생각이 강했기 때문이다.

전공학문이 법학이다 보니 한국 사회의 진보와 개혁을 위해서는 어떠한 법과 제도가 필요한지가 나의 중심 화두였다. 그런데 이 화두를 풀기 위해서는 논문, 책, 외국의 사례에 익숙해야 함은 물론, 살아 꿈틀거리는 한국 사회의 현실 속으로 발을 내딛는 것이 필수적이었다. 자신과 대중이 숨 쉬며 살고 있는 사회 현실에 대한 참여 없이 제대로 된 법 연구, 제도 연구가 나올 리 만무하다. '순수학문' 또는 '가치중립'의 이름 아래 계급, 계층, 집단의 가치와 힘이 격렬히 부딪치는 현실을 외면하는 법학 연구란 현실 적합성을 잃게 됨은 물론이다. 그리하여 참여연대 사법감시센터 소장 및 부운영위원장, 국가인권위원 등의 일을 하면서 더 나은 세상을 만들려고 노력했다.

이 같은 학자이자 참여지식인의 삶은 내가 대학원을 진학하며 꿈꾸었던 모습이다. 당시에 나는 감히 사르트르Jean Paul Sartre나 러셀Bertrand Russell을 꿈꾸었다. 그런데 오 대표는 나에게 대담 도중 여러 번 정치인으로의 변신을 권유했다. 아마도 내가 정치인으로서 '상품성'이 있다는 판단 때문이었을 것이다. 국회의원 선거나 지방선거에서 내 이름이 거론된 것도 비슷한 이유에서였을 것이다.

한편으로는 감사하지만 다른 한편으론 부담이 크다. 정치인이 되고자 한다면, 그 이전에 자신이 가진 모든 것을 다 버리고 대중 속으로 뛰어들어야 한다. 강력한 권력의지를 가지고 안팎으로 부딪치고 싸우면서 권력을 향해 나아가야 한다. 후방에서 벌이는 작전 수립이나 평가에 그치지 않고 최전방에서 육박전을 마다하지 않아야 한다. 사색하고 책을 읽고 글을 쓰는 것보다는 사람을 만나고 소통하고 설득하고 묶는 일을 더 좋아하고 또 이에 몰두해야 한다.

아직 나는 이러한 모습의 나를 상상하지 않고 있다. 학자의 길을 걷기로 결심하면서 스스로에게 부과한 과제가 남아 있기 때문이다. 정치를 하기 위한 심신의 '결기'와 '근육'이 취약함을 직시하고 있기 때문이다. 현 상황에서 내가 정치인으로 변신하기보다는 현재와 같은 모습으로 나의 길을 가는 것이 진보·개혁 진영 전체의 발전을 위해 옳은 선택이라고 믿는다. 그러나 진보·개혁 진영이 가야 할 길을 가리키는 '나침반'의 역할, 그리고 갈라진 진보·개혁 진영을 다시 붙이는 '접착제'의 역할은 기꺼이 하고자 한다.

독자들에게 다음과 같이 제안한다. 어느 영역에서 무슨 일을 하고 있든 간에 다시 한 번 마음속에 불꽃을 피우자. 한국 사회의 진보와 개혁을 위한 분명한 비전과 정책, 그것을 실현할 수 있는 인물의 '라인업'을 다 같이 고민하고 만들어보자. 그러면서 우리 모두 지금 서 있는 자리에서 한 걸음씩 더 나아가보자. 자기비판과 성찰을 하면서도 긍정과 낙관을 잃지 말자. 일찍이 러셀은 다음이 같이 말한 바 있다. "어리석은 자들은 독단적으로 자신만만한 데 반하여 똑똑한 자들은 의심으로 가득 차 있다는 것이 세상의 문제이다."

마지막으로, 이런 기회를 만들어준 오연호 대표와 여러 차례 대담을 성실하게 정리해준 서유진 씨, 사진을 찍어준 권우성 씨, 편집·출판 작업을 맡아 진행한 이한기, 서정은 씨에게 고마움을 표한다.

2010년 9월
태풍이 지나간 오후에
조국

◉_ 차례

조국의 이야기
'촛불'을 기억하는 당신에게   5

프롤로그
진보 집권을 디자인하다   19

플랜 1: 성찰
왜 진보가 집권해야 하는가   43

승리하는 경험은 왜 중요한가 ··· **46**
'나쁜 삼성'과 '좋은 삼성' ··· **52**
무상급식, 박정희 모델을 흔들다 ·· **60**
왕이 되기를 포기한 영주들 ·· **67**
정치 진보·생활 보수 '386의 딜레마' ··· **73**
김대중·노무현으로 만족하십니까 ·· **76**

플랜 2: 사회·경제 민주화

특권과 불공정의 시대를 넘어   81

출산파업 권하는 사회구조 · **84**
경쟁이라는 이름으로 포장된 특권 · **90**
시장임금을 넘어 사회임금으로 · **99**
4대강 사업이 '나쁜 일자리' 늘렸다 · **108**
사자와 소를 한 울타리에 풀지 마라 · **114**
삼성과 발렌베리의 세습 경영 · **121**
유럽이라면 피맛골을 없앴을까 · **130**
진보의 욕망을 디자인하라 · **134**

플랜 3: 교육

청년들의 미래에 투자하라   145

중학교 성적으로 학생을 뽑는 대학 · **148**
'어퍼머티브 액션'을 도입하라 · **152**
서울대 폐지보다 분할이 낫다 · **159**
선행학습이 반칙인 프랑스 교육 · **163**
20대의 요구에 침묵하면 미래는 없다 · **173**

플랜 4 : 남북 문제

그래, 통일이 밥 먹여준다 181

천안함과 초코파이, 서로 다른 힘 ··· **184**
법륜 스님의 북한 인권 접근법 ··· **192**
통일은 결과보다 과정이 중요하다 ··· **198**
한미동맹, 버리지 말고 고쳐 쓰자 ··· **203**
북한은 베트남 모델에서 배워라 ··· **208**
민족주의 넘어서야 미래가 열린다 ··· **220**

플랜 5 : 권력

'괴물' 검찰 어떻게 바꿀 것인가 225

막강한 권력, 브레이크 없는 검찰 ··· **228**
'죽은 권력' 노무현은 이겼지만 ··· **231**
검찰은 퇴임한 MB에게 칼 겨눌까 ··· **235**
고위공직자비리수사처는 필수다 ··· **240**
법무부는 검찰 그늘 벗어나야 ··· **247**
권력혐오증을 넘어서 ··· **251**

플랜 6: 사람
잔치는 다시 시작이다　255

대중은 판을 바꿀 준비가 돼 있다 ··· **258**
'민란 프로젝트'와 '올리브 동맹' ·· **261**
마키아벨리적 재능을 지닌 유시민 ··· **274**
정동영의 반성, 진정성이 열쇠다 ·· **279**
지방권력 쥔 '노무현 가문'의 과제 ··· **281**
이정희의 가능성과 민노당의 딜레마 ··· **288**
원희룡·나경원의 닮은꼴과 차이점 ·· **290**
진보·개혁 진영의 '드림팀'을 만들자 ·· **296**

에필로그
진보의 고속도로를 만들자　301

오연호의 이야기
조국을 찜하다　317

일러두기

_이 책은 2010년 2월 초부터 9월 초까지 열 차례에 걸쳐 진행된 조국과 오연호의 인터뷰 대담을 정리한 것입니다. 대담은 두 저자가 살고 있는 서울 방배동의 카페, 그리고 조국의 서울대 법대 연구실에서 진행되었습니다.

_대담의 내용과 흐름을 자연스럽게 살리기 위해 정치인들이 실명으로 등장한 부분에서 존칭이나 직함은 일부 생략했습니다.

_2010년 6월 2일 실시된 제5회 전국동시지방선거는 '6·2 지방선거', 2010년 7월 28일 실시된 국회의원 재·보궐선거는 '7·28 재·보궐선거'로 표기했습니다.

프롤로그
진보 집권을 디자인하다

오연호 이곳이 말로만 듣던 서울대 법대 교수 연구실이군요. 방이 교수님처럼 단정하네요. 교수님을 보면 질투가 나는 사람들이 많을 것 같습니다. 직업 좋지, 글 잘 쓰지, 키 크지, 잘생겼지, 게다가 진보적이기까지 하잖아요. (웃음) 전에 노무현 전 대통령을 따르는 누리꾼들이 이해찬 전 총리를 일컬어 '사상이 섹시한 남자'라고 했는데, 교수님도 비슷하십니다.

조국 하하, 그렇게 말씀하시니 부담스럽습니다. 저 역시 인간의 한계와 욕망을 다 가지고 있고, 순간순간 흔들리고, 이런저런 잘못과 실수를 범하며 살아가고 있습니다.

오연호 이름이 참 인상적입니다. 2008년에 쓰신 《성찰하는 진보》를 보면 이름 때문에 많은 주목과 '고초'를 받아왔다는 대목이 있습니다. '조국曺國'이란 이름을 어떻게 생각하십니까?

조국 누구나 기억할 수밖에 없는 이름이죠. 할아버지와 아버지가 항렬자인 '현鉉' 자도 넣지 않고 외자 이름을 지어주셨는데, 아주 센 이름입니다. 모험을 거신 거죠. 저는 이 이름이 제게 부담을 준다고 생각했고, 그 부담을 감당하기 위해 노력해왔습니다. 그러다 보니 그나마 여기까지 온 것 같습니다.

오연호 교수님은 82학번으로 서울대 법대에 들어갔고, 또 학생운동을 했습니다. 졸업 후에 선택할 수 있는 진로가 여러 가지였을 텐데, 학자의 길을 선택한 이유는 무엇이었나요?

조국 저는 학생운동 대오의 중간 정도에 서 있었습니다. 사회과학 세미나, 농촌 활동, 도시빈민 활동 등에 꼬박꼬박 참가했지만, 학생운동의 선봉에 서진 못했습니다. 제가 '투사'형은 아니었거든요. 그리고 선배들이 농담 반 진담 반으로 그랬어요. "너는 눈에 금방 확 띄어서 우리에게 피해를 줄 수도 있으니 뒤에 있어라." (웃음) 그 당시 제가 주로 맡았던 일은 군사독재의 폐해와 악행을 비판하는 글을 쓰고 자료를 만드는 것이었습니다. 이런 활동이 이후 진로 선택에 영향을 미쳤던 것 같습니다.

그러다가 1987년 6월 항쟁을 기점으로 민주화의 흐름이 거세지면서 우리 사회를 위해 무엇을 할 것인가 고민했습니다. 제 동기들을 보면 정치권으로 들어간 친구도 있고 법조계로 진출한 친구도 있었죠. 저는 제 길이 무엇일까 고민하다가 공부를 더 해야겠다고 마음먹었습니다. 저한테 공부가 맞는다고 생각했어요. 정치를 한다는 건 '사자의 심장'을 가지고 완전히 발가벗은 채로 대중의 바다로 뛰어드는 것을 말하는데 그런 용기가 없었던 것 같습니다. 그 대신 저는 차분하게 사태를 진단하고 냉정하게 대처법을 정리하는 데 능했어요. 이런 경향 또는 소질 때문에 학자의 길을 선택한 게 아닐까 합니다.

조국, 조국을 말하다

오연호 언론에서도 조국 교수의 미래에 많은 기대를 거는 것 같습니다. 2004년에는 〈한겨레〉가 '한국의 미래를 열어갈 100인'에, 2005년에는 〈경향신문〉이 '한국을 이끌 60인'에 교수님을 선정했더군요. 최근엔 보수언론인 〈동아일보〉에서도 교수님을 주목했다면서요?

조국 2010년 5월 〈동아일보〉가 창간 90주년 행사의 일환으로 '2020년 한국을 빛낼 100인'을 발표하면서 저를 '행동하는 지성인'으로 선정했습니다. 〈동아일보〉의 선정은 의외였어요. 그런데 앞서 3월에는 '국가정상화추진위원회'라는 해괴한 보수단체가 '친북·반국가 인사' 100인 명단을 발표하면서 제 이름을 넣었더군요. (웃음)

오연호 교수님은 〈한겨레〉, 〈경향신문〉, 〈중앙일보〉, 〈한국일보〉 등 여러 매체에서 고정 칼럼니스트로 활동하셨는데, 그중에 제가 인상적으로 읽었던 것이 두 개의 편지입니다. 그 하나가 교수님이 이재용 삼성전자 부사장에게 보낸 편지인데, 후계 문제를 정정당당하게 처리하라는 내용이었습니다.* 답장은 받으셨나요?

조국　　물론 못 받았습니다. (웃음) 왜 그 편지를 썼는지는 앞으로 재벌 개혁에 대한 이야기를 나눌 때 더 말씀드리겠습니다.

오연호　　또 하나의 편지는 노무현 대통령이 막 취임했을 때 그에게 보낸 것이었습니다.■■ 그 편지에서는 친인척 비리 경계 등 노 대통령이 재임 기간 중 주의해야 할 사항을 경고하고 있습니다. 교수님이 그런 편지를 공개적으로 보낸 적이 있기 때문에 노 전 대통령이 서거했을 때 여러 가지 복잡한 심경이 들었을 것 같습니다.

조국　　다들 마찬가지였겠지만 제게도 큰 충격이었습니다. 소식을 듣자마자 당시 안경환 국가인권위원장님과 함께 바로 봉하마을로 내려갔습니다. 믿기 힘들었고 너무 안타까웠습니다. 저는 노 대통령이 취임하자마자, 한비자韓非子가 군주에게 악이 되는 여덟 가지 장애로 열거한 '팔간八姦'의 문언을 빌려 편지를 보냈습니다. 그중 세 가지만 언급하겠습니다. 첫째는 '동상同床', 즉 잠자리를 같이하는 자를 경계하라는 것이었습니다. 영부인, 자녀, 며느리, 사위, 형제 등의 친인척 관리를 잘하라는 것이었죠. 둘째는 '재방在旁', 즉 대통령의 마음을 잘 읽고 처신하는 '입속의 혀' 같은 측근을 조심하라는 것이었고, 셋째는 '부형父兄', 즉 대통령이 오랫동안 친애하며 아버지나 형님처럼 모시고 따랐던 '대신정리大臣廷吏'들이 권력형 부정부패에 연루되는 것을 초반부터 방지하라는 것이었습니다.

■
〔세상읽기〕삼성전자 이재용 전무님 귀하, 〈한겨레〉, 2007. 12. 3.
■■
8간(八姦)을 경계하십시오, 〈중앙일보〉, 2003. 2. 27.

저는 노 대통령이 성공하길 바라면서 이러한 경고의 글을 보냈습니다. 노 대통령이 마지막에 죽음에 이르게 된 까닭에는 현 정권의 여러 가지 핍박 외에도 노 대통령 자신의 실패도 있었다고 봅니다. 제가 주의하라고 했던 부분들이 좀 더 지켜졌으면 좋지 않았을까 하는 생각이 듭니다.

검찰 개혁과 관련해서도 아쉬움이 있습니다. 참여정부 때 저는 참여연대 사법감시센터 소장으로 일하면서 검찰 개혁을 더 철저히 해야 한다고 주장했죠. 그런데 참여정부가 칼을 휘두르려면 확실히 휘둘렀어야 하는데, 어정쩡하게 하고 말았어요. 그래서 그 칼이 다시 노무현 대통령에게 돌아온 거죠. 안타깝습니다. 앞으로 자세히 이야기하겠지만, 참여정부의 검찰 개혁 실패는 이후 진보·개혁 진영이 집권했을 때 검찰을 어떻게 다룰 것인가 하는 문제에 많은 교훈을 주고 있습니다.

오연호 이명박 정부 들어 교수님은 두 권의 책,《성찰하는 진보》와 《보노보 찬가》를 펴냈습니다.《성찰하는 진보》마지막 부분에서 교수님은 스스로를 여러 가지 '주의자'로 규정했더군요. 자본주의자, 사회주의자, 자유주의자, 코뮌주의자, 민족주의자, 국제주의자, 민주주의자 등으로 말입니다. 그중에 본인을 가장 잘 대변하는 것은 무엇입니까?

조국 저라는 사람을 어느 하나로만 규정할 수는 없을 것 같습니다. 제가 여러 가지 '주의자'라고 이름을 붙였던 건 우리 사회가 당면한 과제들이 여러 가지가 있고, 제가 그 각각에 맞는 역할을 하겠다는 의미였을 뿐입니다. 2007년 〈경향신문〉이 '한국사회 지식인 지도'를 발표했는데, 저는 '중도 좌파, 탈민족주의, 진보적 시민사회론자'로 분류되어 있더군요. 대략 맞지 않을까 싶네요.

오연호 우리 사회의 당면 과제들이 참 많습니다만, 또 어느 것 하나 쉬운 것이 없죠. 그것들을 회피하지 않겠다는 각오로 들립니다. 그래서 본격적으로 교수님과 시작할 대담이 무척 기대됩니다. 대담을 완성하려면 앞으로 몇 개월이 걸릴 텐데, 제가 교수님의 귀중한 시간을 좀 뺏겠습니다.

조국 얼마든지 좋습니다. 마침 한 동네에 살고 있으니, 아침 일찍도 좋고 밤늦게도 좋습니다. 오늘은 제 연구실에서 만났지만, 동네 카페에서 이야기 나누는 것도 좋습니다. 제가 자주 가는 카페가 있는데 커피 맛이 괜찮습니다.

오연호 이 대담은 우리 사회의 대표적인 진보 지식인인 조국 교수님이 한국 사회의 과거, 현재, 미래를 어떻게 보고 있는지 들어보기 위해 마련했습니다. 특히 진보·개혁 진영이 왜 이명박에게 정권을 빼앗겼는지 성찰해보고, 그렇다면 어떻게 재집권을 할 것인지, 재집권을 하면 어떤 정책을 펼쳐야 하는지 등을 모색하기 위한 자리입니다. 대담의 두 가지 콘셉트는 '조국, 조국을 말하다'와 '진보의 집권 전략'입니다.

　대담은 '오연호가 묻고 조국이 답하는' 형식으로 이루어집니다. 사전에 한 가지 말씀드릴 것은, 제가 어떤 질문을 할 것인지 미리 알려드리지 않겠다는 겁니다. 좀 당황스럽기도 하시겠지만, 그 이유는 두 가지입니다. 우선 그렇게 해야 독자들에게도 편안한 대담이 될 것 같습니다. 지금 여기서 독자와 차를 마시면서 이야기 나누듯 자연스럽게 하자는 것입니다. 그리고 또 다른 이유는 개인적으로 교수님의 '내공'을 확인해보고 싶어서입니다. (웃음)

조국 하하하, 살짝 긴장이 되는데요.

오연호 앞으로 몇 개월 동안 지속적으로 대화를 이어갈 것이기 때문에 같은 주제를 다른 날에 언급할 수도 있겠습니다. 전에 했던 이야기를 다시 보완할 수도 있겠고요. 그럴 경우에는 나중에 제가 주제별로 정리를 하겠습니다.

조국 좋습니다.

오연호 앞으로 우리가 나눌 대화는 한마디로 말해 진보·개혁 진영의 집권 전략입니다. 본격적으로 대화를 시작하기 전에 근본적인 질문을 던지겠습니다. 왜 우리는 진보·개혁 진영의 편에 서야 하나요?

조국 진보는 여러 가지 방식으로 정의할 수 있을 것입니다. 아주 거칠게 정의하자면, 남북 문제에서는 군축, 평화공존, 평화통일을 지향하고, 경제에서는 자유지상주의, 시장만능주의가 아니라 자본주의의 모순을 직시하면서 시장에서 패자를 아우르는 정책을 추구하고, 양심·사상의 자유와 표현의 자유를 위시한 각종 정치적 기본권의 확대·강화를 지지하는 것이 진보입니다. 계급적으로 보면 진보는 강자나 부자의 편이 아니라 약자나 빈자의 편입니다. 특권을 가진 엘리트의 편이 아니라 보통 사람의 편입니다. 아시다시피 법학은 정의를 추구하는 학문입니다. 저는 서민과 보통 사람이 자존감을 가지고 당당하게 살 수 있는 사회가 정의로운 사회라고 봅니다. 진보의 길이 곧 정의를 구현하는 길이라고 확신하기 때문에 저는 어디에 가서든 공개적으로 진보를 자처하고 있습니다.

나는 '영남 좌파'이자 '강남 좌파'

오연호 말씀하신 것처럼 교수님이 저술이나 사회활동에서 일관되게 진보적 입장을 고수하는 것에 의아해하는 사람도 있을 것입니다. 영남 출신에 서울대 법대를 나오고 미국 유학도 다녀와서 서울대 교수까지 하고 있는 사람이 왜 진보의 편에 서는지 궁금해할 것 같습니다.

조국 저는 '영남 좌파'이자 '강남 좌파'라고 불릴 이력과 배경을 가지고 있어요. (웃음) 영남 출신 수구·보수파는 저를 고향보다 다른 지방 편에 선 '배신자'라고 하거나, 서구식 표현을 빌리자면 '샴페인 사회주의자champagne socialist', '리무진 리버럴limousine liberal' 또는 '캐비아 좌파gauche caviar'라고 비꼬면서 "겉멋 들어 저런다, 배부르니까 저런 소리 한다"고 비난하겠죠." 이러한 비난, 다 받아들입니다. 그리고 제 환경이 제 생각과 행동에 영향을 줄 것이라는 점을 직시

합니다.

그러나 반대로 묻고 싶어요. "서울대 나오고 미국 유학을 하면 권력과 돈을 추구하면서 살아야 하나요?", "지역주의에 반대하면 애향심이 없는 사람인가요?"라고. 저는 학문적 진리와 학자적 양심에 따라 한반도 대운하와 4대강 사업에 앞장서서 반대하고 있는 서울대 환경대학원 김정욱 교수님, 이명박 정권의 경제정책을 통렬히 비판하고 있는 서울대 경제학과 이준구 교수님 등 훌륭한 선배 교수님들의 발걸음을 따라가고 있을 뿐입니다.

물론 어느 사회나 보수와 진보는 다 필요합니다. 그런데 한국 사회는 한국전쟁과 분단, 독재와 권위주의, '천민賤民자본주의'의 지배로 인하여 진보가 심각한 과소 상태에 있습니다. 게다가 보수를 자처하는 사람이나 정당의 실체가 수구 또는 기득권 옹호자인 경우가 많죠. 이들이 내세우는 '자유주의'는 사실 가진 자의 자유만 중시하는 자유주의, 사상의 자유를 인정하지 않는 자유주의, 북한과의 전쟁을 옹호하는 자유주의이고요. 지식인으로서 이런 상황을 직시하면 진보의 편에 서지 않을 수 없죠.

오연호 여기서 용어 문제를 정리해보겠습니다. 우리 사회에서 정

■
샴페인 잔을 기울이면서 사회주의와 진보적 가치를 논하는 유한계층, 리무진을 타고 다닐 정도로 화려한 생활을 하면서 가난한 사람들을 위하는 척하는 사람들, 고급 식당에서 캐비아(철갑상어 알을 소금에 절인 것)를 즐기면서 좌파적 가치를 주장하는 사람들, 이 세 가지 모두 겉으로는 좌파를 자처하면서도 실제로는 부르주아적 생활을 하는 이들을 일컫는 말이다. 포장된 이미지와 실제 모습 간의 괴리가 크다는 점에서 '위선적'이라는 뜻도 담겨 있다. 한편 전북대 강준만 교수는 《한국생활문화사전》(2006)에서 '강남 좌파'를 이렇게 정의했다. "강남 좌파는 생각은 좌파적인데 생활수준은 강남 사람 못지않다고 해서 붙여진 이름이다. 여기서 강남은 실제 거주지가 아니라 그에 상응하는 생활수준을 향유하는 계층을 뜻한다."

치·사회 세력을 구분할 때 사용하는 용어가 다양합니다. 대체로 진보 진영에서는 민주-반민주(독재), 진보-보수, 진보·개혁-수구·보수 등을 사용해왔고, 이명박 정권과 수구·보수 진영, 조·중·동(조선일보·중앙일보·동아일보) 등의 보수언론에서는 좌파-우파라는 이분법을 즐겨 사용하고 있습니다.

조국   좌파-우파는 '빨갱이 콤플렉스'를 활용하려는 의도가 반영된 것이죠. 그래서 저는 '수구·보수' 대 '진보·개혁'이라는 구분법을 사용하고자 합니다. 군사독재 또는 권위주의 체제 아래에서는 '독재' 대 '민주'의 구분법이 타당했지만, 선거를 통한 대표자 선출이라는 대의제 민주주의의 기본이 안착된 지금은 유효하지 않습니다. 물론 정치적 민주화 이후 출현한 정권도 '권위주의적' 또는 '독재적' 행태를 보이지만 대의제 민주주의 그 자체가 흔들리지는 않고 있으니까요.

'수구·보수'라는 단어를 병렬하여 사용하는 것은, 현재의 집권 세력이 과거 권위주의 체제로의 회귀를 꿈꾸는 수구 세력과 합리적 보수를 지향하는 세력의 연합이라고 보기 때문입니다.

'진보·개혁'이라는 용어를 택한 이유는, 현재의 야권이 '개혁적·진보적 자유주의' 세력과 '사회(민주)주의' 세력으로 구성되어 있기 때문입니다. 이 두 세력 모두 넓은 의미에서는 '진보'라고 부를 수 있습니다. 그런데 현재는 조직적으로 분립되어 있으니 '개혁적·진보적 자유주의' 세력을 '개혁', '사회(민주)주의' 세력을 '진보'라고 호칭한 후 병렬하여 사용하고자 합니다.

실제 민주당이나 국민참여당은 자신이 '진보 정당'이 아님을 분명히 하고 있지만, 민주노동당이나 진보신당은 자신이 '진보 정당'임을 강조하고 있고요. 진보·개혁 진영이 모두 과거 반독재민주화운동의 후예라는 점을 생각해서 용어를 선택한다면, '개혁'은 '민주우파', '진보'는 '민주좌파'라고도 부를 수 있을 것입니다.

오연호 이 대담의 취지는 진보·개혁 진영의 집권 플랜을 마련해보자는 것인데, 이렇게 용어들을 정리해주시니 앞으로 우리가 사용하게 될 '진보·개혁'이라는 단어의 의미가 분명해집니다.

그런데 아까 서민과 보통 사람의 편이 되어주는 것이 진보·개혁의 길이라고 말씀하셨는데, 수구·보수 세력의 지지를 받고 있는 이명박 대통령도 친서민을 이야기하고 중도실용을 이야기하고 있지 않나요? 진보가 친서민을 독점하지 못하는 상황이 진행되고 있는 것이죠.

조국 이명박 대통령은 그동안 수시로 친서민, 중도실용, 관용과 화합 등을 강조했습니다. 다 좋은 말이라고 생각합니다. 그러나 문제는 행동이죠. 말은 누구나 할 수 있습니다. 친서민이라는 구호 아래 실제 어떠한 정책이 이루어지는지를 봐야 합니다.

이명박 대통령은 가진 자에게는 세금을 깎아주고 약한 자에게는 세금을 올리는 정책을 취하고 있습니다. 복지예산은 깎고 비정규직 문제는 방치하고 있습니다. 잠깐 재래시장에 가서 어묵을 사 먹는 '쇼'를 하지만, 기업형 슈퍼마켓SSM을 확실히 규제할 조치는 외면하고 있죠. 교육 문제에서도 친학원 정책을 밀어붙여 교육의 양극화를 초래하고 있어요. 이게 어떻게 친서민 정책입니까? 물론 진보·개혁 진영도 "가짜 친서민이다"라고 비난하는 데 그쳐서는 안 됩니다. 진정한 친서민이 무엇인지 분명하게 보여주어야 합니다. '친서민 경쟁'을 해야죠.

왜 진보의 편에 서야 하는가

오연호 진보·개혁 진영의 사람들이 이명박 대통령 시대를 고통스럽게 지켜보고 있는데, 교수님이 2009년 1월 30일 SBS 생방송 〈대통령과의 원탁대화, 어떻게 생각하십니까?〉에 패널로 출연했을 때 이명박 대통령에게 한 방 날리셨다면서요. 조목조목 따지고 대들면서 말입니다.

조국 대들었다기보다는…… (웃음) 누구 앞에서든 할 말은 해야 하지 않습니까?

오연호 원탁대화 마지막에 교수님이 이 대통령에게 던진 고사성어가 한참 회자되었다고 하던데요.

조국 '백면서생白面書生'인 제가 《정관정요》에 나오는 구절을 인용해 '나라님'에게 직언을 드렸습니다. "왕은 배요 백성은 물이라, 물은 배를 띄울 수도 있고, 배를 엎을 수도 있다(王者舟也 庶人者水也 水則載舟 水則覆舟)." 이 대통령이 불쾌했을 것 같긴 합니다.

오연호 섬뜩했겠는데요. (웃음) 그런데 이명박 정부의 친서민, 중도

실용정책이 사탕발림에 불과하다고는 하지만, 그동안 적지 않은 여론조사에서 이명박 대통령의 지지도가 50퍼센트 이상 나오지 않았습니까? 물론 국면에 따라 출렁거리긴 했지만요. 진보·개혁 진영이 보통 사람과 서민을 위한 세력이라면 국민 대중으로부터 더 많은 지지를 받아야 할 텐데 꼭 그렇지만은 않은 것 같습니다.

조국 현재 많은 사람들이 이명박 대통령과 그의 정책에 불만을 가지고 있습니다. "효자동 개가 밤에 짖어도 이명박 대통령 때문이다"라는 말이 나올 정도예요. 짜증 난다는 거죠.

문제는 이러한 불만이 쌓인다는 것 자체가 곧바로 진보·개혁 진영의 집권으로 연결되지는 않는다는 것입니다. 저와 친한 사람 중에서 이 대통령을 좋아하는 사람은 거의 없습니다. 하지만 지지율이 50퍼센트가 넘을 때가 있죠. 이명박 대통령이 계속 이런저런 실수를 하고 권력형 스캔들이 터지면 정권이 자동적으로 진보·개혁 진영으로 올까요? 아닙니다. 이명박 정권이 서민들에게 고통을 주고 있는데, 정작 그 서민 대중의 상당수는 그를 지지하고 있습니다. 그렇다고 대중을 탓하고 비난하면 세상이 바뀔까요? 그렇지 않을 겁니다. 현 정권이 하는 일을 보고 열을 받으니 술을 마시며 안주로 MB를 마구 씹는다고 해서 세상이 바뀔 리도 없죠.

김대중, 노무현 두 분 대통령이 2009년에 돌아가셨습니다. 추모 열기가 전국을 휩쓸고 광장에 몇십만 명이 모이고 많은 사람들이 북받쳐 울었습니다. 많은 사람들이 자기 가슴에 비석 두 개를 세웠습니다. 그런데 이러한 높은 추모 열기와 이명박 대통령에 대한 높은 지지율이 공존하는 것을 어떻게 설명해야 할까요?

우리는 계속 '장례식 모드'로 살아갈 수는 없습니다. 두 거인은 갔습니다. 두 분은 자신의 몫을 다했습니다. 할 만큼 하셨습니다. 이제 우리 차례입니다. 이제 살아 있는 사람들이 대중의 고통이 어디에 있고, 그 고통을 풀려면 무엇을 해야 하는지 고민하고 대안을 제시해야 합니다. 우리가 어떤 가치를 중심으로 삼아야 하는지 제시해야 합니다. 그 가치를 실현할 수 있는 믿음직한 사람·조직·세력을 대중의 눈앞에 보여주어야 합니다. 이명박은 물론, 김대중과 노무현을 넘어서는 가치가 무엇인지 분명히 정립하고, 그 가치를 실현할 세력을 형성해야 합니다. 그러지 못하면 세상은 바뀌지 않습니다.

오연호 움직이지 않는 대중을 욕하지 말라는 말이 무겁게 다가옵니다. 그들마저도 움직이게 할 수 있는 제대로 된 가치와 대안을 진보·개혁 진영이 제시해야 한다는 말씀이군요.

조국 그렇습니다. 광장에 모인 사람들 말고 모이지 않은 사람들까지도 설득할 수 있는 가치, 대안, 세력이 만들어져야 합니다. 광장은 우리가 바로 주인임을 선언하는 자리입니다. 이렇게 주권자 의식이 강한 적극적·능동적 시민은 광장에 나갑니다. 하지만 광장에 나오지 않은 사람도 공감할 수 있는 무언가를 진보·개혁 진영이 내놓아야 합니다.

사실 자신과 생각, 이념, 감성이 비슷한 사람과 얘기를 나누고 노는 것은 쉬운 일이죠. 박정희, 전두환 때처럼 모든 사람을 꼼짝달싹 못하게 하고 조그마한 일탈이 있어도 감옥에 보내는 폭압적 체제 아래에서는 소극적·수동적 시민도 광장에 나가 싸우는 세력을 암묵적으로 지지하고 도와주었습니다. 비유하자면 '영웅적 투사'가 나서서 싸우고 몸을 던지면 속으로라도 박수를 쳤죠. 그런데 정치적 민주화가 된 이후에는 소극적·수동적 시민이 박수를 잘 치지 않습니다. 이상하게 들릴 수 있겠지만 '쫀쫀한 시대'가 온 겁니다. 사람들이 타산적으로 생각하면서 움직이고 있죠.

    제가 강조하고 싶은 것은 그러한 대중을 이기적이라고 비난만 해서는 안 된다는 것입니다. 대의에 눈을 감고 자기 이익에만 급급하다고 비난할 것이 아니라, 왜 이 사람들이 움직이지 않을까, 어떻게 하면 이들이 움직일까를 더 생각해야 합니다. 파시즘 시대보다 지금의 대중은 훨씬 까다로워졌어요. 과거 진보·개혁 진영은 깃발을 들고 투쟁을 하면 절반은 먹고 들어갔습니다. 그러나 지금은 다릅니다. 까다로운 '소비자'가 진보·개혁 진영 앞에 있어요. 진보·개혁 진영이 내세우는 비전, 가치, 정책 등에 대하여 대중은 현실성은 있느냐, 예산은 어떻게 동원할 것이냐 꼬치꼬치 따집니다. 이에 답하지 못한 채 그냥 이 물건이 좋고 잘 만든 것이라고 아무리 외쳐도 소비자는 사지 않을 겁니다. 광장은 민주주의를 지키는 근원적 힘입니다. 그렇지만 광장만으로는 부족하다는 것입니다.

오연호 "우리에게 멋있어 보이는 진보의 가치가 과연 쫀쫀한 사람들에게도 멋있어 보일까?" 아주 중요한 질문입니다. 그런데 진보·개혁 진영이 보통 사람들을 쫀쫀하다고 여길 때가 간혹 있는 것은 자신들이 그동안 민주화운동을 해왔다는 자부심하고도 연관이 있는 것 같습니다. 우리는 그렇게까지 희생하면서 해왔는데 당신들은 왜 투표 하나도 제대로 못하느냐······.

조국 진보의 가치를 말하는 사람들이 꼭 피해야 할 것이 있습니다. "내가 왕년에……"로 시작하는 말들이죠. "내가 옛날에 말이야, 내가 학생운동, 노동운동 할 때 말이야, 내가 박정희 때 말이야, 전두환 때 말이야, 내가 그때 그랬어." 이런 말들을 해서는 안 됩니다. 물론 그때 싸웠던 투사들에 대한 존경심을 버리고 우습게 보자는 건 결코 아닙니다.

저는 1982년에 대학에 들어갔습니다. 그때 은밀히 돌던 5·18 광주민주화운동 당시 희생자의 사진을 보고 엄청난 충격을 받았습니다. 지금도 '광주'를 생각하면 머리가 쭈뼛쭈뼛합니다. 그런데 당시 저는 일제강점기의 제암리학살사건■은 실감이 잘 나지 않았어요. 단지 국사 교과서 한 쪽에 나오는 조그만 사건 정도로만 인식했던 것 같아요. 지금의 청소년, 대학생, 청년들은 5·16, 5·18이 헷갈릴 수도 있습니다. '광주'에 대해서도 제가 느낀 만큼 느끼지 못할 겁니다.

제가 이들에게 "왜 그렇게 무식하냐?"라고 하면 학생들이 뭐라고 하겠습니까? "저 선생님 잘난 척한다." 이렇게 반응할 수 있습니다. 이들에게는 5·16, 5·18의 구별보다 "내가 88만 원 세대로 살면 어떡하지?"라는 걱정이 더 중요할 겁니다. 물론 역사의 중요성을 무시하자는 것은 결코 아닙니다. 사람은 과거가 아니라 현재를 산다는 것, 사람은 현재 자신이 닥친 문제에 관심의 초점을 두고 있다는 것을 강조하려는 것입니다.

■ 3·1운동이 전국적으로 진행되고 있던 1919년 4월 15일, 일본 군경이 경기도 수원군(지금의 화성시) 향남면 제암리에서 주민을 제암리교회에 모아놓고 집단적으로 살해한 사건.

제 아이에게 알려주지도 않았는데 어떻게 하다 보니 제가 과거에 국가보안법 제7조 위반으로 감옥에 반년 있었던 걸 알게 됐나 봅니다. 하지만 그렇다고 해서 제 아이가 저의 경험을 실감하지는 못합니다. 그런 아이를 두고 제가 일장연설을 하겠습니까, 의식화 교육을 하겠습니까? 이 아이에게 더 중요한 것은 학교생활에서 실감할 수 있는 학생의 인권이겠죠.

요컨대, 진보의 가치를 가진 사람들은 '우리는 옛날에 이랬는데……'란 생각을 버려야 합니다. 현재 자기와 다른 다수의 사람들이 어떠한 고통을 안고 있고, 어떠한 꿈을 꾸고 있는지 생각하면서 이 사람들을 어떻게 설득할 것인가 하는 고민을 최우선에 놓아야 한다는 겁니다.

오연호 결국 "진보가 지금 나에게 밥을 먹여줄 수 있느냐"라는 질문에 제대로 된 답을 줘야 한다는 말이군요. 그동안 진보·개혁 진영은 그런 질문을 하는 대중에게 "치사하게 지금 밥 이야기나 하느냐"는 식으로 무시해버린 점도 없지 않죠.

조국 그렇죠. 이명박 정권이 추구하는 정신을 풀어보자면 이런 겁니다. "인권이 밥 먹여주냐, 민주화가 밥 먹여주냐, 진보가 밥 먹여주냐." 그에 대해서 진보·개혁 진영은 주로 "밥보다 중요한 게 있습니다"라고 답해왔습니다.

맞습니다. 밥보다 중요한 게 있습니다. 그런데 부족합니다. 질문에 대한 답을 한 게 아니에요. "진보는 밥 먹여줍니다"라고 답할 수 있어야 합니다. 어떠한 방식으로 밥을 만들고, 어떠한 방식으로 밥을 나눌 것인지를 얘기해야 한다는 겁니다.

이명박 정권 출범 이후 정치적 기본권이 매우 위협받고 있습니다. 그런데 앞에서 언급했듯이 선거를 통한 대표자 선출이라는 대의제 민주주의는 우리 사회에 안착되었습니다. 그러면서 대중의 관심은 밥의 문제로 이동하고 있다고 생각합니다. 밥의 문제라 함은 바로 우리가 먹고 자고 입는 문제, 즉 보육과 교육, 일자리, 주택, 건강 문제입니다. 진보·개혁 진영은 바로 이러한 문제를 해결하는 비전, 정책, 능력이 있음을 보여주어야 합니다. 밥 문제에서 유능한 진보가 되어야 한다는 겁니다. 물론 민주당, 국민참여당, 민주노동당, 진보신당 등에 다 이와 관련된 정강정책이 있죠. 그러나 대중은 수구·보수 진영과 확실히 구별되는 진보·개혁 진영의 비전과 정책이 무엇인지 잘 모르고 있습니다. 최근 6·2 지방선거에서 무상급식 논쟁이 이슈로 떠오르면서 비로소 진보·개혁 진영이 무얼 하려는 것인지 감을 잡았지만요.

대중은 사회 제도가 자신의 행복을 보장해주지 못할 것 같다고 판단하면 각자 치열한 무한경쟁에 뛰어들 수밖에 없습니다. '나라도, 내 가족이라도 살고 봐야지'라는 판단을 하는 겁니다. 학생들도 자신들의 미래가 제도적으로 해결될 것 같지 않으면 도서관으로 발길을 재촉하죠. 스펙을 쌓아야 하니까요. 생존이 급하니 다른 얘기를 하는 건 사치스러운 일로 치부됩니다.

이러한 현실에 대한 책임이 누구에게 있습니까? 스펙 쌓기에 몰두하는 청년에게도 책임이 있겠지만, 나이를 더 많이 먹은 우리 같은 기성세대에게 더 큰 책임이 있는 거죠. 그리고 진보를 자처하는 사람들에게 더 큰 책임이 있고요. 현재 20대 청년·학생 다수는 정규직 직장을 가질 수 있을까 하는 고민으로 전전긍긍하며 살고 있습니다. 과거 민주화운동 경험이 있는 선배들은 젊은것들이 패기도 없고, 토익 공부만 한다고 욕을 하곤 합니다. 그런데 이런 얘기를 들은 청년·학생은 "자기들은 정규직을 갖고 있으니까 편한 소리 한다", "민주화운동 하느라 고생은 했지만 우리에게 남겨놓은 게 뭐냐?"라고 응수할 것입니다.

오연호 우리 삶에 중대한 영향을 미치는 제도는 정치인들이 바꾸는데, 우리 사회는 정치인에 대한 불신이 상당히 높은 편입니다. 정치인이 만든 틀 속에서 우리가 살고 있는데, 시민들이 그들에 대한 견제와 압박을 게을리 하고 나아가 그들을 냉소적으로만 바라보고 있으면 그 피해는 결국 국민들이 보는 셈이겠죠.

가치 있는 진보, 매력 있는 진보

조국 현재 대중들이 고통을 받고 있는 일자리, 교육, 주택 문제 등을 제대로 해결하려면, 즉 사회·경제적 민주주의를 성취하려면 정치가 제대로 서야 합니다. 제도를 바꿔야 하는 일이기 때문이죠. 물론 아래로부터 운동이 일어나고 대중의 의식이 바뀌어야 합니다. 그렇지만 마지막 '꼭지'는 정치가 따줘야 합니다. 어떠한 법과 제도를 만드는가는 정치인이 결정합니다. 정치인 개개인을 놓고 보면 정말 인간적으로 싫은 사람, 함량 미달인 사람이 많습니다. 그러나 그들은 선거를 통해 뽑혔고 법적 권한이 있기 때문에 그들이 일정한 제도를 선택하면 대중은 그들의 임기 동안에는 그 틀 안에서 살아가야 합니다.

　그렇다면 정치인들에게 그저 맡겨두면 될까요? 물론 아닙니다. 시민들이 풀뿌리 수준에서, 그리고 각자의 영역에서 참여의식을 가지고 뛰어들지 않으면 정치인은 자신과 자기 정당의 이익에 부합하는 것을 우선순위에 두게 됩니다. 정치인 개인이 나빠서가 아니라 그렇게 구조화되어 있다는 거죠. 정치권 바깥에서 정치인과 정당에게 압박을 가해야 합니다.

오연호　그런데 진보·개혁 진영이 제대로 된 정치를 하려면, 현재와 같은 사분오열된 모습으로는 한계가 있을 것 같습니다.

조국　그래서 연대가 필요합니다. 과거에 박정희·전두환 시절, 진보·개혁 진영의 생각은 거의 같았습니다. "군부독재 타도하자, 민주정부 수립하자" 정도로 다 포괄되었어요. 그런데 지금은 달라졌습니다. 반독재 민주화를 같이 연호하고 어깨를 걸었던 '동지'들도 서로 생각이 달라지고 소속·지지 정당도 다양화됐습니다.

　달라졌지만 손을 잡아야 합니다. 김대중과 노무현 정부의 출범 과정을 보면 단독으로 집권하지 못했습니다. 집권하고 난 뒤에도 사회 전체의 세력 판도로 보면 진보·개혁 진영은 다수파가 아닌 소수파였습니다. 지금은 실권한 소수파이고요. 실권한 소수파는 서로 많은 차이가 있음을 인정하고, 서로 논쟁을 하면서도 연대해야 합니다. 실권한 소수파가 연대 없이 어떻게 재집권을 할 수 있습니까?

　'연대'란 말, 너무 딱딱하죠. 제가 좋아하는 장석남 시인의 표현을 빌리자면, '번짐'이 필요합니다. 서로가 서로에게 번져가면서 서로 배우고 변화하자는 것입니다.

오연호 노무현 전 대통령의 표현대로라면 "부족한 그대로 동지가 되자"는 것이군요.

조국 진보·개혁 진영의 사람들은 예리한 비판에 능하죠. 그런데 비판을 너무 심하게 하면 비판을 받는 사람에겐 상처가 남습니다. 개인감정이 상하게 되면 상대방 말이 맞아도 같이하기 싫어지죠. 이런 일이 생겨서는 안 됩니다. 서로의 차이를 인정하되 서로의 장점을 인정하고 살려주면서 합의점을 찾는 식으로 작업해야 합니다. 진보·개혁 진영 내에서 벌어지는 논쟁이 서로 할퀴는 논쟁으로 변질되는 경우가 많이 있기에 가슴이 아파서 드리는 말씀입니다.

오연호 지금 말씀하신 연대는 정파 간의 연대를 말할 텐데, 세대 간의 연대도 중요하다고 봅니다. 흔히들 요즘 20대는 연대의 경험도 없고 자기 이익이 아니면 움직이지도 않는다고 하는데, 과연 그들과 어떻게 연대할 수 있을까요?

조국 연대라고 하니까 거창한 것 같지만, 쉽게 말하면 어울리는 겁니다. 다른 게 있겠습니까? 모든 사람은 각자의 고통과 각자의 꿈이 있다고 생각합니다. 그 고통과 꿈을 공유하는 데서 출발한다고 생각해요. 연대는 자신의 꿈과 고통을 자신 안에 가두는 게 아니라 바깥으로 내보이고 다른 사람의 손을 잡는 데서 출발합니다. 제가 페이스북을 이용하는데, 현재 1500여 명의 '친구'가 있습니다. 성별, 나이, 직업, 거주 지역, 성향 다 다르죠. 그렇지만 서로 진솔하게 자기 관심과 문제의식을 드러내고 교유하다 보니 여러 차이에도 불구하고 다들 같이 갈 수 있다는 감정적 공감대가 생기더군요.

오연호 지금까지 "진보가 밥 먹여주냐"는 질문에 답하기 위해서는 정치 영역에서 밥 문제와 관련한 제도를 개혁해야 하고, 그러려면 진보·개혁 진영이 연대해서 집권해야 한다고 말씀하셨습니다. 그 과정에서 꼭 진보 성향이 아니더라도 중간지대에 있는 국민이나 심지어 보수 진영에 있는 국민들까지 이쪽으로 끌어당기려면 '진보의 가치'를 '국민의 가치'로 승화시키려는 노력이 필요할 텐데, 진보·개혁 진영의 사람들은 어떻게 행동해야 할까요?

조국 진보·개혁 진영의 사람들은 매력 있는 사람이 되어야 합니다. 진보의 가치만이 아니라 그 말을 하는 사람도 매력적이어야 합니다. 그래서 자신을 보수라고 여기는 이들이 '저 사람 생각에 동의하진 않지만 저 사람 괜찮은 사람이야, 믿을 만해'라고 생각하도록 만들어야죠. 이런 일을 진보·개혁 진영의 사람들이 잘하지 못하는 것 같아요.

제 개인 경험을 들어 말씀드린다면, 제 친구, 지인들은 크게 네 가지 그룹으로 나뉩니다. 생각이 진보적이고 인간적으로 좋은 사람, 생각은 진보적인데 인간적으로 싫은 사람, 생각은 보수적인데 인간적으로 좋은 사람, 생각이 보수적이고 인간적으로도 싫은 사람입니다. 이념, 가치의 문제와 인간의 문제는 항상 일치하지 않거든요. 과거 민주화운동에 참여했다는 이유로 도덕적 우월감을 내비치거나,

상대방과 소통하기보다 가르치고 지시하려 한다면 좋아하는 사람이 없겠죠. 생각이 다른 사람과도 그 사람의 고민과 처지를 인정하면서 조금씩 소통하게 되면 서로 인간적 신뢰가 쌓이게 됩니다.

오연호 중요한 지적입니다. 좋은 가치, 좋은 정책을 구현할 수 있는 사람들이 선명하게 대중들 앞에 등장할 때 그 가치나 정책이 추상적인 것에서 구체적인 모습으로 다가올 수 있겠죠.

그런 점에서 진보·개혁 진영의 재집권을 위한 인물들 이야기를 대담 후반부에 해볼까 합니다. 특정인의 이름을 구체적으로 거론하면서 여러 가능성에 대한 이야기를 툭 까놓고 해보죠. 제가 멍석을 깔겠습니다. 유시민, 김두관, 송영길, 안희정, 이광재 등 6·2 지방선거를 전후로 주목받은 정치인부터 정동영, 손학규 등 과거 대권주자와 민주당 내 386 정치인들, 그리고 노회찬, 심상정, 이정희 등 진보정당 인물들까지, 그들이 앞으로 더 성장하기 위해서는 무엇을 해야 하는지 점검해보죠.

조국 개인적으로는 다소 부담스러운 일이지만, 그런 작업이 반드시 필요하죠. 좋습니다, 해봅시다.

플랜 1
성찰

왜
진보가
집권해야
하는가

오연호　조국 교수님과 제가 이 대담을 통해 궁극적으로 만들어보고 싶은 것은 진보의 집권 플랜입니다. 그래서 "진보·개혁 진영은 과연 해낼 수 있는 힘이 있는가?"라는 질문부터 시작하려고 합니다. 과연 가능한 게임인가요? 현 구도에서 진보의 집권은 가능할까요?

조국　한국 사회의 세력 판도에 대한 점검에서 시작하자는 말씀이죠? 진보·개혁 진영과 수구·보수 진영 간의 역관계가 어느 정도인지 말이죠. 우리의 꿈은 노력하면 이루어지는 것인가, 아니면 노력을 해도 어떤 외부적 규정력 때문에 달성하기 어려운 것인가, 이런 질문은 우리가 지금 어디에 서 있는지를 이해하기 위해 필요합니다.

오연호　예를 든다면, 노무현 전 대통령은 "1997년 김대중 집권과 2002년 나의 집권은 우연이었다. 기적 같은 일이었다. 될 수 없는 게 됐다"고 말씀하셨습니다. 그 말씀을 2007년 가을 퇴임 직전에 청와대에서 저와 '마지막 인터뷰'를 하면서 하셨는데, 그때 저는 약간 반발심이 일었어요. 너무 정치공학적으로 보는 게 아닌가, 4·19 혁명 이후 5·18 광주민중항쟁을 거치면서 도도히 형성되어온 민중의 힘, 시민의 힘을 너무 얕잡아 보는 게 아닌가, 그런 생각을 하면서 비판적으로 들었습니다.

　그런데 한편으로는, 이명박 정권이 들어선 이후 민주개혁정권 10년간 박아놓았다고 생각했던 '대못'이 쑥쑥 뽑히는 것을 보면서, 정말 이게 제대로 뿌리내린 게 아니었구나, 우리 진영의 힘의 토대가 약하구나 하는 생각도 들었습니다.

그래서 우선 그 부분부터 한번 점검해볼 필요가 있습니다. 우리가 이루어냈던 1997년 김대중의 정권 교체, 2002년 노무현 개혁 정권의 탄생, 이 두 차례의 '쾌거'는, 보수가 보수 나름대로 생명을 연장하기 위해서 그들도 최선을 다한 가운데 우리가 이루어냈단 말이죠. 그런데 이 힘은 어느 정도의 힘이었던가, 정말로 상층부의 김대중-김종필 연대, 노무현-정몽준 후보단일화 같은 정치공학적인 힘이 상당히 주효했던 것인가, 아니면 호남 민중과 386세대■를 중심으로 품어온 정치 개혁에 대한 열망, 그동안 지속돼온 민주화 흐름 속에서 형성된 시민의 힘, 민중의 힘이 한꺼번에 쫙 터진 것이었는가 하는 질문입니다.

승리하는 경험은 왜 중요한가

조국 김대중·노무현 정권의 탄생이 '기적'이었다고 볼 수도 있겠습니다만, 1987년 6월 항쟁 승리 이후에 밑바닥에서 계속 성장해온 시민의 힘이 없었다면 그 기적도 불가능한 것이었겠죠. 민주화 시대의 공기를 호흡하면서 살아온 사람들이 김대중·노무현 정권을 뒷받침해준 겁니다. 수구·보수 진영에서도 집권을 연장하려고 했지만 진보·개혁 진영이 아슬아슬하게 이겼던 건데, 그것은 진보·개혁 진영 사람들이 열정을 가지고 있었기 때문이라고 봅니다. 이쪽 사람들

■ 1960년대에 태어나 1980년대에 대학을 다니면서 학생운동과 민주화 투쟁에 앞장섰던 세대를 일컫는 말. 이 호칭이 만들어질 때 이들이 30대였기에 386이라 했다. 최근 일각에서는 30대였던 이들의 나이 변화에 따라 '486'(40대, 80년대 학번, 60년대생)이라고 쓰기도 하지만, 이 책에서는 본래의 의미를 담은 '386'을 사용했다.

이 그때까지만 해도 열정을 가지고서 전력을 바쳐 달려들지 않았습니까?

김대중 정권을 탄생시킨 김영삼 정권 시절을 회고해보면, 저 개인적으로도 그때까지는 반군사독재 투쟁의 정서를 갖고 있었어요. 1992년에 등장한 김영삼(통일민주당 출신) 정권은 군사독재 그 자체는 아니지만, 전두환 군사독재의 집권당인 민주정의당 및 '유신본당'을 자처하는 김종필의 신민주공화당과 '구국의 결단'이라는 '3당 합당'을 해서 민주자유당(한나라당의 전신)을 만들고 이를 기초로 집권했죠. 당시 시민들은 광주 학살의 주범과 손잡는 김영삼을 이해할 수 없었어요. 저도 '이건 정말 아니다'라고 생각했죠. 김대중 정권은 김종필과의 지역연합 그리고 이인제의 신한국당 탈당 등이 결합되면서 아슬아슬하게 이루어진 것이 사실입니다. 그렇지만 그 근저에는 'IMF(국제통화기금) 위기'를 초래한 김영삼 정권의 무능함에 대한 시민의 분노, 정권교체에 대한 열망 등이 작동했습니다.

2002년 노무현의 집권 과정을 봅시다. 그가 대권 도전을 선언할 때는 완전 비주류였는데 이후 기적적으로 뒤집어졌죠. 바로 이 역전의 동력 역시 열정을 가진 시민이었습니다. 그 시기에 노무현을 밀어줬던 사람들은 당시 유력한 민주당 대선 후보였던 이인제 씨의 언동과 한나라당 이회창 대선 후보의 모습을 보면서 '이건 정말 아니다'라는 판단을 했던 거죠.

열정은 자기가 지키고자 하는 가치가 있을 때 생겨납니다. 지지자들은 자기들이 지켜야 할 가치가 어떤 정치인 속에 있다고 판단하면, 그가 수난을 당할 때 마치 자신이 고통받는 듯한 느낌을 받으며, 따라서 열정적으로 그를 지지하고 보호하려 합니다. 그래서 정치인과 대중은 같이 가는 것 아니겠습니까? '내가 노무현을, 노무현으로 상징되는 가치를 지켜야 한다.' 이런 대중의 심정이 2002년 대선판에 형성됐던 열정의 기반이죠.

한국의 대중은 그렇게 1997년, 2002년 대선에서 크게 두 번 자신의 열정과 역량을 쏟아냈습니다. 이후에도 2004년 노무현 대통령 탄핵 반대 촛불시위, 2008년 광우병 쇠고기 수입 반대 촛불시위 등에서 알 수 있듯이, 한국 대중은 매우 능동적인 시민임을 보여주었습니다. 앞으로도 언제든지 거리로 쏟아져 나올 가능성이 있어요. 이것이 한국 대중의 독특한 정서라고 말할 수 있는데, 다른 나라와 달리 한국은 밑으로부터의 폭발력이 높은 사회라고 봅니다. 다른 OECD(경제협력개발기구) 국가에 비하면 정치지형은 보수 쪽으로 강하게 편향되어 있지만, 시민들의 주권 의식은 더 강하지 않나 하는 생각이 들거든요.

오연호 그러니까 한국은 역사적으로 수구·보수 세력이 진보·개혁 세력보다 강한 정치지형이 형성돼 있지만, 그 규정력의 크기와 정도는 '깨어 있는 시민', '열정을 가진 시민'의 힘에 의해 돌파될 수 있는 수준이라는 말씀인가요?

조국 체제나 정치지형의 규정력이 항상 완벽하게 시민들을 통제할 수는 없습니다. 분단 체제로 인해 한국 사회는 보수적 규정력이 센 것이 사실입니다. 그러나 한국 현대사에서 계속 시민들이 파열구를 만들어내지 않았습니까? 4·19에서 5·18로, 6·10으로, 그리고 이후의 촛불 집회·시위로.

체제에 파열구가 생기는 것은 여러 양태로 나타납니다. 1987년 6월 항쟁의 경우, 군사독재에 대한 시민들의 불만과 분노가 박종철의 고문치사, 이한열의 시위 중 최루탄 피격 사망으로 터져 나오고, 이를 민주화운동 세력이 이끌어나가면서 일어났죠.

그런데 판을 이끄는 세력 없이도 파열구가 돌발적으로 생기기도 합니다. 2008년 촛불시위는 그 이전의 시각으로 볼 때는 '이상'하게 일어났다고 볼 수도 있어요. '지도'하는 세력 없이 갑자기 터진 것 아닙니까. 기존의 진보적 정치 세력이나 시민단체도 광우병 문제가 이렇게 대중적 열기를 불러일으킬 것이라고는 생각지 못했죠. 저부터도 광우병 위험에 대한 언론보도가 많이 나올 때 문제가 있다고는 생각했지만, 쇠고기 개방이 전국적인 대규모 촛불시위를 야기할 것이라고는 생각지 못했습니다.

요컨대, 한국의 정치지형은 '과잉우경화', '과잉보수화' 되어 있지만, 시민들은 간헐적으로 파열구를 낸다는 것입니다. 왜 그럴까요? 그것은 한국의 정치지형 구조와 밀접한 관련이 있습니다. 만약 시민들의 불만이 정기적으로 선거와 제도를 통해서 수렴되면 '거리의 정치'에 의존하지 않겠죠. 그런데 한국의 정치적 상부구조는 승자독식 구조로 만들어져 있습니다. 대의제가 대중의 의사, 이익, 욕망을 온전하게 반영하지 못하다 보니 시민들이 '직접행동'에 호소하는 것입니다.

오연호 세력 판도를 논할 때 미디어지형을 빼놓을 수 없을 겁니다. 지난 6·2 지방선거는 미디어지형과 관련하여, 누가 대한민국의 여론을 형성하고 주도하는가, 특히 투표를 하게 만드는 힘이 누구에게 있는가를 보여주었습니다. 조·중·동 등 보수신문들과 공중파 방송 3사가 천안함 사건 보도를 쏟아내면서 선거 이슈는 실종되었거든요. 권력의 눈치를 보는 포털 등도 그런 흐름 속에서 몸조심하고 있었고요. 그러니까 최악의 조건이었죠. 그래서 전문가들이 선거는 이미 끝났다고 했는데, 이른바 '깨어 있는 시민'들이 그런 언론기관들의 어젠다agenda 설정에 넘어가지 않고 이명박 정권을 심판했습니다. 이런 대반전을 만들어낸 유권자의 힘은 대단한 것이었죠.

조국 6·2 지방선거 결과는 보수적 주류 언론들이 아무리 자기들이 원하는 방식으로 어젠다를 형성하려고 해도 장악하지 못하는 것이 있음을 확인시켜주었죠. 특히 지금의 20, 30대는 조·중·동의 지배력에서 상대적으로 자유로워요. 이들은 종이신문을 잘 안 보거든요. 조·중·동만 안 보는 것이 아니라 〈한겨레〉, 〈경향신문〉도 많이 보지 않습니다. 그 대신 자신들이 노는 온라인 공간에서 소통을 하죠. 예컨대, 'MLB파크'는 미국 메이저리그 야구 사이트인데, 여기서 야구 이야기뿐 아니라 온갖 얘기가 오가죠. 트위터, 미투데이, 싸이월드, 페이스북 이런 것들을 매일 들여다보며 삽니다. 이러면서 자연스럽게 정치의식과 신조를 키워가고 있어요. 지난 6·2 지방선거 전에 조·중·동과 공중파 방송이 천안함 사건을 계속 보도하면서 선거판에 영향을 주려 했죠. 그러나 20, 30대에게는 먹히지 않았죠. 아마 보수언론에 종사하는 사람들은 꽤나 충격을 받았을 겁니다.

오연호 저는 그것을 '실핏줄 언론'이 '이명박 정권과 한 몸이 된 조·중·동＋장악된 방송＋몸 사리는 포털'을 이긴 것이라고 말하고 싶습니다. 실핏줄 언론은 전통적인 언론기관하고는 다르죠. 개인 블로그, 트위터, 페이스북부터 온라인 커뮤니티, 동창회, 조기축구회 등등 크고 작은 온·오프라인의 소통채널들이 실핏줄 언론이라고 할 수 있습니다. 이번 6·2 지방선거는 이들 힘의 총합이 결코 기존 언론기관들에게 뒤지지 않음을 보여준 것이죠. 기존 언론기관들이 아무리 의제를 설정해서 '이렇게 봐야 한다'고 강조해도 '아니다, 우리는 다르게 보겠다'고 해버린 것입니다.

물론 2002년 대선 때도 그런 게 있었죠. 노무현이라는 대선 후보의 등장에 대해 조·중·동은 "주목할 만한 현상이 아니다"라고 했는데, 네티즌이나 〈오마이뉴스〉에서는 "아니다, 노무현을 우리가 한번 주목해야겠다"고 했고, 그 비주류의 흐름이 참여정부를 만들어내는 데 큰 역할을 했습니다.

그런데 지금과는 정치지형이 조금 달랐죠. 그래도 그때는 김대중 정권 아래였잖아요. 보수 언론들에게 반드시 유리한 상황은 아니었죠. 하지만 지금은 모든 주요 세력이 수구·보수 진영에 장악되어 있습니다. 정권도, 주요 언론도, 경제 헤게모니를 가진 주체들도 거의 하나 되어 움직이는데, 이런 상황에서 '깨어 있는 시민'들이 수구·보수 진영이 만들어놓은 프레임에 말려들지 않았다는 것은 굉장히 높이 사야 합니다. 일종의 승리의 경험이라고 할 수 있죠. '저들이 아무리 떠들어도 우리는 우리 나름의 여론을 형성해갈 수 있다'는 자신감을 가질 수 있었다는 점에서 시민들이 굉장히 중요한 경험을 했다고 봅니다.

조국 저도 같은 생각입니다. 정치에서는 대중이 자신의 행동을 통해서 승리하는 경험을 한다는 것이 매우 중요합니다. '괴물 투수'가 공을 던진다고 해도 정신 차리고 힘을 모아 안타를 한 방 때려내게 되면 자신감이 생기죠. 그러면 '어? 이거 해볼 만하네'라는 생각이 들죠.

말씀하신 대로 6·2 지방선거의 조건은 진보·개혁 진영 입장에서 좋지 않았습니다. 정권, 언론 등을 수구·보수 진영이 장악하고 있고, 여론조사에서도 다 질 거라고 했잖아요. 이러한 조건에서 '깨어 있는 시민' 한명 한명이 결단을 했고, 이것이 모여 승리를 낳았던 것이라 의미가 더 큽니다. 모두 질 거라고 했을 때 고민하고 결단해서 표를 던졌고, 그 결과 이겼기 때문에 승리감이 더 클 것입니다. 이 승리의 경험이 밑거름이 되어 더 큰 승리로 나아가야죠.

'나쁜 삼성'과 '좋은 삼성'

오연호 이제 경제권력이 대한민국의 정치지형에 미치는 영향력에 대해 이야기해볼까요? 노무현 대통령이 현직에 있을 때 "권력이 정치권력에서 자본권력으로, 시장권력으로 넘어갔다"는 식의 말씀을 한 적이 있죠. 김대중 대통령은 그에 대한 우려의 말을 하지 않았습니다. 워낙 노회해서이거나, 생각은 있었지만 그렇게 표현하지 않은 건지는 몰라도요.

어쨌든 지금까지의 현대사를 되돌아보면, 대한민국의 정치권력은 김대중, 노무현 집권을 거치면서 진보 쪽으로 이동하기도 했는데, 재벌 위주의 보수적 경제권력은 전혀 바뀌지 않고 그대로 계속돼왔습니다. 이것이 우리 사회를 규정하는 일종의 하부구조라고도 할 수 있는데, 대기업 위주의 보수 경제 세력이 이 하부구조를 꽉 쥐고 있는 셈입니다. 그래서 위에서 일시적으로 파도가 어떻게 출렁거리든, 높낮이가 어떻든 간에 우리 사회 전체에서 보수 우위의 판이 오랫동안 형성돼온 것이 아닐까 합니다.

그렇기 때문에 김대중·노무현 정권이 정치·사회적으로 개혁해놓은 것들이 이명박이라는 보수정치 세력이 등장하니까 우리가 상상하기 어려운 속도로 보수화되는 게 아닐까요? 경제권력의 규정력에 대해서는 어떻게 보십니까?

조국 분단체제에서 보수 편향의 정치지형이 우리 시민들의 생각을 보수화시키는, 그러니까 이데올로기적인 측면에서 우경화시키는 역할을 한다면, 경제권력의 규정력은 생활 영역의 곳곳에 깊숙이 들어와 있죠. 다수의 사람들이 직장인 아닙니까.

일상생활에서는 경제권력의 규정력이 정치권력보다 강력합니다. 제 주위의 친척이나 지인을 보더라도, 삼성 같은 대기업에 들어가게 되면 사람이 바뀌는 걸 느낍니다. 기업이 월급을 쥐고 있기도 하지만, 그 속에서 살아남거나 승진하려면 경제권력의 논리를 받아들일 수밖에 없기 때문이죠.

게다가 우리의 경우에는 노조의 조직률이 한국노총까지 포함해도 10퍼센트가 약간 넘는 상태이기 때문에 사회 전체에서 경제권력이 쥐고 있는 힘이 막강합니다. 유럽에서는 노조의 힘이 강하니까 친노동적 사회체제를 제도화하는 사회민주주의가 가능했지만, 우리는 그렇지 못하죠. 그리고 과거 구조조정의 여파로 2010년 현재 한국 사회에서 전체 인구 대비 자영업자의 비율은 22퍼센트를 넘습니다.

이 수치는 다른 OECD 국가의 평균인 약 15퍼센트에 비하여 매우 높은 것입니다. 자영업자는 노동이나 복지의 문제를 개인적으로 또는 자기 가족 차원에서 해결하려는 경향이 강합니다. 그런 점들 때문에 대기업이 쥐고 있는 경제권력의 힘은 상대적으로 더 크게 느껴집니다.

정치권력자로서 경제권력에 대한 경계의 필요성을 공개적으로 선명하게 제기한 사람은 노무현 대통령이 최초일 겁니다. 노 대통령이 원래 유명한 '노동변호사' 아닙니까? 그러나 집권 후 나름대로 뭔가 해보려고 해도 경제권력의 힘에 막혀 잘 안 되니까, "권력이 시장권력으로 넘어갔다"고 토로한 것 같습니다.

그렇지만 저는, 외국의 여러 경우도 그렇습니다만 정치권력을 잡은 뒤 마음만 먹으면 경제권력을 분명히 바꿀 수 있다고 봅니다. 유럽 사회민주주의 나라나 브라질, 칠레 등 남미 나라의 경험을 보세요. 정치권력은 시장 참여자가 벌이는 게임의 룰을 바꿀 수 있습니다. 정치권력이 경제권력을 없앨 수는 없죠. 그렇지만 정치권력은 법과 제도를 통하여 경제권력을 '규제'하고 '조정'할 수 있습니다.

이렇게 생각해봅시다. 한 사회에서 부와 가치를 창출하는 곳이 기업 아닙니까? 엄밀하게 얘기하면 자본과 노동이겠죠. 정치권력이나 언론이 부와 가치를 창출하는 기관은 아니잖아요. 그런데 창출된 부와 가치를 사회적인 차원에서 어떤 우선순위에 따라 얼마만큼 어떤 절차에 따라 분배할 것인가는 정치가 결정합니다. 그렇기 때문에 정치권력이 바뀌면 그에 따라 경제구조가 바뀔 수 있는 거죠. 또 그걸 통해서 세력 판도도 바뀐다는 생각이 들어요.

문제는 정치를 책임지는 주체의 의지가 얼마나 강한가, 구체적인

"진보·개혁 진영에서 2012년 또는 2017년에 집권한다면 지난 민주정권 10년의 성공과 좌절을 교훈으로 삼아 제대로 해봐야죠. 그리고 집권한다면 10년간은 연속으로 집권해서 한국 사회의 골간을 바꿔놓겠다는 마음을 먹어야 합니다."

세밀한 계획이 있는가입니다. 김대중은 1997년 외환위기를 IMF의 요구에 따라 처리하느라 경제권력과 싸우는 것을 완전히 회피했죠. 노무현은 정치적 민주화 이후 막강한 힘을 갖춘 경제권력의 위험성을 감지했지만, 본격적인 싸움을 해보지 못하고 중도에 주저앉았습니다.

사실 노무현 정권 내부에 삼성과의 연대를 추구하는 세력이 있었죠. 예컨대, 노 대통령의 오른팔로 불렸던 이광재 씨는 참여연대의 소액주주운동을 주도하던 장하성 교수를 '빨갱이'라고 비난했고, 삼성경제연구소에서 출간한 《국가전략의 대전환》이라는 책을 대선 공약에 반영하자고 주장했다는 보도가 있지 않았습니까.■ 노회찬, 심상정 등 '삼성왕국의 게릴라'들이 삼성과 치열하게 싸웠지만 경제권력 문제를 해결할 수 있는 힘은 없었죠. 그런 가운데 삼성을 포함한 재벌들은 계속 커갔던 거고요.

그럼 어떻게 해야 할까요? 현 시점에서 진보·개혁 진영이 최소한 합의할 수 있는 것은 '재벌의 시장 지배와 경제력 남용은 막아야 한다', '재벌이 민주주의나 헌법 위에 군림해서는 안 된다', '재벌의 경영과 부의 상속은 투명해야 한다', '금융자본과 산업자본은 분리되어야 한다' 등으로 요약할 수 있습니다.

오연호 이 대목에서 경제권력에 대한 우리의 이중적 태도를 한번 짚고 넘어가겠습니다. 예를 들면 삼성에 대해서 우리 국민들이 이중적 사고를 보여주고 있습니다. 한편으로는 삼성을 도덕적으로 문제

■ 노무현의 불행은 삼성에서 비롯됐다, 〈프레시안〉, 2010. 3. 17.

가 많은 기업이라고 보고, 다른 한편으로는 그러면서도 삼성에 자녀와 친지가 취직하면 좋은 직장 얻었다고 축하해주거든요.

여기에서 궁금한 건, 무엇이 이런 현상을 만들어내는가입니다. 이러한 결과는 '나쁜 삼성'이 돈으로 홍보와 조작을 해서 만들어온 것인가, 아니면 삼성이 생존을 위해서건 다른 이유에서건 그 어떤 기업도 따라갈 수 없는 좋은 점들과 도저히 고칠 수 없는 나쁜 점들을 같이 껴안고 있기 때문인가……. 질문을 바꿔보면, 대중은 삼성의 조작에 의해 오도되고 있는 것인가, 아니면 대중 스스로 자기 판단으로 '삼성 제품 써봤더니 좋더라, 해외에 나가서 삼성 간판을 보니 반갑더라, 자랑스럽더라', 이렇게 생각하게 되면서 자발적으로 '나쁜 삼성'과 '좋은 삼성'의 이중구조를 인정하고 있는 것인가…….

이 둘 중 어느 쪽이 실제와 가까운가에 따라 우리가 경제권력이라는 집단을 어떻게 대해야 할지에 대한 합리적 입장이 정해질 것 같습니다. 결코 간단치 않은 것 같아요.

조국 '좋은 삼성'과 '나쁜 삼성'이라는 관념의 혼재라……. 꽤 어려운 문제입니다. 우리 국민이 삼성의 기술력을 싫어할 리는 없겠죠. 현재 삼성에 대한 비판의 초점은 극소수 지분을 가진 이건희 일가의 영구적 삼성 지배, 그리고 이것을 기초로 해서 사회 전체를 지배하려는 것에 있을 것입니다.

삼성에 대해서든 이명박 대통령에 대해서든 대중들은 비슷한 심리를 갖고 있어요. 대중은 한편으로는 민주, 정의, 공정 등의 필요성을 공감하지만, 다른 한편으로는 이러한 가치를 내팽개치고 '나만이라도 강자 또는 부자가 되고 보자'라는 심리를 갖고 있으니까요.

"왜 우리나라의 진보는 이렇게 빨리 겉늙은 걸까요? 집권 10년 동안 제대로 해보지도 못하고 왜 그렇게까지 무장해제를 당한 걸까요? 정치인이건 생활인이건 386세대 전체가 뼈저린 반성을 하고 2012년, 늦어도 2017년에 대비하여 차근차근 준비해야 하지 않을까 싶습니다."

오연호   이러한 이중성이 형성된 것은 '문제는 있지만 잘나가는 대기업' 말고, '문제도 없고 잘나가는, 안정적이고 인정받는 중소기업군'이 제대로 형성돼 있지 않기 때문일 겁니다. 그런데 이런 이중성을 갖고 있는 20대 대학생은 취직을 앞둔 젊은이입니다. 유권자이기도 하고요. 그렇다면 어떤 정당이건 정치인이건 성공을 하려면, 젊은이들에게 대기업에 대한 어떤 메시지를 줄 수 있어야 한다고 봅니다. '취직해서 바꿔라', 아니면 '삼성 같은 곳은 가지 마라' 하는 식으로 말이죠.

그런데 민주당이든 민주노동당이든 진보신당이든 어떤 제안도 하지 못합니다. 삼성 이건희 회장의 사면이나 그의 아들 이재용으로의 편법 세습은 비판을 하지만요. 어찌 보면 그런 민감한 의제는 포기해버리는 게 아닌가 하는 생각도 듭니다.

조국   좋은 지적입니다. 이런 현상이 일어나고 있는 것은, 진보·개혁 정당이라고 자부하는 민주당, 민주노동당, 진보신당, 국민참여당 등이 한국 사회를 지배하고 있는 경제권력을 어떻게 바꿀지, 쉽게 말해 삼성과 현대를 어떻게 바꾸는 것이 좋은지 등에 대한 구체적인 설계도를 마련해두고 있지 않기 때문입니다. 물론 삼성이 진보·개혁 진영도 잘 '관리'하고 있기 때문이 아닌가 하는 생각도 들긴 합니다만, 그보다는 대안 준비가 부족하기 때문이라고 봅니다.

예컨대 경제관료 출신이 많이 포진하고 있는 민주당은 차치하더라도, 민주노동당의 강기갑, 이정희, 진보신당의 노회찬, 심상정 등에게 "권력을 잡으면 재벌을 어떻게 할 것인가?" 하고 물으면, 과연 앞서 지적한 이중성에 갇혀 있는 대학생들이 수긍할 만한 답을 내놓을 수 있을까요? "자본주의 모순을 극복한 민주적 경제체제"(민주노동당 강령), "신자유주의적 자본주의를 넘어 다수 대중의 민주주의를 확대하는 새로운 경제체제"(진보신당 강령)가 무엇인지, 이 체제가 어떻게 운영되는 것인지 한눈에 이해하게끔 해주어야 하는데…….

요컨대, 문제는 우리나라의 대안적 경제모델이 무엇인가에 있습니다.

무상급식, 박정희 모델을 흔들다

오연호 경제권력이 정치지형에 미치는 규정력이 어느 정도인가에 대해 이야기를 해보았습니다. 다시 말하면 진보·개혁 진영이 정치적으로 성장하는 데 대기업으로 대변되는 한국 사회의 경제권력이 과연 어느 정도 방해 혹은 견제를 하고 있는가에 대한 이야기였습니다.

그런데 이야기를 나누다 보니 문제의 핵심은 그 규정력의 정도에 있는 것이 아닌 듯합니다. 교수님 말씀대로 정권을 잡으면 경제권력을 바꿀 수 있다는 거죠. 문제의 핵심은 진보·개혁 진영이 정권을 잡았을 때 어떻게 경제권력을 개혁할 것인가, 즉 대안적 경제모델을 어떻게 세울 것인가 하는 설계가 제대로 안 돼 있다는 것이군요.

조국 체계적 설계가 아직 없죠. 그러니까 삼성에 문제가 있다는 비판은 하는데, 나오는 대안을 보면 형법, 세법, 공정거래법 등 '법적 규제' 수준에 머무는 거죠. 경제권력의 오·남용에 대한 법적 규제를 OECD 수준으로 강력하고 엄격하게 정비하는 것이 반드시 필요합니다. 그러나 그것을 넘어서 우리나라가 어떤 경제모델로 가야 하는지 정해야 하고, 그 속에서 대기업의 역할이 무엇인지 정해야 하죠. 그런데 아직은 그 대안적 경제모델이 뭔지 모르기 때문에 삼성 개혁에 대한 논의도 진척이 안 되는 겁니다.

사실 현재의 경제성장 모델은 박정희 때 만들어진 거죠. 대중들이 수십 년 동안 박정희 모델 속에 살다 보니 이 모델 외에 어떤 모델이 있는지 잘 모릅니다. 다른 모델을 찾으려는 고민이나 노력도 매우 약했고요. 1970~1980년대 운동권 내에서는 구소련식 '국가사회주의' 모델, 즉 '생산수단 국유화+소비에트(노동자평의회)' 모델이 유일한 대안인 것처럼 받아들여지기도 했죠.

박정희 모델은 매우 명확합니다. "정치적으로 선거권과 표현의 자유 등 기본권을 억압·박탈하고, 경제적으로 재벌 위주의 개발을 한다." 그런데 박정희에 저항하는 민주화운동은 우선 정치적 기본권 확보에 집중할 수밖에 없었죠. 그러다 보니 정치 중심적 실천에 머무른 게 아닌가 합니다. 즉, 정치적으로는 아주 진보적인 대안을 잘 만들어내는데, 경제 영역으로 가면 뾰족한 대안이 없다는 것이죠. '빨갱이 콤플렉스'가 사회를 지배하다 보니 모델을 검색하고 상상력을 펴는 데 한계가 있었고, 그 때문에 경제 문제에서는 보수적 모델을 유지하는 거죠.

오연호 대안이 없으니까 보수가 된다……. 그러니까 진보·개혁 진영도 경제 쪽에서는 보수가 된다는 말씀인가요?

조국   그렇죠. 의미 있고 설득력 있는 방안이 있으면 새 길로 가죠. 그렇지 못하니까 비판을 하면서도 박정희 모델의 근간이 유지된 겁니다. 그게 핵심입니다.

물론 박정희 모델에 대한 대안이 제시되지 않았던 것은 아닙니다. 최초의 의미 있는 시도는 1970년대 박현채 교수의 '민족경제론'과 40대 정치인 김대중의 '대중경제론'입니다. 서민과 중산층이 중심이 되는, 중소기업을 활성화시키는 모델이었는데 당시로서는 상당한 의미와 설득력이 있었죠.

사실 이 두 입장은 집권을 위한 우경화 노선인 '뉴DJ 플랜'을 마련하고, 'IMF 위기'를 해결하는 과정에서 포기되는데, 원래의 문제의식은 지금도 의미가 있습니다. 그러나 경제민주화에 대해서는 여전히 추상적이었으며, 손에 딱 잡히는 프로그램도 제시되지 못했습니다. 특히 사회민주주의가 안착된 나라에서 이루어지고 있는 경제모델은 매우 중요한 실천적 의미를 갖는데, 이에 대한 연구도 매우 부족했죠.

민주노동당 강기갑 전 대표는 2009년 1월 19일 〈중앙일보〉 인터뷰에서 우리나라 경제모델을 어떻게 할 예정이냐는 질문에 쿠바가 모델이라고 하더군요.

물론 쿠바의 농업 방식, 의료체제, 사회보장제도 등은 배울 것이 많습니다. 요시다 타로가 지은 《생태도시 아바나의 탄생》은 생태농업에 대한 중요한 시사를 던지더군요. 그러나 쿠바가 한국의 미래가 되어야 할까요? 한국은 통상 국가지만 쿠바는 통상의 의미가 약한 국가이고, 한국은 중공업 중심 국가지만 쿠바는 농업 중심 국가 아닙니까.

오연호 그래도 최근에는 대안적 경제모델에 대한 논의가 다소 풍성해지고 있죠?

조국 2007년을 기점으로 변화가 보입니다. 유시민 씨가 《대한민국 개조론》을, 이어 '복지국가소사이어티 정책위원회'가 《복지국가혁명: 복지를 위한 성장, 복지를 통한 성장, 역동적 복지국가 창조》를, 분당 전 민주노동당의 '진보정치연구소'가 《사회국가, 한국 사회 재설계도》를 내놓습니다. 이 세 권의 책이 2007년 한 해에 다 나왔다는 것은 시사하는 바가 크죠. 진보·개혁 진영에서 새로운 경제모델에 대한 고민을 본격적으로 시작한 것입니다.

또한 근래 들어 협동조합, 노동자 자주관리 기업, 사회적 기업 등 대안기업의 창출, 노동자의 경영 참여, 근무형태 변화를 통한 노동시간 단축 등에 대한 연구와 논의가 활발해지고 있습니다. 박정희 모델과 스탈린 모델을 모두 지양하는 경제민주화에 대한 구체적이고 세밀한 계획이 필요합니다. 유럽 사회민주주의 나라와 브라질, 칠레 등 남미 나라의 경험이 많은 시사를 줄 것입니다.

그런데 최근 몇 년간 흥미로운 점은 대중의 관심이 정치 영역에서 경제 영역, 생활 영역으로 이동하고 있다는 점입니다. 이번 6·2 지방선거 전후로 불이 확 붙는 게 느껴집니다. 무상급식 논쟁이 대표적인데, 이는 단지 학교에서 공짜 밥을 먹느냐 아니냐의 문제가 아니라 어떠한 경제모델이 좋은가라는 문제와 연결되어 있습니다.

386세대를 비롯해 한국 사람들은 정치 문제에 매우 관심이 많아요. 통계는 없지만 OECD 회원국 국민들보다 10배 이상 많은 것 같아요. 정치 기사를 꼼꼼히 챙겨 보고, 밥을 먹거나 술을 마시면서도 정치 이야기를 하잖아요. 정치권의 세밀한 에피소드까지 알고 논의할 수 있는 수준인데, 경제 영역으로 가면 이야기할 소재가 확 줄어들죠. 그런데 무상급식 논쟁을 계기로 대중적 관심이 새로운 경제모델의 문제로 이동하고 있다고 생각합니다. 최근에는 '모든 병원비를 국민건강보험 하나로' 운동이 전개되면서 준(準)무상의료도 새로운 사회적 쟁점이 되고 있잖아요? 이것은 매우 중요한 변화라고 생각합니다.

오연호 그런데 우리는 정치에 대해서는 관심이 많았으면서 왜 경제모델은 못 만들었을까요? 정치가 최우선 과제였기 때문일까요?

조국 군부독재 시절을 거치면서 정치적 자유가 당장 눈앞의 과제였기 때문이죠. 일단 말 자체를 자유롭게 하지 못하는 사회였으니까요. 대통령이나 정부를 비판한다고, 대통령을 직접 뽑을 수 있는 헌법 개정을 주장한다고 잡아가는 사회에 살지 않았습니까? 국가권력이 내 입을 막고 몸을 구속하니까 이쪽의 문제 해결에 모든 관심과 힘을 집중했던 거죠. 먹고사는 생활의 문제, 경제 영역의 삶의 문제는 각자 알아서 해결했고요.

오연호 그렇다면 비관적으로 "왜 우리는 그것을 하지 못했나" 하면서 서로 손가락질을 할 게 아니라 발상을 좀 바꾸어보죠. 그동안 정치 이슈가 더 급했기 때문에 그걸 먼저 해결하기 위해 최선을 다해왔다, 진보·개혁 진영이 정권을 담당한 기간도 그다지 길지 않다, 김대중도 노무현도 기대한 것만큼 이루지 못했고 헛발질도 했지만

"지금까지 진보·개혁 진영은 '신자유주의 반대'라는 말만 했지 이를 구체적으로 보여주는 정책을 이슈화하는 데는 성공하지 못했거든요. 또한 이론적·정책적 차원에서 복지국가를 주장했지만, 이에 대한 대중적인 공감을 일으키지는 못했고요. 그런데 무상급식 논쟁은 신자유주의 반대, 복지국가 건설의 의미가 무엇인지 대중이 바로 알아듣게 만들어주었습니다."

그것 또한 우리가 치러야 할 비용이었다. 지금부터라도 준비를 하되 길게 생각하면서 차근차근 준비해보자, 이렇게 낙관적으로 해석할 수도 있을까요?

조국 당연히 그렇게 해야겠죠. 특히 추상적 모델 논쟁이 아니라 바로 지금 대중이 고통을 느끼며 개선을 원하는 구체적인 생활경제 어젠다를 찾고 대안을 제시하는 데서 출발해야 합니다.

그에 관한 좋은 예가 무상급식입니다. 진보·개혁 진영이 쟁점을 찾아 선점하고 화두와 대안을 던져 선거에서 승리하지 않았습니까? 4대강 파고 호화 청사 짓는 데는 돈을 펑펑 쓰면서 왜 무상급식은 안 하느냐, 선진국에서는 무상급식뿐 아니라 학용품도 다 무상으로 주어서 아이는 학교에 몸만 가면 된다더라……. 이런 대안적 의제를 통해 '다른 길'이 있다는 것을 대중과 공유해야 합니다. 국민건강보험 개혁을 통한 준무상의료, 반값 등록금, 반값 아파트, 일자리 나누기 등도 여기에 포함될 수 있겠죠.

오연호 그러니까 대안적 경제모델 마련이라는 것이 뿌리부터가 아니라 나뭇잎부터 시작하다 보면 그렇게 어렵지 않다는 이야기군요.

조국 그렇죠. 꼭 이론이 다 갖춰진 다음에야 해결책이 나오는 게 아니잖아요? 무상급식 같은 화두를 자꾸 개발해 집중적으로 논의하고 그 문제의식을 확산시켜야 합니다. 그러다 보면 대중이 피부로 느끼며 공감하는 대안경제모델이 서서히 모습을 드러낼 겁니다. 무상급식 논쟁으로 '김상곤 효과'라는 말까지 등장하지 않았습니까?

김상곤 경기교육감은 진보적 교수였지만 직업정치인이 아니었습니다. 그렇지만 그는 어느 정치인 못지않게 우리 사회에 중요한 화두를 던지고 '전선'을 만들어냈습니다.

무상급식 논쟁은 그 자체적인 의미 외에 더 큰 의미가 있습니다. 지금까지 진보·개혁 진영은 '신자유주의 반대'라는 말만 했지 이를 구체적으로 보여주는 정책을 이슈화하는 데는 성공하지 못했거든요. 또한 이론적·정책적 차원에서 복지국가를 주장했지만, 이에 대한 대중적인 공감을 일으키지는 못했고요. 그런데 무상급식 논쟁은 신자유주의 반대, 복지국가 건설의 의미가 무엇인지 대중이 바로 알아듣게 만들어주었습니다.

왕이 되기를 포기한 영주들

오연호 지금부터 냉정하게 뼈아픈 질문을 던져봐야겠습니다. 왜 우리는 2007년 수구·보수 세력에게 정권을 빼앗겼을까요? 왜 우리는 지금 그토록 비판하는 이명박에게 정권을 내줘야 했을까요? 정치권은 정치권대로, 시민사회는 시민사회대로 책임이 있을 것입니다. 우선 그동안 정치권에 몸담아온 진보·개혁 진영의 건강 상태를 점검하지 않을 수 없습니다.

저는 진보·개혁 진영의 정치권이 한마디로 혁신결핍증에 걸려 있다고 봅니다. 그것이 정권을 수구·보수 세력에게 빼앗긴 첫 번째 이유라고 봅니다. 그동안 민주당이건 민주노동당이건 진보신당이건 "당신들 그런 식으로는 안 된다, 혁신해야 산다"는 말을 많이 들었습니다. 예컨대 민주당의 386세대 국회의원들에게는 "더 이상 구정치인들의 참모 노릇만 하지 말고, 스스로 독립해 사회·경제적 민주화에 대한 대안을 제시하라", 민주노동당, 진보신당 쪽 사람들에게는 "옛날의 운동권 방식의 폐쇄성을 극복하고 대중적 진보정당으로 거듭나라" 등의 주문들이 오래전부터 계속됐죠. 그런데 대중들이 '아, 이 사람들 정말 스스로 혁신하고 있구나'라고 피부로 느낄 정도의 획기적 모습은 보여주지 못한 것 같습니다. 왜 오래된 지적에도 불구하고 그들이 변신을 하지 않는다고 생각하십니까?

조국 그들도 이제 '영주'가 됐기 때문이죠. 군부독재 때는 야당이라는 게 의미가 없잖아요. 체제나 지도자를 비판하면 감옥에 가거나 고문을 받고 심지어 죽기까지도 했으니까요. 그런데 '1987년 헌법체제'가 안착되면서 야당이 권력을 못 잡더라도 항상적으로 일정한 지분을 가질 수 있게 됐거든요. 그러다 보니까 이들이 과거처럼 그렇게 치열하게 고민하지 않는 겁니다.

과거에는 '제로'였는데 지금은 나름의 권력과 명성을 갖게 되니까 사고방식도 행동방식도 달라진 것이죠. 386세대 운동권 출신도 국회에 많이 들어갔지만, 선수選數가 쌓이고 당 고위간부가 되다 보니까 자기가 갖고 있는 지분과 세력을 유지하는 데 급급한 것 같아요. 그러면서 '투사'가 '영주'로 변모하는 현상이 나타납니다. 영주는 왕에게 받은 봉토가 있고, 자신에게 속한 농노도 있고, 일정한 조건 아래 중앙의 왕과 교섭할 수도 있잖아요. 왕과 맞서기보다는 그냥 영주로 사는 것이 안전하고 행복하죠.

왜 오래전부터 혁신하라는 주문은 많았는데 혁신하지 않을까요? 그들이 언제부터인가 영주처럼 사고하고, 영주처럼 행동하는 것이 가장 근본적인 문제라고 생각합니다. 극단적으로 의심하자면, 왕이 되기를 포기한 거죠.

과거 노무현은 낙선을 뻔히 예상하면서도 계속 불리한 지역에 출마했죠. 박근혜는 여의도에 천막 당사를 쳤어요. 천정배는 의원직 사퇴서를 낸 뒤 민생포장마차를 끌고 전국을 돌았고, 복귀 후 국회를 떠난 기간 동안의 세비를 받지 않았습니다. 이정희는 촛불 시민과 함께 '닭장차'에 끌려 들어갔죠.

이런 것이 '쇼'라는 지적도 있지만, 정치인은 대중이 보고 싶어 하는 '쇼'를 적시에 보여주어야 합니다. 대중은 정치인의 말이나 행동을 100퍼센트 믿지는 않습니다. 그러나 '저 사람, 진정성이 있구나', '내가 하고 싶은 이야기를 저 사람이 해주는구나', '나의 꿈과 고통을 저 사람이 알고 있구나'라고 느끼게 되면, 그를 밀어줍니다. 이런 '쇼'를 보여주지도 않으면서 '무게'를 잡고 '급'을 따지면서 '거물' 행세를 하거나 당내 권력 투쟁에 몰두하는 모습만 보이면 대중은 채널을 돌려버리죠. '왕'이 되기를 포기한 '영주', '왕' 밑에서 안주하는 '영주'에게 미래는 없습니다.

오연호 '왕이 되기를 포기한, 행복한 영주들'이라는 표현이 의미심장합니다. 그래서 전처럼 '아무것도 잃을 것 없는 프롤레타리아'의 심정에서 나왔던 투쟁력이나 집중력이 보이지 않는 거군요.

조국 '성공의 역설'이죠. 낮은 곳에서 대중과 호흡을 같이하고 그들을 대변하던 초심을 회복해야 합니다. 그래서 사회·경제적 민주화라는 새로운 과제의 실현, 소속 당의 혁신, 진보·개혁 진영의 연대를 위해 헌신해야 합니다. 모든 정치인은 '영주'로 안착하고 싶은 유혹이 강할 것입니다. 그러나 이러한 유혹을 넘어서 연대하고 투쟁하는 사람이 '왕'이 될 것입니다.

오연호 2007년 대선을 지금 되새김질해보면 여러 가지 차원에서 분석이 가능하겠지만, 승리를 바라는 마음이 보수 쪽이 더 간절했기 때문에 이겼다고 봅니다. 보수는 정권 재탈환이 정말 간절했고, 진보는 '이명박한테 한번 줘도 되는 거 아니야?' 하는 안일한 생각, 또 한편에서는 '막판에 BBK 비리 한 방이면 간다'■는 식의 근거 없는 낙관론이 있었던 것 같습니다.

지금 시점도 비슷합니다. 대중은 늘 민주당, 민주노동당, 진보신당에 혁신을 요구하지만, 그들은 대중들이 감동받을 정도의 변화를 보여주지 못하고 있어요. 진보·개혁 진영이 두 차례 권력을 장악하면서 체질이 '여당화'되어 변화의 의지를 상실한 것인지, 겉늙어버린 것인지 의문입니다.

조국 긴박감을 상실한 진보, 혁신에 지지부진한 진보의 행태는 직무유기죠. 사실 '겉늙은 진보', '조로早老한 진보'는 자가당착, 형용모순 아닙니까? 안주를 거부하고 혁신을 추구하는 것이 진보의 본성이니까요.

■
BBK 사건은 외국계 투자자문회사 BBK의 전 대표 김경준 씨의 주가 조작 사건으로, 이명박 당시 한나라당 대선 후보의 연루 의혹이 제기되면서 2007년 17대 대선의 최대 쟁점으로 떠올랐다. 이 후보가 2000년 김 씨와 동업하여 LK이뱅크란 사이버 금융회사를 설립하고 대표직을 맡았다가 사임한 것과 관련해 정치권에서는 이 후보가 BBK의 실소유주이며 주가 조작에도 관여했다는 의혹을 제기했다. BBK 피해자의 고소 사건을 수사한 서울중앙지검은 이 후보가 김 씨의 사기 행각과 무관하다는 무혐의 결정을 내렸다.

오연호   그렇다면 왜 우리나라의 진보는 이렇게 빨리 겉늙은 걸까요? 집권 10년 동안 제대로 해보지도 못하고 왜 그렇게까지 무장해제를 당한 걸까요?

조국   여러 가지 분석이 가능하겠지만 민주화운동 세력 사이의 연대의 끈이 떨어졌다는 점도 중요한 원인이라고 봅니다. 김대중·노무현 정권에 참여한 정치인, 지식인과 그러지 않은 진보·개혁 진영 사이에 소통이 제대로 이루어지지 않았죠. 정권에 참여한 사람들은 자신들이 갖고 있는 권력과 정보를 기초로 움직이면서 바깥에 있는 사람들이 물정도 모르면서 비판만 한다고 섭섭해했습니다. 밖에 있는 사람들은 정권에 참여한 사람들이 개혁을 포기했다, 바깥과 제대로 소통을 하지 않는다고 비판했죠. 옛날에는 모두 "전두환 군사독재 물리치자"며 힘을 합쳤는데, 진보·개혁 진영이 권력을 갖게 되니까 오히려 나뉘졌죠.

구체적으로 말하자면, 지난 10년 동안 개혁적 자유주의 진영과 진보적 사회(민주)주의 진영 각각의 역할과 협력, 정치권과 시민사회운동 각각의 역할과 협력 문제가 정리되지 못했습니다. 정치 세력 간의 연대도 제대로 이루어지지 않았어요. 넓은 의미에서 '같은 편'끼리 연합해서 세를 굳히고 늘려갔어야 합니다.

저는 2005년 탄핵정국이 종료되고 진보·개혁 진영이 의회에서도 다수파가 된 상황에서 노무현 대통령이 '대연정'을 한나라당이 아니라 민주노동당 쪽에 제시했어야 한다고 생각해요. 노무현 정권이 국정운영을 '좌 클릭'하고 민주노동당도 '우 클릭'하여 공동정책에 합의하고, 민주노동당 인사가 입각했더라면 어땠을까 하는 생각을 합니다.

예컨대, 노동부 장관이나 보건복지부 장관을 민주노동당 인사가 맡을 수 있지 않겠습니까? 당시 제가 이런 생각을 여기저기서 밝혔는데 열린우리당, 민주노동당 모두 난색을 표하더군요. 같은 맥락의 이야기지만 유시민, 정태인, 심상정은 대학 동기 사이로 다들 민주화운동에 참여한 사람들인데, 유시민과 함께 노무현 정권 출범에 상당한 역할을 했던 정태인이 청와대를 나와 심상정을 돕게 되는 상황은 여러 가지를 생각하게 만들더군요.

오연호 민주당에서 진보신당까지 정당 간 연합과 연대에 신경을 크게 쓰지 않은 것도 '왕'이 되기를 포기하고 행복한 '영주'에 머물고자 한 것이 아닐까요?

조국 그렇죠. 각자 지지자가 있기 때문이죠. 영주는 전체 판을 어떻게 바꿀 것인가보다 자기 봉토를 다지는 데 더 신경을 쓰니까요.

오연호 지금까지 진보·개혁 진영 정치권의 건강 상태를 점검해봤습니다만, 정치권이라는 게 시민사회와 밀접하게 연관돼 있죠. 그러니까 정치권의 건강 상태가 좋지 않다는 것은 그들을 견인해야 할 시민사회의 건강 상태도 좋지 않다는 뜻입니다. 그래서 시민으로서 '나'의 책임을 돌아볼 필요가 있습니다.

2007년에 수구·보수 세력에게 정권을 넘긴 책임이 '나'에게도 있는 것이 아닐까요? 결국 그런 내가 이명박 대통령을 만든 것은 아닐까요? 조국 교수님이나 저나 386세대니까 2007년 대선 전후 시점에서 386세대의 건강 상태가 어땠는지, 우리 세대부터 반성을 좀 해 볼까요?

정치 진보·생활 보수 '386의 딜레마'

조국 저는 386세대의 이중성을 지적하는 데서 시작하고 싶습니다. '정치에서는 진보, 생활에서는 보수(혹은 무대책)'라는 이중성 말입니다. 교육에서 예를 들어볼까요? 저도 마찬가지지만, 정치에서는 진보적인 입장을 견지하는 사람들이 자녀 교육 문제로 가게 되면 별다른 대책이 없습니다. 자기 자식을 뒤처지게 놔둘 수 없으니까 다들 학원 가라, 외고 가라, 토플 공부해라, 졸업하면 삼성 가라 등의 말을 하게 되는 거죠.

이러한 이중성이 386세대의 근본 모순이었다고 봐요. 386세대가 정치 영역에서 집단적 노력을 통하여 진보를 이루었듯이, 다른 생활 영역에서도 집단적으로 고민해서 진보적 대안을 만들고 그것을 정파와 관계없이 연대하여 제도적 대안으로 만들어냈어야 하는데 그러질 못했어요. 그 결과 생활 영역에서는 보수의 논리와 문화에서 빠져나오지 못한 것입니다.

오연호 왜 그랬을까요? 386세대의 20대를 되돌아보면, 우리 사회에 각종 문제와 모순이 있다고 여기면 그것을 분석하고 해법과 전략을 세워 과감히 실천하는 것이 그들의 모습이었잖아요? 그들도 나이가 드니까 흐물흐물해진 걸까요? 아까 왕이 되기를 포기한 영주 이야기도 했습니다만.

조국 사실 386세대의 모순은 진보·개혁 진영 전체의 모순입니다. 제 생각으로는 진보·개혁을 자처하는 사람들이 정치인이건 지식인이건 간에 진보적 상상력을 키우는 것을 자제하면서 스스로 희망의 불씨를 꺼버렸기 때문이 아닌가 합니다. 신념과 희망을 가지고 과감하게 대중의 마음에 불을 질러야 하는데……. 외고 폐지 이외에도 무상급식, 무상의료, 반값 등록금, 반값 아파트, 부동산 분양원가 공개 등에 대해서 "너무 급격한 변화를 초래하므로 실현 불가능할 것이다"라고 예단하거나, "보수 진영에서 '좌파', '포퓰리즘populism'이라고 맹공을 가하지 않을까" 걱정하면서 포기한 것이죠.

그리하여 언제부턴가 진보·개혁 진영의 상상력은 쪼그라들었고, 실천마저 과감해지지 못한 것입니다. 6·2 지방선거의 핵심 쟁점이었고 손에 잡히는 사회·경제적 민주화의 내용인 무상급식의 경우도 정치인이 아닌 김상곤 경기교육감에 의해 촉발된 것 아닙니까.

1980년대 진보·개혁 진영은 대중의 마음에 불을 질러 이룰 수 없는 꿈처럼 보였던 정치적 민주주의를 쟁취했습니다. 당시 우리는 장벽이 높다는 것, 분단과 독재가 구축해놓은 장벽이 강고하다는 것을 알면서도 그 장벽을 무너뜨리려고 나섰던 것 아닙니까. 군사독재와 싸웠고, 학교를 그만두고 노동현장에 들어갔으며, 6월 항쟁의 거리에서 최루탄에 맞서 어깨를 걸었지요.

그런데 정치적 민주화가 되면서 이 '투사'들이 각 영역에서 자리를 잡았고 이후 점점 '관리자 모드'로 바뀐 거죠. 자신도 이 체제 아래에서 자리를 잡게 되고, 국회의원이나 청와대에서 근무하는 친구나 지인이 생기면서 몸도 마음도 둔해진 겁니다. 진보는 열정을 가지고 미답未踏의 장, 미완의 장 속으로 뛰어들어가야 합니다. 그러지 못하면 바로 후퇴하거든요. 연어가 물길을 거꾸로 오르듯이 팽팽한 자세로 새로운 장으로 뛰어올라가 새로운 과제에 대해서 계속 화두를 던지면서 한 단계 한 단계 계속 전진해야 하는데…….

사실 이러한 지적은 저 자신에 대한 반성이기도 합니다. 진보·개혁 진영의 많은 사람들이 '정치 좌파', '생활 우파'가 되어버린 거죠. 세상이 바뀌려면 생활에서도 좌파의 요구가 관철되어야 하고, 이것이 제도화되어야 하는데 말이죠.

정치 이외의 영역에 대한 대안 만들기의 방기放棄, 바로 이것이 우리의 발목을 잡았습니다. 교육 분야의 예를 다시 들자면, 외고 문제에 대한 대안을 진보·개혁 진영의 386 정치인이 아니라 한나라당 정두언 의원이 제기했잖아요. 물론 각 영역의 '386 생활인'도 책임이 있지만, 더 큰 책임은 이 세대의 정치적 대리인 역할을 자처한 386 정치인들이 져야 합니다. 과거에 사회·경제 민주화가 절실하다는 말은 많이 했지만, 이를 위하여 의미 있는 법안을 내놓은 386 정치인은 많지 않죠. 특히 민주당에는 386세대에 속하는 '스타 정치인'이 많은데, 제가 과문한지 몰라도 이들이 지금까지 무얼 했는지 잘 모르겠어요. 이제 386 정치인들은 과거 반독재민주화 투쟁의 선봉에 섰던 마음으로 '생활 좌파'를 제도화하는 운동을 과감하게 선도해야 한다고 봅니다.

오연호 상상력을 자제하면서 너무 빨리 희망의 불씨를 꺼버렸다는 말씀이 가슴을 때리는군요. 수구·보수 세력의 정치적 집합체인 한나라당 소속의 정두언 의원도 외고 폐지를 과감히 주장하는데, 스스로 진보·개혁 세력이라고 여기는 386 정치인이나 386 생활인들은 그것에 대한 목소리를 뚜렷하게 내지 못했어요. 상상력이 빈곤해지고 관리자 모드로 들어가면 당연히 의제 설정의 주도권을 뺏기게 되니까요.

김대중·노무현으로 만족하십니까

조국 그렇습니다. 정두언 의원이 외고 폐지 법안을 내기 전에 민주당, 민주노동당, 진보신당 등의 국회의원들은 무엇을 했느냐는 생각이 듭니다. 그 점에서 직무유기라는 겁니다. 외고 문제는 오래전부터 제기된 것이고, 전국의 중학생, 심지어 초등학생과 그 학부모까지 고민하게 만드는 문제 아닙니까? 외고는 맨 처음에 만들어질 때와 달리 지금은 입시명문고가 되었습니다. 외국어 전문가를 키운다는 좋은 취지는 사라져버렸어요. 그런데 왜 노무현 정부, 그리고 많은 진보·개혁 진영의 정치인들은 이 문제를 방치한 것일까요?

이러한 상황에서 386 생활인은 진보·개혁 진영에게 실망하면서 '그럼 우리 애라도 살아야지'라는 마음을 먹을 수밖에 없죠. 집단이 합의하는 대안도 없는데 386 생활인에게 "내 자식은 절대 외고 안 보낸다", "절대 학원 안 보낸다"라고 맹세하며 살 것을 요구할 수 없거든요.

오연호 정치인이건 생활인이건 386세대 전체가 뼈저린 반성을 해야겠군요. 이제부터라도 2012년, 늦어도 2017년에 대비하여 차근차근 준비해야 하지 않을까 싶습니다. 그렇다면 과거의 민주화 경험과 집권 경험을 활용하되, 관리자 모드로 침체되지 않고 팔팔하게 살아

서 다시 불을 지피기 위해 무엇을 해야 할까요? 또한 아까 진보·개혁을 지지하는 사람들이 '생활 우파'가 되어버렸다는 말씀도 하셨는데, 이들이 다시 부활하기 위해 무엇을 해야 할까요?

조국 먼저 "나는 아직 늙지 않았다, 아직 할 일이 있다"라고 되뇌어봅시다. 선배 또는 부모 세대의 역할에 대해 자각할 필요가 있다는 것입니다.

2017년이 되면 386세대는 50세 전후가 됩니다. 앞으로 386세대가 이루고 매듭지어야 할 일이 많이 있다는 거죠. 겉늙지 말아야 합니다. 오 대표와 저를 포함한 우리 세대가 '386'이라는 사회적 기호를 부여받은 것은 단지 나이, 학번, 출생 연도 때문만은 아니죠. 1980년대 우리의 뜨거웠던 삶 때문에 그런 호칭을 갖게 된 것 아닙니까? 지금은 그때보다 시각, 능력, 경험 등에서 훨씬 더 발전했습니다. 무슨 일을 하건 과거보다 더 잘하고 더 프로페셔널하게 할 수 있지 않을까요? 사그라지려고 하는 열정을 되살려서 마지막으로 한 번 해보자, 그래도 안 되면 그때 다음 세대에게 넘기자, 이런 마음가짐으로 힘을 모아야 하지 않을까요?

그리고 386세대의 꿈이 김대중·노무현 정권의 수립으로 충족되었을까요? 두 정권의 종식으로 그 꿈은 사라졌을까요? 아니라고 생각합니다. 두 민주정부가 이루지 못한 것을 제대로 이루어내려는 꿈은 남아 있죠.

게다가 우리 세대가 꾸는 꿈은 이제 우리만의 문제가 아니라 바로 우리 자녀 세대의 미래에 대한 꿈으로 직결됩니다. 이미 자녀들이 중·고등학생, 대학생까지 되었기 때문에 우리가 이들에게 어떤 세상을 넘겨주어야 할지 고민해야 합니다. 우리의 새로운 집단노력이 세상을 완전히 바꾸지는 못한다 하더라도, 적어도 지금보다는 더 나은 세상, 몇 보 더 진보적인 세상을 자녀 세대에게 넘겨주어야 하지 않을까요? 제가 좋아하는 로버트 프로스트Robert Frost의 시 구절이 생각납니다. "숲은 사랑스럽고 어둡고 깊네. 그러나 잠들기 전에 내가 지켜야 할 약속이 있고, 더 걸어가야 할 몇 마일이 남아 있다네."

오연호 자녀 세대 이야기를 하시니까 저도 개인적으로 좀 더 사명감이 느껴집니다. 386세대는 왕년에 뜨겁게 민주화운동을 했던 세대이기도 하지만, 지금 그들의 자녀들이 우리 사회의 핵심적 불안요소인 교육·주택·일자리 문제와 정면으로 맞닥뜨려가고 있지 않습니까? 그러니까 386세대가 우리 사회에서 '마지막으로, 다시 한 번' 책임을 지는 것은 왕년에 했던 것처럼 거창하게 '조국과 민족'을 위한 일이기도 하겠지만 더 직접적으로는 자기 아이들을 위한 일이 되는 거죠.

조국 교육·주택·일자리가 3대 민생 문제인데, 386세대 상당수는 어떻게든 이 문제를 해결했어요. 일부는 '패자'가 됐지만 다수는 '승자'가 됐어요. 그런데 승자가 된 이도 자기 자녀 세대가 직면한 이 문제를 개인적으로 해결해주기는 어렵죠. 또한 자녀들이 자기처럼 '승자'가 될 거라는 보장도 전혀 없어요. 그 결과 부모와 자녀 모두 다시 '출혈'을 하는 '난리'를 쳐야 합니다. 한국 부모의 자식 사랑은 남달라서 자신의 노후를 희생해서라도 자식을 뒷바라지하려고 하지 않습니까. 컴퓨터 용어를 빌려 말하면, 지금과는 '디폴트

default'(미리 정해진 값이나 조건)가 다른 상황을 자녀 세대에게 넘겨주어야 합니다. 아이들은 지금의 상황을 바꿀 수 있는 힘이 없으니, 부모 세대인 우리가 바꿔서 넘겨줘야죠. 개선된 사회적 환경을 만들어 넘겨주는 것이 사실 우리 자신의 노후대책이기도 합니다.

오연호 자녀들에게 새로운 세상을 물려주기 위해서는 2012년, 늦어도 2017년 대선에서는 집권을 해야겠죠? 그냥 집권이 아니라 제대로 된 집권, 후회하지 않을 집권 말입니다.

조국 6·2 지방선거를 통해 광역·기초단체장에 386세대가 많이 진입했습니다만, 중앙권력이 훨씬 더 중요하죠. 2012년, 늦어도 2017년에는 진보·개혁 진영이 집권을 해서 새로운 사회적 환경을 만들어야 합니다. 이를 위해 386세대도 에너지를 총동원해봐야 하지 않겠어요? 김대중·노무현 정권 10년을 경험하면서 아쉬운 점들이 많지 않았습니까?

한나라당 정권이 이명박 정권으로 끝날지, 연장될지 모르겠지만, 진보·개혁 진영에서 2012년 또는 2017년에 집권한다면 지난 민주정권 10년의 성공과 좌절을 교훈으로 삼아 제대로 해봐야죠. 그리고 집권한다면 10년간은 연속으로 집권해서 한국 사회의 골간을 바꿔놓겠다는 마음을 먹어야 합니다. 아무리 늦어도 2017년부터 2027년까지는 진보와 개혁의 시대를 열자는 것입니다.

플랜 2

사회·경제 민주화

특권과
불공정의
시대를
넘어

비정규직 철폐하라!

오연호 사회·경제 민주화를 이루기 위해서는 교육·주택·일자리 등 3대 민생 문제를 반드시 풀어야 한다고 말씀하셨는데, 진보·개혁 진영이 후회하지 않을 집권을 하기 위해서는 이 문제들에 대한 정교한 철학과 정책이 필요합니다.

조국 그렇습니다. 자녀들을 제대로 교육시키는 것, 큰 부담 없이 내 집을 마련하는 것, 좋은 직장을 구해 보람 있고 안정되게 일하는 것, 이런 것들이 보통 사람들이 소망하는 것 아닌가요? "진보가 밥 먹여주나?"라는 질문에 "그렇습니다"라고 답하기 위해서는, 진보도 유능하다는 것을 증명하기 위해서는 이 3대 민생 문제에 대한 정책에서 보수보다 더 나은 뭔가를 보여줘야죠.

오연호 이 세 가지 민생 문제는 하나같이 만만치 않은 과제인데, 우선 일자리와 주택 문제를 집중적으로 이야기해보겠습니다. 일자리 문제로 본격적으로 들어가기 전에 우리의 일하는 문화, 사는 문화를 한번 점검해보죠. 다소 철학적인 질문이 될 수도 있겠습니다만, "우리는 지금 사람답게 살고 있는가?"라는 물음으로 시작하겠습니다. 이 질문에 대한 답을 얻기 위해서는 다각적인 접근이 필요하겠지만 우선 출산율에 대해 이야기를 나눠볼까 합니다. 교수님은 자녀가 몇입니까?

조국 둘입니다. 올해 대학 들어간 딸과 중학생 아들이 있습니다.

오연호 저도 둘입니다. 고등학생 딸하고 중학생 아들이 있어요. 그러니까 우리 두 가정의 평균 출산율은 2.0명이네요. 2009년 우리나라 출산율이 1.15명이었으니까 그것보다는 높군요.

출산파업 권하는 사회구조

조국 우리나라의 저출산 문제는 정말 심각합니다. OECD 가입 국가 평균 출산율이 1.71명인데, 한국의 출산율은 OECD 가입 국가 중 제일 낮습니다. 인구는 급속히 줄고 평균수명은 길어지니 '고령화국가'가 되는 것은 시간문제입니다. 일해야 할 노동력은 부족하고 부양해야 할 노인은 많은 나라가 되어가고 있는 겁니다.

오연호 세계 최저 출산율 1.15명은 한마디로 젊은 부부들이 후세대에게 노골적으로 이렇게 말하는 것 아닐까요? "이 나라와 사회는 인간으로서 살 만한 곳이 아니다. 너희에게 여기에서 사는 것을 권하고 싶지 않다"라고요.

조국 그렇죠. 엄마들의 집단적 재생산 파업, 즉 '출산파업'이거든요.

오연호 우리는 왜 '출산파업'이라는 말이 나올 정도로 심각한 상황이 되었을까요? 지난 2월에 〈오마이뉴스〉 취재팀과 함께 프랑스를 다녀왔습니다. 프랑스의 출산율은 2.0명으로 유럽 주요 국가 중 가장 높은데, 그 비결을 알아보러 간 거죠. 가서 보니 우리 사회와는 너무 달랐습니다. 만나본 사람마다 "두 명은 낳아야죠"라고 하더군요. 우리는 한 명도 부담스럽다는 분위기인데 말이죠.

그럼 뭐가 다른가 살펴보니 프랑스에는 부모가 아이를 낳으면 국가와 사회가 보육을 책임지는 제도가 있었습니다. 유치원은 대부분 국립이면서 무료이고, 대학 등록금도 한 학기에 단돈 10만 원 수준입니다. 너무 비교가 되더군요.

조국   출산파업은 여성이 주도하고 남성도 동조하고 있죠. 교육·주택·일자리의 3대 민생 문제가 해결되지 않고 계속 유지되거나 더 악화된다면 과연 아이를 제대로 키울 수 있을까, 우리 아이가 제대로 살아갈 수 있을까를 부모들이 심각하게 걱정하게 됩니다. 저는 인간의 가장 근본적인 욕구 중 하나가 자기 재생산이라고 생각합니다. 내 DNA를 보존하고 확산하려는 것은 원초적 본능 아닙니까? 그런데 현 사회체제가 이 본능을 막고 있는 겁니다. 대부분의 신혼부부가 "아이 낳으면 잘 키울 수 있을까?", "아이 둘 낳으면 생활이 유지될까?" 이런 고민을 하거든요. 부모인 나는 치열한 경쟁을 헤치며 살아남거나 승자가 되었지만 우리 아이한테도 똑같은 과정을 거치도록 요구할 수 있을 것인가에 대해서는 걱정과 회의가 들죠. 그래서 다들 낳더라도 하나만 낳는 것이고요.

프랑스뿐 아니라 다른 유럽의 복지국가에서는 교육비까지 포함해서 부모가 아이를 키우는 데 경제적 부담이 없도록 만들어줍니다. 그래서 마음 놓고 아이를 낳아요. 제가 미국에서 학위를 받고 영국에서 1년간 포스트닥터 post doctor(박사후과정) 생활을 했는데, 옆집에 아이가 둘 딸린 여학생이 살았어요. 그 여학생은 결혼을 안 했고 두 아이의 아빠가 달랐어요. 영국이 서유럽에서는 복지 수준이 낮은 편인데도 미혼모가 아이를 키우는 데 별 걱정거리가 없더군요. 편견도 덜하고요. 편견은 문화적인 문제니까 차치하더라도 그 여학생은 별다른 직업 없이도 대학 공부를 하고 두 아이를 기르는 데 큰 어려움이 없었습니다.

저출산 문제의 해법은 여성이 아이를 낳고 기르는 부담을 획기적으로 줄이는 제도화에서 찾아야 합니다. 보육시설 문제만 봐도 그렇습니다. 현재 법률상 여성근로자 300인 이상 또는 근로자 500인 이상의 직장은 보육시설을 의무적으로 마련해야 합니다. 이 기준을 절반 이하로 확 낮춰서 웬만한 직장에는 보육시설이 갖춰지도록 해야 해요. 그러면 출근하면서 아이를 맡기고, 점심 때 같이 밥을 먹거나 젖을 주고, 퇴근할 때 아이를 데리고 가기 때문에 아이를 낳고 기르는 것이 여성의 자기실현, 사회참여에 큰 지장을 주지 않겠죠. 비용은 국가와 기업이 공동 부담해야 합니다.

오연호 이명박 정부도 저출산의 심각성을 인지하고 여러 가지 대책을 마련해 발표하고 있지만, 획기적인 방안은 나오지 않고 있습니다. 주목을 받은 것이 있다면 보수적인 시민단체와 함께 공론화한 낙태 처벌 논란이 고작이었죠.

조국 낙태 처벌은 결코 근본적인 대책이 될 수 없어요. 여성의 자기 결정권이나 보육에 대한 국가와 사회의 분담 등의 문제는 고민하지 않고, 임신하면 무조건 낳아야 한다, 미혼모도 무조건 낳아라, 아니면 처벌한다……. 참으로 무지막지한 대책이죠. 이는 저출산 문제를 사회제도의 개선이 아니라 형사처벌로 풀려고 하는 '단무지

"진보·개혁 진영은 욕망의 현주소와 흐름을 정확히 포착해야 합니다. 교육, 일자리, 집, 의료 등에 대하여 대중이 어떠한 욕망을 가지고 살아가는지 알아야죠. 그리고 욕망을 부정하는 것이 아니라 공정, 평등, 연대 등의 진보적 가치에 따라 욕망의 내용과 방향을 재설정해야 합니다."

(단순·무식·지랄) 우파' 방식이죠. (웃음) 보육비용을 거의 전적으로 개인에게 떠맡기면서 낙태하면 처벌한다며 엄포를 놓는 것은 참으로 반여성적 발상이고 국가의 책임을 방기하는 것입니다.

오연호   아까 말씀하셨듯이 저출산이라는 현상이 생물로서 자기 복제를 하고 싶다는 본능적 욕구를 스스로 검열하고 '아, 복제를 할 수 없겠구나' 하면서 포기를 해버리는 데서 생기는 것인데, 최근 이명박 정부의 저출산 대책이 참 본질적이지 못하다는 생각이 들면서도, 그럼 김대중 정부와 노무현 정부 때는 뭘 했나 하는 생각도 듭니다. 그때도 저출산 신호가 이미 나타났죠. 그러니까 1997년 최초의 정권교체, 2002년 최초의 참여민주정부의 등장이라는 정치적 이벤트가 있었지만, 그때부터 이미 사람들의 생각에는 팍팍한 삶의 무게, 이 사회가 도대체 살 만한 사회인가에 대한 회의가 자리 잡고 있었다는 것이거든요.

   그러면 이걸 어디서부터 풀어야 할까요? 좀 살기 괜찮아서 '나를 복제하고 싶다'는 생각을 갖게 하려면 말이죠. 이게 비단 이명박 정부의 문제만은 아니기 때문에 더욱 어렵게 느껴집니다.

   프랑스에서 오래 산 어떤 한국인 교포는 이런 말을 하더군요. "저출산 문제의 해법은 보통 사람들에게 자존감을 갖게 만드는 데 있다. 대학을 안 가도 직장을 구할 수 있고, 꼭 주택을 소유하지 않아도 월세든 전세든 일정하게 품위를 유지할 수 있게 만드는 것이다. 1등만 기억하는 세상이 아니라 스스로 보통 사람이 되어도 어느 정도 이 사회에서 살 수 있다고 생각하게끔 하는 것이 진정한 해결책이다."

조국   고등학교만 졸업해도 기본적인 대접을 받고 품위를 유지하면서 살 수 있는 그런 사회가 되어야죠. 프랑스에는 '그랑제콜grandes écoles'이라는 엘리트 교육·배출기관이 있지만, 보통 사람들은 이 학교에 거의 신경을 쓰지 않고 삽니다. 왜냐하면 고등학교만 나와도 자기 방식의 삶을 즐기며 살 수 있기 때문이죠. 독일에서도 마이스터 고등학교를 나와서 소시지 만드는 직업을 택해도 살아가는 데 큰 지장이 없기 때문에 대학을 가지 않는 사람이 많죠. 그래도 충분히 행복하게 살 수 있으니까요.

성실하게 생활하는 평균적인 한국인들이 갖는 기본적인 욕구가 있죠. 결혼하고, 아이 낳고, 성인이 되어서는 일하면서 돈 벌고, 여가생활 즐기고, 병이 나면 치료비 부담 없이 병원에 가…… 이런 아주 평범한 욕구 말입니다. 즉, 교육, 일자리, 주거, 보건·의료, 노후보장 등의 문제죠. 그런데 한국 사회에서는 '스카이SKY'(서울대·고려대·연세대)를 나와도 이러한 문제에 대한 걱정에서 자유로울 수가 없습니다. 그러니 보통의 성실한 한국인의 삶은 더 말할 것도 없겠죠.

한국 사회를 한마디로 요약하라고 하면, 저는 '불안 사회'라고 답하고 싶어요. 이상의 시 〈오감도〉의 구절, "13인의아해兒孩가도로로질주하오 / (길은막다른골목이적당하오) / 제1의아해가무섭다고그리오 (…) 13인의아해는무서운아해와무서워하는아해와그렇게뿐이모였소"는 마치 현대 한국 사회를 사는 대중의 심리를 그린 것 같아요. 사회의 기본 기조에 '불안'이 관통하고 있습니다. 현재도 불안하고 미래도 불안합니다. 불안이 만연한 사회에서는 연대나 단결이 어렵죠. 일단 자기부터 살고 봐야 한다는 심리가 강하니까 각자도생하는 데 급급한 거죠.

김대중 정권도 노무현 정권도 이러한 불안을 해결하지는 못했습니다. 이명박 정권은 아예 이 불안을 더 크고 깊게 만들려고 작정한 것 같고요. 사실 권력자와 사용자는 '불안 사회'를 선호합니다. 불안에 떨며 순치馴致되는 인간들이 많아지니까요. '불안 사회'에 사는 사람들은 '위'에서 자신을 선택해주길 고대하며 선택 기준에 자신을 맞추려고 노력하게 되죠.

그래서 앞으로 우리는 '불안하지 않게 살기 운동'을 벌여야 합니다. 태어나면 언젠가는 다 죽는데 죽을 때까지 불안에 떨어서야 되겠습니까? 온 가족이 불안해서야 되겠습니까? 아이는 아이대로 입시지옥 속에서 떨고, 부모는 부모대로 직장에서 언제 잘릴까 떨고, 은퇴 후에 2차 창업은 어찌할까 떨고, 자녀 학비와 노후 걱정으로 떨고……. 제도가 자신들을 보호해준다는 안정감을 사회구성원이 느낄 수 있어야 하는데, 우리 사회는 그렇지 못하기 때문에 '불안 사회'가 되고 있는 것이죠.

경쟁이라는 이름으로 포장된 특권

오연호 '불안하지 않게 살기 운동', 절실하게 필요한 운동이라는 생각이 듭니다. 그런데 지금 우리는 1960, 1970년대에 비해 풍족하게 살고 있습니다. 절대 빈곤층이 여전히 있습니다만 평균적으로는 배고픔에서 해방된 것이 분명하죠. 그럼에도 불구하고 우리는 불안하다고 말합니다.

그렇다면 무엇이 불안을 불러올까요? 상대적 궁핍이 상당 부분을 차지합니다. 여기에 경쟁 문제가 놓여 있습니다. 그리고 진보는 "경쟁을 어떻게 바라보아야 하는가"라는 간단치 않은 질문과 맞닥뜨리게 됩니다.

박세일 교수 같은 보수 진영 학자들은 '선진화 담론'을 들어 경쟁의 긍정성을 얘기합니다. 경쟁을 무시해서는 안 된다, 경쟁을 무시하면 내부적 생산력도 떨어지지만 글로벌 무대에서 국가 경쟁력도 떨어진다는 내용이죠. 반면 진보·개혁 진영은 경쟁이 너무 과하다, 그것을 어떻게 좀 약화시킬까, 이런 것에 주안점을 두고 있습니다. 그 양자 사이에 어떤 효과적 접점은 없을까요?

예를 들어서, 헨리 조지Henry George가 쓴 《진보와 빈곤》을 최근 읽었는데, "최고의 능률은 정의에서 나온다"는 얘기가 있더군요. 결국 선진화 담론이나 진보·개혁 진영의 담론이나 최종적으로는 사회를 사회답게 만드는 것을 원할 텐데, 어느 정도 수준의 경쟁이 적합한 것이고, 그 안에 어떤 철학을 집어넣어야 경쟁 속에서도 인간에 대한 예의 같은 것을 만들어낼 수 있을까요? 경쟁이라는 담론을 수구·보수 진영이 장악하도록 내버려둘 수는 없잖아요. 강준만 교수도 김진석 교수의 책 《더러운 철학》에 대한 서평에서 '경쟁'을 저쪽에다 줘선 안 된다고 썼죠.■

조국 경쟁이 없는 사회는 존재하지 않습니다. 법철학에서는 사회에서 재화를 배분할 때 사람의 노동의 질과 양에 따라서 나누는 것이 정의라고 봅니다. 따라서 노동의 양이 많거나 질이 높은 사람은

■
[강준만 칼럼] 김진석의 '더러운 철학', 〈한겨레〉, 2010. 3. 8.

그에 합당한 대가를 받는 게 정의로운 것입니다. 사회운영 차원에서도 경쟁은 필요합니다. 고속도로에 비유하자면, 천천히 가는 차를 위한 3, 4차로와 빨리 가는 차를 위한 1차로가 필요하죠.

문제는 한국 사회의 경쟁은 너무 격렬하고 살인적이라는 것입니다. 그리고 그 경쟁이 공정한 규칙에 따라 이루어지지 않고 있다는 것도 문제입니다. 한국 사회는 경쟁의 총량이 너무 많아요. 어른은 돈 많이 벌고 승진하려고 잔업, 야근, 특근하며 죽어라 일하고, 아이는 친구보다 좋은 점수 따려고 0교시, 야간 자율학습 외에도 학원 가서 죽어라 공부해야 하는 사회인 거죠. 그러니 얼마나 더 경쟁을 많이 해야 합니까. 모두가 단차로 트랙에서 필사적으로 '레이싱 경기'를 하고 있는 겁니다.

경쟁과잉, 경쟁중독을 해결하는 제도적 조치가 필요해요. 그리고 경쟁이 공정하게 이루어지려면 사회 구성원에게 동일한 기회를 주고 같은 출발선에 놓아야 합니다. 이러한 조치가 없는 상태에서 그냥 뛰라고만 하고 승자에게 결과를 독식하게 하는 것은 불공정 경쟁을 영구화하는 겁니다. 고속도로 비유를 한 번 더 하자면, 자기는 1차로를 씽씽 달리면서 다른 사람은 1차로에 못 들어오게 막는 셈이죠. 이는 경쟁의 이름으로 특권을 포장하는 거예요. '학벌사회'의 병폐도 마찬가지 맥락입니다. 대학 입학 이후의 노력과 졸업 이후의 실력이 공정하게 반영되는 경쟁체제가 만들어져야 하는데, 학벌사회는 이를 막습니다. '대학 간판'만을 중시하는 것은 대표적인 불공정 경쟁의 예입니다.

이와 별도로 경쟁과 무관하게 삶의 '최저선'을 설정해야 합니다. 한국 사회에 태어난 사람이라면 누구든 인간으로서 최소한의 품위를 유지하며 살 수 있어야 합니다. 실직을 했거나 노동력을 상실했다고 하더라도 말입니다. 이것이 최근 강조되는 복지국가의 기본 사상입니다. 사회 구성원을 정글 속에 내버려두어서는 안 됩니다. 인간으로 살 수 있도록 국가와 사회가 '사회안전망'을 튼튼히 설치해주어야 합니다. 요컨대, 합리적이고 공정한 경쟁을 권장하면서 동시에 연대의 원리가 사회운영의 원리로 자리 잡도록 해야 한다는 것입니다.

진화심리학적으로 보더라도 인간은 경쟁하며 협력하는 존재입니다. 우리 속에는 '이기적 유전자'만이 아니라 '이타적 유전자'도 있어요. 제가 《보노보 찬가》에서도 언급했는데, 인간은 경쟁과 지배 중심의 유인원인 침팬지만이 아니라 협력과 연대 중심의 유인원인 보노보와도 '사촌' 관계 아닙니까?

오연호 "우리는 지금 사람답게 살고 있는가?"라는 질문을 통해 경쟁에 대한 이야기를 나눠봤습니다. 다음으로 우리의 사는 문화, 일하는 문화와 관련해서 "우리는 제대로 놀고 있는가?" 하는 문제를 살펴보려고 합니다. 이것 또한 경쟁과 관련이 있습니다. 우리 문화에서는 열심히, 그리고 오래 일하는 것을 당연하게 여기잖아요. 프랑스 취재를 다녀와서 어떻게 하면 출산율을 높일 수 있을까 생각해봤는데, 이게 일하는 문화와도 연관이 있더군요. 노동시간뿐만 아니라 휴가 일수에서도 차이가 나고, 그 이전에 문화적으로 일에 대한 강박관념에서도 많은 차이가 있습니다.

예를 들어, 2009년에 프랑스 대통령 사르코지가 여름휴가를 30일 정도 갔더군요. 영국 총리 브라운이나 독일 총리 메르켈도 비슷하고요. 그런데 우리나라 이명박 대통령은 작년에 여름휴가를 4일, 올해 일주일 갔거든요. 우리나라 대통령의 법정 휴가가 21일인데, 그걸 다 못 쓰는 거죠.

제가 어느 대기업 고위 간부를 만나서 물어보니, 법정 휴가가 15일인데 1년에 4~5일 정도 쓴대요. 왜 그 정도만 쉬느냐고 물었더니, 학교 다닐 때부터 회사생활 할 때까지 틀에 짜인 채로 일을 해오다 보니까 한 3일 쉬면 충분히 놀았다는 생각이 들고 더 이상 놀 거리를 찾지 못하겠다는 거예요.

휴가 제대로 가기, 이런 것을 통해서라도 한번 판을 바꿔야 하지 않을까요? 대통령부터 15일씩 휴가를 가는 거죠.

조국 사실 우리 사회에는 아이건 어른이건 '노는 권리'가 필요해요. 러셀의 표현을 빌리자면, '게으름에 대한 찬양'이 필요합니다. OECD 소속 국가 중 노동시간 1위를 기록하고 있으면서도, 죽어라고 일하는 것이 미덕인 것처럼 돼 있잖아요. 모두가 '일 중독' 상태입니다. 그러다 보니 짧은 시간에 자극적인 방법으로 놀 거리를 찾게 되죠. 한국 성인 남성 상당수는 '자기 파괴적 놀이'에 빠져 있어요. 직장 일이 고되고 힘드니까 퇴근 후에 후딱 폭탄주 마셔서 취하고, 차수를 거듭하며 마시다가 노래방 가서 악을 쓰며 노래하고, 귀가하여 토하고 뻗어버리는 식으로 카타르시스를 추구하고 있어요. 심지어는 성매매로 나아가죠. 물론 조직의 화합을 위해서 폭탄주를 가끔 돌릴 수는 있지만, 이런 식으로 계속 노는 것은 모두를 죽이는 일 아닙니까.

국가나 기업은 시민과 직원에게 앞만 보고 달리라고 하는데, 저는 생각이 다릅니다. 제가 좋아하는 이원규 시인이 쓴 〈옆을 보라〉라는 시가 있어요. 그는 "앞만 보며 추월과 속도의 불안에 떨지 말고" 옆을 보고 살라고 충고합니다. 우리는 너무 앞만 보고 달려왔어요. 이제는 옆을 보며 걸어가야 합니다.

국가의 수장인 대통령과 기업의 수장인 회장, 사장들이 법정 연차휴가를 다 써야 합니다. 안 그러면 아랫사람들은 눈치가 보여서 연차휴가를 다 못 쓰죠. 휴가 챙기겠다고 하면 '일하기 싫어하는 놈'으로 찍히잖아요. 전 사회적으로 '연차휴가 다 쓰기 운동'을 벌여야 합니다. 〈오마이뉴스〉 등 언론에서 이런 캠페인을 해야 합니다. 근래에 한나라당 윤상현 의원이 낸 법안 중에 제가 100퍼센트 찬성하는 게 있어요. 법정공휴일이 주말과 겹칠 때 다른 평일을 휴일로 삼는 '대체공휴일' 법안입니다. 예컨대, 8월 15일 광복절이 일요일이면 그다음 월요일에 반드시 쉬도록 하는 거죠. 미국, 일본, 대만, 러시아 등이 이미 시행하고 있어요. 이렇게 해서라도 쉬는 날을 더 확보해야 합니다. 그래야 OECD 국가 중 최장시간 노동국이라는 부끄러운 호칭을 털어낼 수 있어요.

오연호 더 열심히, 쉼 없이 일해야 한다는 논리에는 이런 것이 있죠. 국내 경쟁 구도에서 생각하면 다른 경쟁 회사는 저렇게 열심히 일하는데 우리는 이렇게 쉴 수 있느냐는 것, 그리고 국외 경쟁력 면에서는 다른 나라와 경쟁할 때 뒤처진다는 것이 그동안 기업의 논리였잖아요.

조국 과거 문국현 씨가 유한킴벌리에서 실험했던 '4조 2교대'를 포스코 계열 철강재 포장업체인 삼정피앤에이P&A 등의 회사가 이어받았습니다. 주간조, 야간조로 편성하여 3일 근무하고 3일 쉬는 거죠. 처음에는 하루 12시간 노동을 해야 한다는 점 때문에 우려가 있었는데, 새로운 근무 형태를 채택하니 휴일, 신규고용, 생산성이 모두 늘어났죠. 직원 만족도도 매우 높아요. 연봉을 더 많이 주는 회사가 있더라도 이직을 하지 않는다고 하더군요. 삼정피앤에이의 경우 직원의 연간 근무일이 317일에서 174.5일로 대폭 줄고, 휴일은 48일에서 190.5일로 껑충 늘어났어요. 직원들은 새로 생긴 여가시간을 회사가 제공하는 컴퓨터, 수영, 요가 등 17개 과정의 다양한 평생학습과 봉사활동 프로그램으로 보내죠. 연간 근로시간이 2324시간에서 1920시간으로 줄어든 반면, 직원 1인당 연간 학습시간은 300시간으로 늘어났고요.■ 그 결과 직원들에 의한 새로운 개발과 공정혁신이 이루어졌어요. 그 회사에서 쓰고 있는 로봇결속기 '스트랩마스터StrapMaster'는 직원들이 자체 개발한 것이라고 하더군요.

사회임금을 높임과 동시에 이러한 노동체제를 택하면 우리 삶의 질은 대폭 높아질 거예요. 이제 잔업, 야근, 특근하며 일 많이 해서 돈 많이 벌자는 식의 패러다임을 깨야 합니다. 장시간 노동을 통해 다른 나라와 경쟁한다는 생각도 낡은 생각입니다. 창의성과 자발성이 있는 노동이라야 경쟁력이 높아진다는 건 상식입니다.

한편 '4조 2교대'나 '대체공휴일'을 채택하면 휴일이 늘어나잖아요. 그러면 두 가지 효과가 있어요. 우선, 지금 기업들은 채우지 못한 법정 연차휴가 일수에 따라 직원들에게 대신 돈을 줘야 하니 연

■ '4조 2교대' 국내외 성공 사례, 〈한겨레〉, 2010. 1. 26.

"경제적 문제를 해결하는 데 보수가 진보보다 유능할 것이라는 대중들의 생각이 2007년 이명박을 선택한 배경입니다. 왜 보수가 경제적 문제에서 진보보다 유능하다고 생각될까요? 우리나라의 진보가 정말 정치 중심적이고 책상머리 진보여서 그럴까요?"

차휴가를 다 쓰게 되면 그 돈을 절약할 수 있죠. 둘째로 많은 사람들이 놀게 되면 관광산업이나 여가산업이 살아나게 되죠. 사람들이 산이나 바다, 명승고적지로 갈 것이고, 운동도 하고 영화도 볼 것 아닙니까? 그러면 이 분야에서 새로운 고용 창출이 이루어지겠죠.

오연호 상대적으로 적은 시간을 일해도, 즐거운 마음으로 집중적으로 하거나 노동자가 충분한 휴식을 취하면서 생산에 참여하면 노동시간이 짧아도 효과는 더 클 수 있죠. 제러미 리프킨 Jeremy Rifkin이 쓴 《유러피언 드림》에서는 미국과 프랑스의 노동시간 대비 생산효율성을 비교해놓았는데, 프랑스가 미국에 비해 노동시간이 짧아도 시간당 생산성이 더 높더군요. 우리 기업인들도 이런 사실을 알고 바꾸어야 할 텐데 아직까지는 오래 일하는 게 더 좋은 것이라는 식으로 양적 개념을 중요하게 여기고 있는 것 같아요.

조국 기업인들은 아직도 한계에 도달한 미국 포드주의, 일본 도요타주의를 계속 받들고 있는 것 같아요. 도요타자동차는 직원의 점심시간을 아끼기 위해 컨베이어 벨트 옆에 서서 점심을 먹게 했죠. 그러니 결국 문제가 생기는 겁니다. 컨베이어 벨트를 돌려 짧은 시간에 신속하게 많은 제품을 만드는 포드자동차의 생산기법에서 포드주의란 말이 나왔잖아요. 벨트 빨리 돌리면 제품 빨리 나온다, 이거 아닙니까? 노동자가 지쳐 떨어지면 버리고 다른 대체 인력을 넣으면 된다는 거죠. 밖에 산업예비군이 많으니까요. 박정희식 경제모델의 기본 발상이 바로 포드주의였거든요. 이런 문화에서는 '노는 권리'의 중요성을 알 수가 없어요.

오연호   앞으로 진보·개혁 진영에서 대통령이 되려는 사람은 아예 공약으로 "나는 법정 휴가를 다 쓰겠다"고 밝히는 것이 어떨까요?

조국   국민들에게 노는 권리를 찾아주려는 상징적인 공약이 될 수 있겠죠.

시장임금을 넘어 사회임금으로

오연호   지금까지 출산 문화, 경쟁 문화, 노는 문화를 통해 우리가 사람답게 살고 있는가를 따져봤습니다. 이제 우리나라의 사회복지 수준을 점검해봐야겠습니다. 제가 볼 때 우리나라는 가족이 골병드는 사회입니다. 나라와 사회가 받쳐주지 않으니까 가족이, 부모가 힘겨워하면서도 계속 도와주는 건데, 이것이 우리 사회복지 시스템의 수준을 잘 보여주고 있죠.

프랑스 같은 서구에서는 고등학교를 졸업하면 독립을 합니다. 일단 등록금 없고, 월세 싸고, 아르바이트가 일상화되어 있으니 독립의 조건이 되는 거죠. 그런데 우리는 결혼하고 애 키우는 것까지 부모가 계속 뒷바라지를 해줍니다. 집안에 아픈 사람이 생기면 가족끼리 전부 돈 걷어서 부담하고요. 그러니까 국가와 사회가 해야 하는 역할을 각 가정이 떠맡고 있는 거죠.

그런데 이러한 시스템, 즉 가족 중심 사회, 부모와 자식 간의 끈끈한 연대나 정이 한편으로는 장점 같으면서도, 다른 한편으로는 이 사슬을 어느 세대부터는 좀 끊어야 노인이 되어서도 편하게 살 수 있지 않을까 생각합니다. 그 사슬이 계속되니까 할머니가 되어서도 손자 돌봐주느라 등골이 휘잖아요.

조국 은퇴 후 연금 받아서 50대 자식에게 사업자금으로 쓰라고 주는 경우도 있죠.

오연호 프랑스에서 박사과정을 밟고 있는 한 유학생이 연구를 했는데, 프랑스 일반인들의 행복지수를 보면 은퇴해서 죽기까지가 제일 높다고 하더군요. 그런데 우리나라는 그렇지 않죠. 이런 문화를 어떻게 봐야 할까요? 국가와 사회 대신 가족이 나서서 해결하는 것이 긍정적인 방법일 수도 있고, 그 반대일 수도 있는데…….

조국 최근 프랑스 정부가 정년을 60세에서 62세로 연장하려고 하자 전국적인 반대시위가 일어났어요. 연금 받으며 쉬려고 했는데 왜 더 일하게 하느냐고 항의한 겁니다. 우리로서는 이러한 현상을 이해하기 어려울 것입니다. 프랑스는 노후복지가 제도적으로 해결되어 있으니 이런 현상이 일어나는 거죠.

반면 우리는 나이 들어서 자식 도와주고 손자 키워주고 막판에 아무것도 없으면 눈치 보면서 자식 집을 전전하거나 공립 양로원에 들어가야 해요. 그래서 요즘에는 노인분들 사이에 절대 자식에게 미리 집을 넘겨주거나 가진 돈 다 주지 말고 죽기 직전까지 가지고 있어야 한다는 게 생활의 지혜로 공유되고 있지 않습니까?

노동과 복지 문제가 제도적으로 해결되지 않으면 필연적으로 그 부담이 가족에게 갑니다. 제도가 아니라 혈연으로 해결한다는 데 문제가 있죠. 유럽 중에서는 이탈리아가 비슷한데, 우리의 모습을 이탈리아에서도 발견할 수 있어요. 시민이 국가를 믿지 못하고 기대도 하지 않기 때문에 가족끼리, 혈연끼리 뭉쳐서 해결하자는 식의 문화를 만든 것입니다. 제도가 제대로 갖추어져 있지 않으면, 결국 부모가 계속 출혈을 해야 하고 자식이 성인이 된 후에도 돌봐주어야 하는 거죠. 도대체 언제까지 부모가 자식과 손자까지 챙겨주어야 하는지……. '캥거루 부모'란 말이 왜 나왔겠어요? 국가의 직무유기에 화가 납니다. 국가가 구성원에게 "네 새끼인데 네가 끝까지 책임져라"라는 말만 내뱉고 있는 것 같아서요.

오연호 교수님께서 계속 강조해온 사회·경제적 민주화라는 것이 어려운 말이 아니라 할머니, 할아버지가 골병드는 사회, 가족이 골병드는 사회에 종지부를 찍자는 것이군요.

조국 그렇습니다. 그 핵심 중의 하나가 '사회임금'을 높이는 것입니다. 우리 사회에서 임금이라고 하면, 직장에서 일하고 받는 '시장임금'만을 생각합니다. 그래서 많은 사람들이 이 시장임금을 많이 받기 위해 장시간 노동을 감수하거나 '투잡two jobs'을 뛰고 있죠. 직업을 못 구하거나 구조조정 등으로 직장을 잃게 되면, 시장임금은 없어지고 사회임금도 거의 없으니 암담한 나락으로 떨어집니다.

그런데 국가가 제도를 통해서 사회임금을 높여주면 시장임금이 낮아져도 삶이 팍팍해지지 않습니다. 유럽에서는 국민의 약 70~80 퍼센트가 큰 부담 없이 평생 임대 주택에 살 수 있어요. 대학 진학을 위한 사교육은 희귀한 일이고, 대학등록금도 매우 낮아서 교육비 부담이 적죠. 그리고 무상의료의 범위가 넓기 때문에 중병이 들었다고 해서 집안이 의료비로 거덜 나는 일은 없어요. 이들 나라의 시민은 시장임금 외에 사회임금을 받고 있는 것입니다. 그런데 한국은 이런 모든 것을 개인이 시장임금을 벌어 해결해야 하니 죽을 노릇이죠. '빨갱이 콤플렉스' 때문에 두려워서, 또는 '아직 허리띠를 졸라매야 한다'는 이데올로기 때문에 이러한 것을 국가와 사회가 부담해야 한다는 생각을 하지 못했죠.

김대중·노무현 정권이 이 문제를 분명하게 인식하고 있었고, 그 이전에 비하여 복지를 대폭 강화한 것은 분명합니다. 그렇지만 과감하지 못했어요. 반대파로부터 '빨갱이 정책', '좌파 포퓰리즘' 등등의 비난을 받을 것이 예상되니 이념 논란에 휩쓸리기 싫었을 것입니다. 더 중요한 것은, 두 민주정부도 사회임금을 어디까지 올려야 하는지에 대해 자신감이 없었던 것 같다는 점입니다. 무상급식, 무상의료, 반값 등록금, 반값 아파트, 부동산 분양원가 공개 등을 다 포기했죠. 사회 전체의 판을 왼쪽으로 크게 한번 옮겼어야 하는데 말입니다. 그러다 보니 자산과 소득의 양극화가 심화되고 지지층이 이탈하면서 결국 정권을 잃었습니다.

그사이 수구·보수 진영은 과감한 제안을 했죠. 2007년 대선 시기에 한나라당이 반값 등록금을 들고 나왔습니다. 홍준표 의원은 당내 경선 과정에서 반값 아파트, 즉 '토지임대부 분양주택' 정책을 제창하고 토지소유 상한제도를 주장하여 반향을 일으켰죠. 민주당은 권력을 잃은 후에도 갈피를 못 잡더군요. 2008년 만들어진 '뉴 민주당 비전위원회'는 민주당을 '우향우'시키려고 했어요. 대선에서 유권자가 왜 이명박을 선택했나 고민하다가 이명박과 비슷한 쪽, 즉 오른쪽으로 가려고 한 거죠.

그런데 이번 6·2 지방선거를 전후로 분위기가 바뀌었어요. 앞에서 논의했지만 무상급식을 너도나도 주장했잖아요. 사회의 패러다임이 변하고 있는 겁니다. 과거 두 민주정부가 확실한 소신을 가지고 과감하게 추진했다면 좋았겠지만, 이제는 진보·개혁 진영 전체에서 패러다임 변화의 필요성을 실감한 것 같아요.

오연호 사실 근래까지 진보·개혁 진영도 복지에 대한 고민이 약했죠. 박정희식 복지모델에 기초한 사고를 했다고 보는데요.

조국 간단히 말해 박정희식 복지모델이란 것은, '남은 돈으로 불쌍한 사람 도와주는 것'을 복지로 보는 것이죠. 즉, '복지=적선'이라고 생각하는 겁니다. 국민소득 2만 달러가 되면 이 패러다임이 깨질 수밖에 없어요. 앞으로 구체적으로 논의해야겠지만, 복지가 바로 성장이고 고용 창출이고 생산성 향상이라는 패러다임으로 변화해야 해요. 2009년 10월 26일 박근혜 의원은 박정희 대통령 추도식에서, "아버지의 궁극적 꿈은 복지국가 건설이었다"라고 말하면서 복지국가 건설을 강조했어요. 박근혜의 이러한 변화는 의미심장하죠.

오연호 그런데 그러한 패러다임의 변화를 말하면 종종 재원이 부족하다는 반박이 돌아옵니다. "그러면 세금을 더 내라는 얘기냐? 국방비라든가 4대강 사업에 쓰는 돈을 돌려서 효율적으로 조정하는 방법도 있겠지만 기본적으로는 증세를 해서 재원을 조달해야 하는데, 우리나라 현실에서는 만만치 않다"는 겁니다.

교수님은 어떻게 보십니까? 반값 등록금을 포함해 사회복지를 확대하려면 발상을 전환하고 국가 예산을 그곳에 쏟아부어야 하는데, 박정희 때부터 깔아놓은 레일 위를 계속 달리는 한 불가능한 것인지, 아니면 기존 재원의 효율적인 분배나 증세를 통해서 가능한 것인지요?

조국 저는 재정이나 조세 분야의 전문가가 아니지만, 전문가들의 말씀을 들어보면 가능한 일이죠. 반값 등록금, 반값 아파트, 준(準)무상의료 등은 현재 우리나라 부의 수준에서 충분히 가능합니다. 현재 한국의 부의 규모는 서구에서 '복지국가'가 이루어졌을 때 그 나라의 부의 규모보다 훨씬 높다는 점을 기억해야 합니다. 제가 외국 관료나 학자들과 이야기를 하다 보면 이런 반응이 자주 나옵니다. "한국에 그런 복지제도가 없다고? 무슨 얘기냐, 한국에 그게 없다는 건 말이 안 된다." 한국 정도의 부의 규모를 갖춘 나라들 가운데 한국의 복지 수준은 꼴찌에 가깝거든요. 한국은 이미 충분히 '부자 나라'입니다.

2002년 대선 시기에 교육 예산을 GDP 대비 6퍼센트(노무현) 또는 7퍼센트(이회창) 증액시키자는 공약이 있었습니다. 그때 반대가 많았거든요. 그럴 예산이 없다는 것이었죠. 하지만 이 공약이 부분적으로 결실을 거두면서 학교가 늘어나고 교실이 늘어났습니다. 제가 중·고등학교 다닐 때 한 학급당 학생 수가 60여 명이었는데 지금은 30명 정도가 되었어요. 이 재원이 다 마련되었거든요. 무상급식도 지방선거 이전에 이미 실시하고 있던 지자체가 많지 않았습니까? 돈이 없는 게 아니라 우선순위를 무엇으로 할 것인가에 대한 철학이 없는 것이고, 그것을 실현할 의지가 없는 겁니다. 반값 등록금,

'모든 병원비를 국민건강보험 하나로' 정책을 실시하면 나라가 망할까요? 전혀 그렇지 않을 것입니다. 요컨대, 1960~1970년대도 아니고 OECD 그리고 G20(주요 20개국)에 속한 한국이 예산이 없어서 이러한 정책을 실시하지 못한다는 건 거짓말입니다.

이것과는 별도로 국가기관이 쓸데없는 곳에 돈을 쓰지 못하는 체제를 만들어야겠죠. 4대강 예산 같은 것은 두말할 것도 없고, 각종 홍보비, 연말만 되면 전국적으로 벌어지는 보도블록 교체 비용, 공무원 연수나 지방의회 의원 연수를 위한 비용을 보면 황당할 정도로 많거든요. 동시에 사실상 폐지된 종부세(종합부동산세)를 부활시키는 등 부자층의 조세부담을 늘리고, 탈세를 막아서 세수를 늘려야 할 것입니다.

복지정책을 강화하려면 증세가 필요한 것이 사실입니다. 이 점에서 박근혜의 복지국가론은 자신이 줄곧 주장해온 '줄·푸·세' 정책(세금을 줄이고 규제를 풀고 법질서를 세우는 정책)과 모순됩니다. 증세에 대해서는 부자나 빈자, 그리고 중산층을 막론하고 심리적 저항감이 있는 것이 사실입니다. 그러나 부자층의 세율을 가장 많이 높이고 중산층과 서민의 세율은 적게 높이는 등 정밀한 계획을 세운다면 조세저항도 줄일 수 있을 것입니다.

오연호 확실히 6·2 지방선거 전후로 분위기가 많이 달라졌습니다. 예를 든다면, 친환경 무상급식에 대해서도 민주당 우파부터 진보신당에 이르기까지 다 찬성하잖아요. 그리고 몇 달 전 제주대 이상이 교수 등이 참여하는 '복지국가소사이어티'에서 '역동적 복지국가' 모델에 대한 세미나를 열었는데, 그 자리에도 민주당 정동영 의원부터 진보신당 심상정 전 대표까지 참여했어요. 그러니까 진보·개혁 진영 인사들이 우에서 좌까지 와서 한마디씩 이야기를 하는데, 자세히 들어보니까 단순한 빈말이 아니라 복지모델에 대한 근본적인 생각을 바꿔야 한다는 것이었습니다.

아까 시장임금과 사회임금에 대해서 말씀하셨는데, 사회임금적 측면이 기본적으로 탄탄해져야만 최소한의 인간다운 삶을 살 수 있고, 그것이 교육의 문제라든지 다른 문제와 다 연관이 돼 있다는 인식의 지평은 조금씩 넓어져가고 있는 단계인 것 같아요. 인식의 전환이 이루어지고 있는 거죠. 그러나 여전히 이 배를 어느 각도로 어디를 향해 틀 것이냐 하는 논의는 초보적인 단계에 있다고 생각합니다. 아까 말씀하신, 사회임금을 높여가야 한다는 이야기는 그런 의미에서 매우 중요한 포인트인 것 같습니다.

조국   최근의 변화는 매우 긍정적입니다. 6·2 지방선거 전후로 민주당, 국민참여당, 민주노동당, 진보신당 사이에 '무상급식 연대'가 만들어졌잖아요. 선거연대가 이루어졌다는 것보다 가치연대가 이루어졌다는 것이 더 중요합니다. 권력을 놓쳤다가 재집권하게 되는 과정을 보면, 맨 처음에 새롭게 지향해야 할 가치의 연대가 먼저 이루어지거든요. 1980년대에 군사독재정권에 저항할 때도 민주화운동권이 권력은 가지고 있지 못했지만 대중이 공감하는 가치를 가지고 있었고, 이를 기초로 끝내 독재정권을 무너뜨린 거죠. 지금 그 새로운 가치를 '복지국가'라고 말하건 '사회연대국가'라고 말하건 간에 큰 방향에서 이 새로운 지향을 공유하고 연대하는 것이 매우 중요합니다.

오연호 대중이 절실히 필요로 하는 점을 정확히 제시하는 새로운 가치가 있어야 권력을 잡을 수 있다는 말씀이군요.

조국 그렇습니다. 프랑스 '68혁명'■ 당시의 구호 중에 '미래를 장악하라'가 있었죠. 미래를 장악하는 새로운 가치를 위한 운동과 연대가 필요합니다. 무상급식은 그 출발점이죠. 이제 일자리, 주택, 의료, 등록금 등으로 확산해나가야 해요. 이러면서 사회임금을 올리는 정치·사회동맹을 형성하는 거죠. 과거 운동권 용어를 빌려 말하자면, '최대강령'이 다르다고 하더라도 노동과 복지에 대한 '최소강령'을 합의하는 동맹이 필요합니다. 대중이 '다른 길이 있었구나, 다른 식으로 한번 살아보자'라고 판단할 때까지 새로운 가치를 알리고 또 알려야 합니다. 그 속에서 대중과 결합하고 대중의 참여를 일으켜야 합니다.

오연호 본격적으로 일자리 문제에 대한 이야기를 나눠보겠습니다. 일자리 문제에서 주요한 해법으로 얘기되는 것이 '일자리 창출'입니다. 기업이 시장에서 자연발생적으로 창출하지 않는 일자리를 국가나 사회가 개입해서 창출해야 한다는 건데, 그래서 '사회적 기업'이라는 표현도 있고, 보육시장의 보모들을 집단적으로 양성해야 된다는 논리도 나옵니다. 그런데 일부에서는 반대를 합니다. '아름다운가게' 같은 사회적 기업을 만들어봤자 경제 전체에서 얼마나 비중을 갖겠는가, 그냥 시장에 맡겨둬야 하지 않나, '창출'이라는 단어

■ 1968년 5월 프랑스에서 학생과 근로자들이 연합하여 벌인 대규모 사회변혁운동.

자체에 어폐가 있는 것 아닌가라고요. 지금 이렇게 청년실업이 심각한 상황에서 어떤 노력이 나타나야 한다고 보는데, 이런 논란에 대해서는 어떻게 생각하십니까?

4대강 사업이 '나쁜 일자리' 늘렸다

조국 당연히 국가가 나서서 일자리를 창출해야 합니다. 시장에 맡긴다는 논리는 이미 실패했다고 보거든요. 이명박 정부가 '친기업 정책'을 펼쳤지만 대기업은 전혀 일자리를 창출하지 않았잖아요. 물론 국가가 기업에게 올해 몇 명 뽑아라, 이렇게 지시할 수는 없겠죠. 그러나 세제 혜택, 보험료 지원 등을 통하여 기업의 신규채용을 고무할 수는 있을 겁니다. 사실 검찰, 국세청, 공정거래위원회가 움직일 거라는 '암시'를 살짝만 던져도 대기업은 신규채용을 늘릴 거예요.

그리고 2000년 벨기에가 실시한 '로제타 플랜Rosetta plan', 즉 민간 기업의 3퍼센트 청년의무고용제를 어떻게 한국화할 것인지도 고려해봐야 합니다. 민간 기업에 청년의무고용을 관철하기가 어렵다면 공기업에서라도 실시해야죠. 사실 청년고용촉진특별법 제5조에서 법이 정하는 공공기관과 지방공기업의 장은 "매년 각 공공기관과 지방공기업 정원의 100분의 3 이상씩 청년 미취업자를 고용하도록 노력해야 한다"고 규정하고 있지만, 잘 지켜지지 않고 있어요. 이를 의무규정으로 바꾸어야 합니다.

오연호 더 많은 일자리를 만들 수 있는 구조를 국가가 만들어줘야 한다는 이야기죠?

조국 그렇죠. 국가는 기업이 일자리를 창출하는 게 유리하다는 판단을 하도록 제도를 변화시켜야 합니다. 그러면서 국가는 국가대로 별도의 일자리 창출 작업을 해야 하고요. 국가가 창출할 수 있는 일자리는 주로 사회보장 영역일 겁니다.

그런 의미에서 얼마 전에 지진이 일어난 칠레의 전직 대통령인 미첼 바첼레트Michelle Bachelet의 실천을 본받을 필요가 있습니다. 본인이 미혼모 출신이어서 보육 문제에 대해 강한 문제의식을 가지고 있었는데, 2006년 집권 후 0~4세 아동에 대한 무상급식·무상보육·무상의료 지원 정책을 실시하고, 임기 중 하루 2.5개씩 총 3500개의 국립보육시설을 만들었어요. 칠레는 1인당 GDP가 약 1만 5000달러로, 우리보다 못사는 나라인데도 말입니다. 당연히 전국적으로 고용 창출이 일어났죠. 연이어서 소비가 진작되어 경기도 좋아졌고, 보육 부담이 없어지니 출산율이 급증했어요. 이 사례는 국가가 복지를 강화함으로써 일석삼조도 가능할 수 있음을 보여준 좋은 예입니다. 바첼레트는 퇴임했지만 인기가 여전하여 국민들이 재출마하라고 압박을 넣고 있다고 합니다.

오연호 이명박 대통령의 경우 임기 중에 일자리를 많이 만들었다는 것을 보여주기 위해서라도, 진보 쪽의 정책인 것 같지만, 무료 보육 시설을 전국에 3000개 만들고, 국립 보모 시스템을 만들 수도 있을 텐데 왜 4대강 사업 같은 것에만 매달리는 걸까요? 시장 영역을 좁히고 국가 영역을 크게 하는 것이라서, 즉 보수의 이념에 너무 반한

"'꿈'을 꾸는 데만 그친다면 무능한 것이겠죠. 그러니 그 '꿈'을 다른 사람과 같이 꾸면서 현실화해내야죠. 진보·개혁 진영이 다시 집권한다면 집권 초기에 무엇을 해치울 것인지, 어떠한 '제도적 말뚝'을 박을 것인지 아주 구체적인 계획을 준비해야 합니다."

다고 생각해서 하지 않는 걸까요?

조국 4대강에 대한 집착은 현 집권 세력과 토건 세력의 유착 때문이 아닐까 합니다. 그리고 현 집권 세력이, 복지는 국가가 할 일이 아니다, 복지가 많아지면 '복지의존증'이 생긴다는 관념을 가지고 있는 것이 문제입니다. 그런데 실업률은 낮춰야 하니까 '나쁜 일자리', 즉 지위가 불안정한 단기 일자리만 양산하는 거죠.

오연호 좋은 일자리 창출 문제와 관련해 정치권과 국가가 해결해야 할 것 중의 하나가 정규직과 비정규직의 차별 문제입니다. 2010년 3월 경제활동인구 조사에서 우리나라의 비정규직 비율은 49.8퍼센트로 나타났는데, 문제는 그 양적 규모가 아니라 노동조건과 임금 등의 대우에서 그들이 차별받고 있다는 점입니다.
 진보·개혁 진영은 이 비정규직 문제를 어떻게 바라봐야 할까요? 노동운동권에서는 그동안 '비정규직 철폐'라는 구호가 유일한 답처럼 주장돼왔는데요.

조국 사용자는 해고가 자유롭고 통제가 쉽기 때문에 비정규직을 선호하죠. 이러한 인식은 분명히 고쳐져야 하지만, 모든 비정규직을 정규직으로 전환하는 것은 해결책이 아닙니다. 그렇게 하면 다른 부작용이 생기니까요. 모든 사람을 정규직으로 만들면 새로운 인력의 취업이 매우 어려워집니다. 현 고용구조를 그대로 둔 상태에서 아버지의 직장을 모두 정규직으로 만들면 아들은 직장을 갖기 어려워진다는 겁니다. 비정규직 문제는 사회임금의 상승과 함께 풀어야 한다고 봅니다. 사회임금이 높은 나라에서는 비정규직이 많아도 큰 문제가 안 되거든요.

그러나 여기서 분명히 할 점은 한국의 비정규직 비율은 OECD 국가 중에서 매우 높다는 점입니다. 2009년 OECD 통계에 따르면, 전체 근로자 중 비정규직(시간제 근로자 등 제외)이 차지하는 비중에서 한국이 OECD 국가 중 3위를 차지했어요. 폴란드가 1위, 스페인이 2위고요. 우리 노동시장은 이미 유연성이 매우 높아져 있는 겁니다. OECD는 단지 '유연성flexibility'만을 권하고 있지 않고, '안정성security'과 결합된 '유연성'을 권고하고 있어요. '플렉시큐리티flexicurity'(flexibility+security)라고 부르죠.

그런데 한국 정부와 기업은 오로지 '유연성'만을 추구하고 있습니다. OECD에서도 걱정할 정도예요. 그래서 OECD는 노동시장 양극화를 완화하기 위해서 어떤 형태로든 비정규직을 줄여라, 비정규직 근로자의 4대 보험 등 사회안전망에 대한 접근성을 강화해라 등의 권고를 했어요. 정부는 이 권고를 받아들여 법률 제정이나 행정지도를 통해서 비정규직의 정규직 전환을 강력히 권장해야 하며, 사회안전망을 강화해야 합니다.

오연호 사회안전망이 잘돼 있는 덴마크나 네덜란드의 경우에는 노동자들이 노동유연성을 오히려 즐긴다고 합니다. 기존 직장에서 나와도 재취업을 할 때까지 국가가 거의 직장 다닐 때와 비슷한 수준으로 책임을 져주고, 다른 직장으로 옮기려고 할 때는 그에 걸맞은 교육을 체계적으로 해주니까요. 해고를 두려워하는 것이 아니라 오히려 새로운 기회를 얻게 된다고 여겨 반기는 것이죠.

조국 사회임금이 잘 갖추어져 있으니 굳이 정규직이 될 필요가 없다고 생각하는 거죠. 그래서 노동자가 스스로 비정규직을 선택합니다. 그런데 간과해선 안 될 것이 있어요. 그런 나라에서는 사회임금이 높다는 점 외에도 비정규직에 '동일노동 동일임금 원칙'이 관철된다는 점이에요. 한국에서는 정규직과 비정규직이 같은 장소에서 같은 양과 질의 노동을 해도 임금이 반 토막 나거든요. 예를 들어, 현대자동차에 가서 보면 차체를 올려놓은 컨베이어 벨트가 돌아가면서 한쪽에서는 현대자동차 직원이 타이어를 박고 다른 한쪽에서는 외주 업체의 비정규직 노동자가 타이어를 박습니다. 동일 장소에서 동일 시간으로 동일 노동을 한단 말입니다. 그런데 양쪽의 임금이 완전히 다릅니다. 법철학적으로 보더라도 이는 정의의 원칙에 반하는 겁니다. 사회임금을 올리는 것은 시간이 더 걸릴 테니까, 비정규직 문제에서 진보·개혁 진영이 단기간에 쟁취해야 할 것은 '동일노동 동일임금 원칙'의 구현입니다.

오연호 동일노동 차별임금은 법철학적으로 보더라도 정의의 원칙에 반한다는 말씀에 전적으로 동의합니다. 그런데 이런 정의가 우리나라에서 오랫동안 무시돼온 이유는 어디에 있을까요? 김대중·노무현 두 민주정권 10년을 거치고도 이 정의가 관철되지 못한 이유가 궁금합니다.

조국 1997년 외환위기로 나라 경제 전체가 흔들리자 '일단 기업 살리는 것이 우선'이라는 생각을 두 민주정권이 하게 되었고, 그런 사고가 지금까지 남아 있는 것이죠. 그 과정에서 기업의 로비가 치열했던 반면, 이를 막는 노동운동과 진보적 시민사회운동의 힘은 모자랐고요. 앞으로 진보·개혁 정권에서 반드시 이 문제를 해결해야 한다고 봅니다.

사자와 소를 한 울타리에 풀지 마라

오연호 좋은 일자리를 많이 창출하는 것과 관련해 또 하나 반드시 짚고 넘어가야 할 것이 기업 생태계의 양극화 문제입니다. 대기업과 중소기업의 격차가 이제 치유할 수 없을 정도로 극단적으로 벌어져 있죠. 몇 개의 대기업만 더 잘나가고 중소기업들은 쭈그러드는 현상이 계속되니까 구직자들이 다양한 선택을 못하게 됩니다.

박정희가 깔아놓은 레일 위에 우리나라의 경제모델이 만들어졌는데, 그때 수출 위주, 대기업 위주로 레일을 깔다 보니 기업의 생태계가 다양해지지 못했고, 그것이 두고두고 영향을 미쳐서 취업 환경까지 어렵게 하고 있다고 봅니다. 김대중, 노무현 때는 이 박정희 레일의 방향을 좀 틀어보려고 시도했죠. 중소기업 지원책을 펼쳐보기도 했고요. 그러나 박정희 레일이 워낙 강고하니 약발이 듣지 않은 거죠.

이명박 정권은 초반부터 '기업 프렌들리' 정책을 펼쳤는데, 사실상 대기업에게 날개만 더 달아줬을 뿐 이런 생태계를 교정하려는 의도가 전혀 없었죠. 그러다가 6·2 지방선거에서 참패를 하니까 민심을 좀 잡아보려고 대기업을 때리는 시늉을 했습니다. 진보·개혁 진영이 다시 집권을 한다면 기업 생태계를 건강하게 할 수 있는 정책을 강력하게 추진해서 박정희가 깔아놓은 레일을 바꿔야 합니다.

조국 사실 중소기업이 대기업이 될 수 있어야 제대로 된 경제죠. 지금의 재벌도 처음에는 중소기업이었으니까요. 그런데 이제 중소기업이 대기업이 되는 건 몹시 힘들어요. 조금만 성장한다 싶으면 대기업이 빼앗아 먹어버리거나 하청업체로 만들어 쥐어짜니까요. 재벌 대기업 집단이 먹을거리에서부터 첨단산업까지 모두 차지하는 문어발식 확장을 벌이고 있죠. 중소기업은 대기업과의 관계에서 항상 '을'이다 보니, 부당한 요구를 다 들어주어야 하고요. 중소기업인들은 양자 사이의 계약을 '을'을 죽이는 '을사乙死조약'이라고 부릅니다. 그리고 구두계약한 뒤 갑자기 발주를 취소해버리거나, 현금을 수십조 원씩 쌓아두면서도 중소기업에게는 한 달짜리, 심지어 6개월짜리 어음을 끊어주거나, 중소기업의 기술을 사냥해서 그걸 가지고 새로운 시장에 진출하는 일도 빈번하죠. 이러니 중소기업이 '곡소리'를 낼 수밖에요. '경제검찰'로 불리는 공정거래위원회가 적극 나서서 대기업의 부당행위를 엄격히 규제해야 하는데, 아직은 미흡합니다.

기억할 것은 김대중·노무현 정권도 이러한 대기업의 비리와 횡포를 근절하지 못했다는 점입니다. 이명박 정권은 출범 후 철두철미하게 '대기업 프렌들리' 정책을 폈죠. 단적인 예로 이명박 정부는 중학교 교과서에서 대기업이 납품대금을 주지 않아 어려움에 처한 중소기업 사례를 삭제했어요. 당시 이 소식을 듣고 할 말이 없어지더군요. 이러한 상황에서 건실한 중소기업이 대기업으로 성장하는 것은 불가능하지 않겠어요?

한편 대기업은 '고용 없는 성장'을 즐기고 있습니다. 성장은 계속되고 이윤도 급증하는데 그에 걸맞은 고용을 하지 않고 있어요. 그러니 정부가 대기업을 '고용 있는 성장' 쪽으로 가도록 유도해야 합니다. 최근 이명박 정권이 '대기업 때리기' 시늉을 냈죠. 그러는 가운데 최시중 방송통신위원장이 기업의 사회적 책임을 강조하면서 대기업의 고용 창출을 강조했어요. 최 위원장의 지적처럼, 시가총액 100대 그룹이 지난 5년간 1.5퍼센트밖에 일자리를 창출하지 못했습니다. 그런가 하면 매출 1조 2000억 원을 올린 NHN은 6000명을 고용하고 있는데, SK텔레콤은 12조 원의 매출을 올리면서도 직원은 4500명에 불과해요. 비율로 따지면 SK텔레콤의 직원 수는 6만 명 정도 돼야죠.

이명박 대통령이 청년실업에 대해 언급하면서 청년들도 눈높이를 낮춰야 한다는 식의 이야기를 한 적이 있습니다. 지방과 중소기업으로 눈을 돌리라는 조언은 타당한 면이 있어요. 그런데 정부가 이런 조언을 청년들에게 하려면, 대기업의 시장독점과 불공정거래를 막아 중소기업이 '괜찮은 직장'이 되도록 노력해야 합니다. 그러지 않으면 말할 자격이 없죠.

대기업은 성장하고 있는데 신규 채용 수는 늘지 않는 것, 중소기업에서 좋은 일자리가 줄어드는 것, 정말 큰 문제입니다. 그러다 보니까 대졸 청년이 100곳 이상 지원서를 넣어도 취업이 안 되는 일이 비일비재하죠. 현재 한국 청년의 스펙은 사상 최고 수준이에요. 영어 능력, 컴퓨터 사용 능력, 국제적 안목과 경험, 문화·예능 감각 등은 저를 포함한 선배들의 청년 시절보다 훨씬 낫습니다. 그런데도 '명함 내놓을 만한 직장'에 취업하기 위하여 아르바이트, 자격증, 공모전, 봉사활동, 인턴 경력이라는 '취업 5종 경기'를 뛰느라 정신이 없죠.

오연호 대기업이 독식하고 중소기업은 고사하는 기업 생태계는 또 다른 문제를 야기합니다. 취직할 기업이 다양하지 않으니까 자영업자가 필요 이상으로 많이 생기는 겁니다.

조국 한국 사회에서 전체 경제활동인구 대비 자영업자의 비율은 다른 OECD 국가의 평균보다 2.5배 정도 많습니다. 가족이 십시일반 돈을 모으거나 퇴직금으로 자영업에 나서는데, 상황은 어렵습니다. 자영업으로 들어오는 사람 수도 많지만, 폐업하여 나가는 사람 수도 많거든요. 쏟아 부은 돈을 뽑아내지 못하고 다 털리고 나가는 거죠. 그 이유는 '기업형 슈퍼마켓SSM'의 확장을 보면 알 수 있습니다. SSM이 하나 들어서면 인근의 구멍가게나 재래시장은 바로 타격을 받잖아요. 그런데 이명박 정부는 '기업 프렌들리' 운운하며 이를 방치했습니다.

외국에 가면, 그 지역에만 있는 소규모 카페, 빵집, 음식점이 많습니다. 대기업이 체인점식으로 운영하는 업체가 아니라 자영업자가 운영하는 곳이죠. 정부가 이들의 '생태계'를 지켜주어야 합니다. 그래야 이들도 균일화된 맛이 아닌 자신만의 고유한 맛으로 영업을 하면서 생존하고 발전할 것 아닙니까? 그래서 저는 전국 어디를 가든지 커피 체인점들이 많이 있지만 일부러 동네 카페를 주로 이용합니다.

영국 시인 윌리엄 블레이크William Blake는 "사자와 소를 위한 하나의 법은 억압이다"라고 갈파한 바 있습니다. 사자와 소를 한 울타리에 풀어놓고 경쟁하라고 하는 것은 완전히 말도 안 되니까요. 사자가 소를 바로 잡아먹을 것 아닙니까? 칸막이를 해주는 게 공정한 겁니다.

오연호 대기업의 횡포를 막고 중소기업, 자영업자를 보호하는 법이나 제도가 현재 어느 정도로 마련되어 있습니까? 부족한 점이 있다면 어떤 측면에서 보완해야 할까요?

조국 재벌의 시장 지배와 경제력 남용 등은 업무상 횡령·배임죄, 세법, 공정거래법, 하도급거래 공정화에 관한 법률 등만 제대로 집행해도 상당 부분 줄어들 겁니다. 이 법을 집행할 수 있는 주체인 검찰, 국세청, 공정거래위원회의 의지가 문제죠. 물론 그 뒤에 있는 집권 세력의 의지가 더 문제고요. 예컨대, 하도급법을 위반한 대기업에 대한 제재는 '솜방망이' 수준이에요. 과징금이나 과태료도 아주 미미한 금액이 부과되고, 상습적인 하도급법 위반 업체에 대한 입찰 참가 자격 제한도 제대로 이루어지지 않고 있어요.

추가할 제도적 개선 사항으로는 세 가지가 있는데, 첫째, 재벌의 하도급 불공정 행위에 대한 '징벌적 손해배상punitive damage' 제도입니다. 이것은 통상의 손해배상액수보다 훨씬 높은 액수를 부과하는 것으로, 이미 미국 등의 나라에서 시행하고 있어요. 사실 이명박 대통령이 대선 공약으로 '3배 손해배상제'를 제시한 바 있지만, 유야무야되었죠.

둘째, 수탈적인 다단계 하도급 구조를 개선하려면 공정거래법을 개정하여 하도급 기업의 공동행위를 카르텔 규제에서 제외해야 합니다. 중소기업이 일대일로 대기업에 맞서는 것은 자살행위거든요. 미국과 독일에서도 중소기업의 카르텔은 허용합니다.

셋째, 현재는 공정거래법과 하도급법 위반에 대해 공정거래위원회만이 검찰에 대한 고발권을 가지고 있습니다. 이를 '전속고발권'이라고 하는데, 법 개정을 통해, 피해를 입은 하도급 업체 또는 중소기업중앙회가 대기업을 직접 고발할 수 있도록 해야 합니다. 최근 5년간 하도급법 위반으로 공정위가 검찰에 고발한 사건은 불과 11건뿐이에요.

오연호 좋은 일자리를 많이 창출하기 위해서는 정규직-비정규직 관계, 대기업-중소기업 관계를 바람직하게 정립해야 한다는 이야기를 나눠봤습니다. 이제 기업민주화 혹은 산업민주화에 대한 이야기를 해볼까요? 사실 우리나라에서 정치 분야의 절차적 민주주의는 오래전부터 정착돼왔는데 기업 내 민주주의는 그렇게 되지 못했습니다. 특히 재벌로 불리는 대기업에서는 기업민주화가 요원합니다. 이것은 한 사회의 기를 살리는 문제와 관련이 있다고 봅니다. 대기업에 취직한 사람들은 대부분 좋은 대학을 나온 엘리트들 아닙니까? 이들이 주인의식을 갖지 못하고 윗사람 눈치만 본다면 그 사회의 역동성은 떨어질 수밖에 없습니다. 그래서 기업민주화는 기업 내의 문제가 아니라 우리 모두가 풀어야 할 사회문제입니다.

우선 대기업의 민주화 문제와 관련하여 진보·개혁 진영이 분명한 답을 제시하지 못하는 대목부터 진단해보겠습니다. 수구·보수 진영에서는 대기업이 더 강화되어야 중국, 일본 등 세계와 경쟁할 때 이길 수 있다, 그러니까 기업들한테 더 고용하라고 요구할 수 없다, 편법상속 문제도 법적으로 일단락됐으면 계속 문제 삼아 뒷덜미를 잡으려 해선 안 된다고 주장합니다. 재벌이 버텨야 국가 경쟁력이 유지될 수 있다는 것인데, 이런 시각은 어떻게 봐야 할까요?

조국 미국의 '엔론Enron' 분식회계 사건에서 분식회계 규모는 우리 돈으로 약 1조 5000억 원에 달했는데, 이 회사의 대표이사에게는 징역 24년 4월이 선고되었습니다. 그러면 이러한 미국 법체제가 반기업적이고 기업의 국제경쟁력을 떨어뜨리는 걸까요? 기업범죄를 엄격하게 처벌하고, 공정거래질서를 확립하고, 기업의 준법경영과 사회책임경영CSR, corporate social responsibility을 요구하는 것이 '반기업'이라면, 전 세계 민주주의 국가의 정부 모두가 '반기업' 정부일 겁니다. 오히려 국가와 사회에 이러한 환경을 만드는 것이 진정으로 기업의 국제경쟁력을 높이는 길이라고 보고 있어요.

편법상속도 마찬가지입니다. 다들 알고 있듯이 삼성이 국가경제에서 차지하는 비중은 엄청나죠. 그런데 그렇게 중요한 대기업 집단의 지도자를 단지 생물학적 기준으로 선정하는 것이 기업의 경쟁력 차원에서 옳은 일일까요? 이재용 씨의 경영 능력은 검증된 바가 없어요. 오히려 'e-삼성'을 만들었다가 망했고, 그 손실을 계열사가 다 보전해주지 않았습니까? 그 이후 몇 가지 직책을 맡았는데 뚜렷한 성과를 보인 게 없죠. 지금의 추세라면 이재용 씨가 삼성의 최고경영자가 될 텐데, 이게 오히려 위험하지 않을까요? 아버지로부터 상속받은 주식으로 이익을 배분받는 것은 별도의 문제라고 하더라도, 왜 꼭 이재용 씨가 삼성을 이끌어야 하나요? 이런 비판을 하는 것이야말로 국제경쟁력 관점에서 반드시 필요하지 않을까요?

오연호 아들에게 대기업을 상속하는 것은 삼성뿐만이 아니죠. 현대, SK 등 대부분의 우리나라 대기업이 2, 3세에게 세습을 해오고 있습니다. 그래서 어떤 이들은 우리나라에서 대기업 다니는 사람들은 북한의 권력 세습을 욕할 자격이 없다고까지 말합니다. 김일성-김정일-김정은으로 권력을 세습하는 것과 무엇이 다르냐는 이야기죠. 우리 대기업들의 이 세습구도를 어떻게 봐야 할까요?

삼성과 발렌베리의 세습 경영

조국 가족기업 자체는 인정할 수 있어요. 기업 소유주가 자신이 키운 기업을 능력이 검증된 자녀에게 넘겨주고 싶은 것은 인지상정이겠죠. 물론 이는 기업주가 재산과 기업지배권을 자녀에게 넘기는 데 불법이 없어야 한다는 점을 전제로 합니다.

이와는 별도로, 삼성과 같은 재벌을 어떻게 개혁하는 것이 경제적 민주화의 취지에 부합하는가 하는 문제가 남아 있습니다. 과거에 진보·개혁 진영에서는 '재벌 해체'를 주장해왔죠. 그러나 이것이 정확히 무엇을 뜻하는지는 모호합니다. 해체된 재벌기업을 국영기업으로 만든다는 것인지, 노동자가 인수하여 운영한다는 것인지, 그렇다면 그 재원은 어떻게 마련하고 운영방식은 어떠해야 하는지 등에서요.

저는 현 시점에서 진보·개혁 진영이 스웨덴의 '발렌베리Wallenberg' 그룹의 예를 참조해 경제민주화를 추진하면 좋겠어요. 발렌베리는 6대째 약 150년 동안 세습경영을 하면서 일렉트로룩스, 에릭슨, ABB, 사브, 스카니아 등 세계적 기업을 여럿 거느리고 있고, 총 시가총액이 스웨덴 주식시장의 40퍼센트를 넘습니다. 그리고 발렌베리 가문은 '차등의결권'을 통하여 자회사의 기업지배권을 보장받고 있습니다.

그런데 발렌베리는 불법경영이나 불법상속을 절대 하지 않습니다. 더 중요하게는, 노동조합을 인정할 뿐 아니라 경영에 참가시킵니다. 스웨덴에서 대기업과 집권 사회민주당, 노동조합이 이렇게 '빅딜'을 한 겁니다. 세습경영 인정과 노동자의 경영 참가를 동시에 인정한 것이죠. 장하준 교수는 '스웨덴식 빅딜'을 주장하면서, 이를 재벌 일가의 지배권을 인정해주는 대신 투자와 고용을 늘리는 사회적 공헌을 더 하도록 하는 '빅딜'로 이해하더군요. 그것도 맞는 말이긴 한데, 스웨덴식 빅딜의 전제는 노조의 경영 참가라는 점이 빠져 있어요.

스웨덴식 빅딜은 산업민주주의를 제도화한 대표적인 예입니다. 반면에 우리는 이를 전혀 인정하지 않고 있습니다. 경영권은 마치 불가침의 성역처럼 인식되고요. 노동자는 노동을 팔아서 임금을 받는 것일 뿐, 그 노동을 산 경영진이 무엇을 해야 하는지에는 개입할 생각을 하지 말라는 거죠. 이는 전형적인 산업화 시대의 패러다임입니다.

독일의 경우를 보더라도, 대표적인 기업인 BMW나 벤츠 등은 노조의 경영 참가를 수용하고 있습니다. 그런데 삼성은 노조 자체를 허용하지 않고 있죠. 노동자의 단결권은 헌법상의 기본권인데 말입니다. 노조가 경영에 참가하면 경영의 투명성이 보장됨은 물론 최고경영자의 독단을 막을 수가 있어요. 예컨대, 삼성의 자동차사업 진출, 시계사업 진출 등은 다 실패했고 막대한 손실을 초래했잖아요. 삼성자동차의 경우 어마어마한 공적 자금이 투여되었는데도 이건희 회장은 까딱없잖아요. 이 회장을 보좌하는 경영전문가나 사외이사가 있었겠지만, 누가 이 회장의 오판을 막을 수 있었겠어요.

오연호 노동자의 경영 참가 주장에 대해 대기업에서는 그동안 이렇게 반론을 펼쳐왔죠. "경영에는 결단력, 순발력이 필요한데, 노조가 경영에 참가하면 경영진이 우왕좌왕하면서 아무것도 결정하지 못하는 상황이 될 수 있다."

조국 어떤 우려인지 이해는 됩니다. 경영 판단은 고도의 전문적 판단이고, 위험 요소가 큰 사업에 과감하게 들어가는 '모험 투자'의 필요성도 있으니까요. 그러나 그렇다고 해서 노조의 경영 참가 자체를 부정하는 것은 잘못입니다. 현재 사외이사 제도가 있지만 기업에 대한 의미 있는 통제는 이루어지지 못하고 있어요. 유럽 사회민주주의 나라의 경험에서 보듯이 노조의 경영 참가는 경영 자체에 도움을 줍니다. 노조 대표가 이사회에 참석해 무조건 반대하며 고함만 지를 것이라는 편견을 버려야 합니다. 노조를 경영의 파트너로 생각하는 패러다임의 전환이 필요해요. 노조의 경영 참가가 인정되는 순간 한국 재벌의 고질적 병폐 중 상당수는 즉각 사라질 것이며, 노사 분규도 대폭 줄어들 것이라고 봅니다.

오연호 대기업의 경우, 가족기업도 가능하고 세습도 인정할 수 있지만 그 내부의 '경영의 민주화'가 필요하다는 말씀이군요.

조국 그렇죠. 노조의 경영 참가는 '산업민주주의'의 기본입니다.

민주주의 사회에서 조직운영의 핵심 원리는 투명과 책임이죠. 현재 재벌의 경우, 총수와 그 가족의 이해관계가 얽혀 있는 사항에 대해서는 투명한 결정이 이루어지지도 않고, 결정의 결과에 총수 일가가 책임을 지지도 않는 구조예요. 권한만 있고 책임을 지지 않는 구조는 오래가지 못합니다. 경영 판단 과정이 투명해져서 누가 어떠한 이유로 그 결정을 내렸는지 알 수 있어야 하고, 이후 문제가 벌어지면 오판을 한 사람이 누구이건 간에 책임을 지도록 해야 총수 일가도 무모한 행동을 못하죠. 그리고 국민의 세금이 공적 자금으로 들어가는 일이 미연에 방지되고요.

오연호 '산업민주주의'를 실질적으로 구현하는 다른 예로는 어떤 것이 있을까요?

조국 기업 등의 경영권이 자본이나 국가가 아니라 노동자에게 있는 '노동자자주관리' 기업의 육성이 있습니다. 그 연원은 구소련형 국가사회주의를 비판하면서 독자의 길을 걸은 유고슬라비아의 자주관리 사회주의 운동입니다. 아르헨티나에는 이러한 노동자자주관리 기업이 100개가 넘어요.

한국에서도 이미 실험이 이루어지고 있습니다. 부도가 나거나 법정관리에 들어간 기업을 노동자들이 공동으로 인수하여 경영하고 있는 인천의 키친아트, 청주의 우진교통, 대구의 달구벌교통과 국일여객, 진주의 삼성교통 등이 그 예입니다. 이 기업들은 주위의 우려를 불식하고 모범적인 경영모델을 일구어내고 있습니다. 예컨대, 키친아트의 건물 안에는 '공동소유 공동분배 공동책임'이라는 '급진적' 사훈이 붙어 있어요. 그런데 이곳은 연간 700억 원대의 매출액을 기록하고 해마다 영업이익 20억 원대를 유지하고 있죠.

근래 진보학계에서는 칼 폴라니Karl Polanyi의 《거대한 전환》붐이 일었습니다. 기업을 바라보는 우리의 관점에 '거대한 전환'이 필요하다고 봅니다. 정부와 기업도 노동자자주관리 기업의 설립과 운영이 원활해지도록 제도적 조치를 취해야 하고요.

오연호 대화를 진행하다 보니 일자리 해법에서도 정의, 민주주의라는 단어가 많이 등장했습니다. 구체적 정책은 이후 더 많이 개발되어야겠지만, 먼저 일자리를 바라보는 철학이 중요하다는 것을 새삼 느끼게 됩니다. 앞서 이야기했던, 어떤 경쟁이어야 하는가, 어떻게 놀아야 하는가, 어떤 임금이어야 하는가의 문제와 다 연관이 있다고 봅니다. 진보·개혁 진영이 재집권을 하기 위해서는 "진보가 밥 먹여주는가"라는 질문에 "그렇다"고만 할 것이 아니라 "더 좋은 밥을 더 인간다운 방식으로 먹게 해준다"고 답해야겠습니다.

조국 그렇습니다. 이러한 점에 대해 진보·개혁 진영이 눈에 확 띄는 계획을 세우고 실천할 능력이 있음을 보여주어야 합니다. 바로 여기에 재집권의 비법이 있습니다.

오연호 한국인들은 내 집 마련 스트레스가 엄청 큽니다. 샐러리맨들이 월급 받아서 내 집 장만을 할 경우, 다른 데 크게 안 쓰고 저축을 주로 한다 해도 강남에서는 약 44년, 강북에서는 27년 걸린다고 하거든요. 또 주택이 토지와 연관돼 있는데, 토지 소유의 불평등이 엄청난 수준이고, 주택 보급률이 100퍼센트가 넘음에도 불구하고 전월세 사는 사람들이 거의 50퍼센트에 육박합니다. 주택과 토지의 자산 불평등 수준이 그 어느 나라보다 높고, 그것이 샐러리맨이나 가족들이 받는 스트레스의 상당 부분을 차지하는 상황입니다. 이계 안 전 의원은 우리나라 저출산 문제의 핵심이 토지·주택 소유의 불평등에 있다고 하더군요. 출산을 꺼리는 이유에 대한 여론조사 결과를 보면, 교육비 부담이 1위로 나옵니다. 더 파고들어가 보면, 애 낳아봤자 집 한 칸 장만해주기도 힘들고, 또 집 한 칸 장만하기 위해 그렇게 '쎄 빠지게' 고생을 해야 하는 사회에서 과연 애를 낳아야 하나 생각한다는 거죠. 결혼 연령이 늦어지는 것도 주택 장만이 늦어지는 것과 연관이 있다고 하고요. 이렇게 자기 주택을 소유하기가 너무 어려워진 탓에 삶이 팍팍합니다. 이 문제를 어떻게 풀어야 한다고 보십니까?

조국 한국의 주택 문제는 손낙구 씨의 역작 《부동산 계급사회》가 매우 생생하게 그려내고 있습니다. 양극화 중 자산의 양극화는 바로 주택 문제에서 시작합니다. 이는 토지 소유의 불평등과 직결되어 있고요. 평범한 시민이 일정 기간 자신의 노동으로 번 소득을 저축하면 집을 마련할 수 있어야 하는데, 그게 불가능한 사회는 비정상 사회 아닙니까? 집값이 천정부지로 뛰는 것을 정부가 방치하는 것은 시민에게 부동산 투기에 나서라고 메시지를 보내는 것이죠.

 현재의 부동산 가격에 많은 '거품'이 끼어 있다는 것에는 전문가들이 다 동의하고 있습니다. 건설업체 눈치 보지 말고 노무현 정권 때 포기한 아파트 분양원가 공개를 실시해야 합니다. 그래서 가격을 떨어뜨려야 해요.

그리고 장기임대주택을 대폭 늘려야 합니다. 한국에서 '시프트 SHift'(장기전세주택)는 전체 주택량의 3퍼센트 남짓입니다. 싱가포르에서는 80퍼센트가 넘죠. 또한 아파트 재건축을 할 때 집값이 오른 만큼 세금을 더 부과하고, 재개발을 할 때 의무적으로 끼워 넣는 소형 아파트 비율을 더 높여야 합니다. 주택 문제는 서울과 지방 간의 양극화와도 관련이 있어요. 1980년대만 하더라도 지방과 서울의 집값 차이가 크게 나지 않았어요. 물론 서울의 집값이 더 비싸기는 했지만, 지금처럼 대여섯 배 차이가 나지는 않았죠.

오연호 서민들에게는 집값 안정이 중요한데, 노무현 정권 때 아파트 가격이 많게는 두 배 정도 올랐습니다. 진보 진영, 진보 정권이 무능하다는 낙인이 찍히게 된 것은 부동산 정책을 제때 제대로 펴지 못했기 때문이기도 합니다. 왜 그렇게 됐을까요? 보수우파들의 표현처럼 세상 물정 몰라서 이렇게 된 것인지, 아니면 무언가 부족해서 그런 것인지, 여기에 대한 교훈을 제대로 얻지 못하면 또 반복될 수도 있겠다는 생각이 듭니다.

조국 노무현 정권의 실수는 집값 관련 대책을 한 개씩 찔끔찔끔 내놨다는 것이죠. 사실 그때마다 가격이 올랐어요. 초반에 한꺼번에 다 내놓고 집값을 잡았어야 합니다. 그렇게 하지 못하는 바람에 노 정권은 정책 능력이 없다는 낙인이 찍혔고, 강남 쪽은 집값이 올라 희희낙락喜喜樂樂하면서도 노 정권을 지지하지는 않았죠. 강남 쪽에서도 욕을 먹고 다른 쪽에서도 "강남만 올려줬느냐"고 욕을 먹었죠.

정치적·경제적 양 측면 모두에서 패착敗着이었어요. 아파트 분양원가 공개도 할 것처럼 하다가 안 해버리니, 시장에서는 정부가 가격을 통제하지 않겠다는 신호로 받아들였고 그 결과 가격이 또 껑충 뛰었죠. 공공주택은 서민을 위한 공공재 성격이 강하기 때문에 이 문제에 단지 기업의 이윤창출 논리로 접근해서는 안 되었던 거죠.

특히 아파트 분양원가 공개를 짚고 넘어가야 합니다. 이는 열린우리당의 총선 공약이었어요. 2004년 당시 김근태 당의장이 이 문제는 정부에 양보할 수 없다며 노 대통령에게 "계급장 떼고 논의하자"고 제안했지만 거부당했어요. 노 대통령은 "아파트 분양원가 공개는 장사의 원리에 맞지 않는다"라고 말하면서 분양원가 공개를 백지화하여 시민단체와 서민들의 분노를 촉발했고요. 이 문제에서는 김근태 의장의 소신이 옳았다고 봅니다.

당시 청와대와 대통령 측근 인사들은 김 의장의 이러한 태도를 권력투쟁의 일환으로 보았는데, 문제제기의 핵심을 놓친 겁니다. 이러한 상황에서 이명박 당시 서울시장은 서울 상암 5·6·7단지 아파트의 분양원가를 공개해서 SH공사가 분양원가 대비 39퍼센트 폭리를 취한 사실을 밝혀냅니다. 그리고 2007년 대선에서도 이명박 후보는 분양원가 공개에 찬성했죠. 2008년 5월 대법원은 11월 대한주택공사가 공급하는 임대아파트의 원가를 공개하라는 판결을 확정합니다. 집권 후 이명박 정권은 입장을 뒤집었지만, 이 후보가 승리한 것에는 이유가 있는 겁니다.

위헌 결정이 난 종부세도 정밀하게 재구성하여 부활시켜야 합니다. 그렇지만 핵심은 원가 공개입니다. 사실 원가 공개는 애초에 위헌 문제가 생기지도 않거든요. 물론 집값이 떨어질 경우 '막차' 탄

"보수 진영의 입장에서 보면 뉴타운 공약은 잘 짠 전략이었어요. 한 방에 강북 전체를 먹어버렸으니까요. 그런데 진보·개혁 진영은 전혀 준비를 못하고 있었어요. 대중의 욕망을 직시하면서 이 욕망을 '진보적 방식'으로 실현할 수 있는 재개발 모델이 없었던 겁니다."

사람들은 문제가 크겠죠. 특히 은행대출을 해서 집을 샀다면 더하겠죠. 그렇지만 정부가 결단을 내려야 합니다.

오연호 수구·보수 진영에서는 은근히 집값 상승을 바라는 사람들의 표심을 이용합니다. 진보·개혁 진영에서는 집값이 떨어졌을 때 불만을 가질 수 있는 사람들을 위한 대책을 정교하게 준비해야겠군요.

유럽이라면 피맛골을 없앴을까

조국 원가 공개를 하거나 '토지임대부 주택'을 지어서 분양하면 반값 아파트가 현실화될 것입니다. 그러면 기존 아파트 가격도 일정하게 하락할 것이고, 아파트 소유자는 반발하겠죠. 반대파 쪽에서 이 사람들을 부추길 겁니다. '막차'를 탄 사람들에게 채무상환기간을 연장하거나 금리를 낮추어준다거나 하는 보완조치가 필요하겠죠. 그러나 원가 공개를 하여 집값을 떨어뜨려야 한다는 원칙을 포기하면 안 됩니다. 현재의 아파트 가격에는 '거품'이 너무 많아요. 이를 걷어내지 않으면 일본의 경우에서 드러나듯이 나라 경제 전체를 망칠 수 있습니다. 사회 전체와 다음 세대를 생각한다면 반값 아파트로 가야 합니다.

오연호 주택 문제가 정치화된 것과 관련하여 진보·개혁 진영이 대책 없이 무너진 대표적 사례가 이른바 뉴타운 공약입니다. 2008년 총선에서 한나라당은 뉴타운 공약을 활용해 서울을 휩쓸었죠. 민주당과 민주노동당은 앉아서 당하기만 했어요. 당시를 복기^{復棋}해보면 진보·개혁 진영이 어떤 교훈을 얻을 수 있을까요?

조국   그때 아주 상징적인 일들이 벌어졌죠. 한나라당의 뉴타운 공약으로 민주화운동의 대표 주자인 김근태가 뉴라이트인 신지호에게 패하고, 진보정당의 대표 주자인 노회찬이 귀족 이미지의 홍정욱에게 패했어요. 뉴타운을 둘러싼 시민들의 욕망에 진보·개혁 진영이 제대로 대응했는지 점검해보아야 합니다. 한나라당은 뉴타운 공약으로 강북에 사는 중산층 이하 서민의 욕망에 불을 질렀어요. 땅값 오르고 집값 올라 부자가 될 거라고 말입니다. 그런데 진보·개혁 진영은 "나도 뉴타운 하겠다", "뉴타운 해봤자 안 된다" 이런 식으로 대응하는 데 그쳤죠. 정치학의 '프레임 이론'■으로 보더라도, 이럴 경우 승리하는 것은 뉴타운 공약이죠.

오연호   땅과 집에 대해 갖고 있는 유권자들의 욕망에 어떻게 맞설지, 진보·개혁 진영은 대안이 없었다는 거죠? 진보·개혁 진영이 선거 전에 '우리의 재개발 방식은 이러이러해야 한다'는 것에 합의하고 그 대안적 모델을 제시했더라면 유권자들의 지지를 더 얻었을 텐데 말이죠.

■
미국 캘리포니아대 언어학과 교수인 조지 레이코프(George P. Lakoff)는 미디어가 제공하는 틀 안에서 문제가 인식되고 파악되는 현상에 주목하며 '프레임(frame)'이라는 인지구조적 용어를 제시했다. 레이코프에 따르면 대중은 프레임을 장악한 세력이 주도하는 비전 속에서 세상을 파악한다. 또한 일단 주도권을 쥔 프레임은 미디어를 통해 확대 재생산되며 대중의 무의식을 장악하고 다른 무엇보다 선거에 결정적 영향을 미친다.

조국 그렇죠. 보수 진영의 입장에서 보면 뉴타운 공약은 잘 짠 전략이었어요. 한 방에 강북 전체를 먹어버렸으니까요. 그런데 진보·개혁 신영은 선혀 준비를 못하고 있었어요. 대중의 욕망을 직시하면서 이 욕망을 '진보적 방식'으로 실현할 수 있는 재개발 모델이 없었던 겁니다. 이는 과거의 문제가 아니라 현재, 그리고 미래의 문제이기도 해요. 원주민 대다수를 쫓아내고 고급 아파트를 세우는 방식의 재개발이 옳은가, 그게 아니라면 어떻게 재개발해야 옳은가에 대해 미리미리 고민하고 방안을 만들어야 합니다.

오연호 2008년 총선에서 한나라당이 뉴타운 공약으로 강북을 휩쓸었는데, 그 이전부터 뉴타운 바람은 있었죠. 생각할수록 아쉬운 것은 그 바람이 일기 시작할 때 서울시장은 이명박이었지만, 대통령은 노무현이었고 진보·개혁 세력이 정부를 운영하고 있었다는 점입니다. 뉴타운 자체에도 효율적으로 대응하지 못했지만, 재개발 문제에 진보·개혁 세력이 확실한 해법을 제시하지 못한 것이 안타깝습니다. 순환개발이니 공영개발이니 이런 것들을 김대중·노무현 정부 때 조금씩은 시도했지만, 획기적으로 재개발 문제를 풀지는 못했거든요. 도심재개발을 어떻게 추진하고 그 이득을 어떻게 분배할 것인지가 정서적으로 서민과 중산층을 움직이는 중요한 문제였는데, 민주정부 10년 동안 거의 이 문제에 효과적으로 대응하지 못했습니다.

용산참사도 그 연장선상에서 나온 거라고 봅니다. 386세대가 대학에 다닐 때 사당동과 목동 등에서 철거가 진행되었습니다. 그때 경찰과 철거민들의 충돌도 잦았고, 운동권 대학생들이 지원하러 가기도 했는데, 정말 살벌한 상황이었죠. 그에 비하면 민주정부 10년간은 그런 물리적인 충돌은 적었지만, 약자가 피해를 보는 재개발 시스템을 획기적으로 바꾸지 못했어요. 그러다가 이명박 정부가 들어오니까 용산참사 같은 물리적 충돌이 재연돼버린 것이죠. 민주정부 10년 동안 왜 재개발 문제를 정의롭게 해결하지 못했는지, 참 안타깝습니다.

조국 경제적인 측면은 차치하고, 정치적으로 보더라도 패착이죠. 두 번의 민주정부가 자기에게 찬성표를 던질 사람을 다 쫓아내고, 반대표를 던질 사람에게 새 집을 지어준 셈이에요. 지역구 정치인은 자신의 지역을 재개발해서 새 건물을 번듯하게 세우는 게 성과라고 생각했겠죠. 원주민을 그대로 살게 하면서 어떻게 바꿔볼까 하는 생각을 하지 않은 거예요.

그리고 중앙이나 지역이나, 정치인들이 난개발이든 환경파괴든 상관없이 무조건 토목과 건축 사업을 벌이기를 원하는 '토건족'에게 포박捕縛되어 있었다는 점도 작용했을 것으로 봅니다. 용산참사도 이러한 맥락에서 터진 것이고요.

오연호 재개발을 하더라도 그곳에 살겠다는 사람, 가난한 사람, 서민들이 공존할 수 있는 방안, 그리고 그러한 가치가 담긴 대안적인 용어, 다시 말해 뉴타운에 대응하는 '더불어 타운'과 같은 대안을 제시하지 못한 거죠.

조국 무상급식 정책처럼 '선공先攻'을 했어야 합니다. 지금이라도 주거환경을 개선함은 물론 더불어 사는 재개발 정책을 만들어야 합니다. 주거 외의 문제도 마찬가지입니다. 서울 강북에 있는 교보문고 옆 피맛골이 없어지지 않았습니까? 정책결정자들에게는 좁은 골목길의 허름한 식당에서 파는 고등어구이가 '품위' 없어 보였던 것일까요? 유럽이나 일본이라면 그런 골목을 그대로 보존하면서 개발했을 겁니다. 그런 골목이 가지고 있는 문화적 가치에 주목했을 테니까요.

오연호 다행스럽게도 6·2 지방선거 때 한나라당은 뉴타운 공약을 써먹지 못했죠. 뉴타운 해봤자 별 볼일 없다는 것을 유권자들이 깨달았기 때문이죠. 이런 때를 활용해 진보·개혁 진영에서 재개발에 대한 대안적 모델을 잘 만들어야겠습니다.

조국 그렇습니다. 때마침 6·2 지방선거에서 당선된 진보·개혁 진영의 젊은 시장들이 의욕적으로 대안적 재개발 모델을 실험해보겠다며 나서고 있어서 무척 고무적입니다. 한 지자체에서라도 좋은 모델을 정착시키면 금방 다른 곳으로 번지는 효과가 있을 것입니다.

진보의 욕망을 디자인하라

오연호 철학적인 질문을 하나 던지면서 주택 문제를 마무리할까 합니다. '욕망'을 어떻게 볼 것인가 하는 질문입니다. 2008년 뉴타운으로 대변됐던 욕망, 그것이 우리 사회 곳곳에 지금도 여러 가지 모습으로 스며들어 있는데, 그렇다면 진보·개혁 진영은 이 욕망에 어떤 자세로 임해야 할까요?

조국 　법정 스님이 돌아가시고 그분의 '무소유 사상'이 세상에 널리 알려졌습니다. 철두철미하게 무소유 사상을 실천한 스님의 행장行狀이 우리가 살고 있는 이익과 욕망으로 점철된 세속사회에 충격을 준 거죠. 그런데 우리 속의 욕망을 겸허하게 직시하는 데 스님의 사상과 실천은 만인의 귀감이 될 테지만, 세속을 사는 대다수의 사람은 스님처럼 살기 어렵습니다. 정치와 정책은 바로 욕망을 가지고 이익을 추구하는 인간을 전제로 만들어져야 합니다. 도덕주의적으로 정치와 정책을 바라보고 접근하면 실패하기 마련이죠. 현재 정치학의 시작을 마키아벨리에서 찾는 이유도 그가 최초로 윤리와 정치를 구분했기 때문입니다.

　그리고 우리가 '욕망'이라는 단어를 쓰면 뭔가 나쁜 것이라는 느낌을 가지게 됩니다. 영어 표현을 사용하면, 욕망을 도덕적 비난을 내포한 'lust' 또는 'greed'의 의미로 이해하기 때문이죠. 그러나 욕망은 'desire' 혹은 'need'의 의미입니다. 모든 인간에게는 이러한 욕망이 있을 수밖에 없죠. 어느 사회나 자원은 한정되어 있으므로 그 자원을 더 많이 가지려는 욕망이 경쟁하고 충돌합니다.

　진보·개혁 진영은 이러한 욕망의 현주소와 흐름을 정확히 포착해야 합니다. 진보·개혁 진영 내부에 '이익의 정치'나 '욕망의 정치'를 '가치의 정치'와 대립적으로만 보는 경향이 있는데, 이는 위험합니다. 교육, 일자리, 집, 의료 등에 대하여 대중이 어떠한 욕망을 가지고 살아가는지 알아야죠.

　그리고 욕망을 부정하는 것이 아니라 공정, 평등, 연대 등의 진보적 가치에 따라 욕망의 내용과 방향을 재설정해야 합니다. 법과 제도를 통하여 욕망이 자기 파괴적으로, 그리고 '만인에 의한 만인의 투쟁' 방식으로 발현되는 것을 막아야 합니다. 그리고 사회에 가득한 불안을 제도적으로 감경해놓아야 합니다. 죽을 둥 살 둥 달리기만 하고, 사다리에 먼저 올라가서 뒷사람 오르지 못하게 사다리 걷어차고, 옆에서 같이 달리는 사람을 팔꿈치로 치고, 이러면 안 되는 거죠. 이럴 때 국가가 해야 할 역할이 무엇이겠습니까.

오연호 그렇다면 우리는 과거에서 무엇을 배워 교훈으로 삼아야 할까요? 앞에서 김대중·노무현 정부 때 제대로 실현하지 못한 정책들에 대해 이야기를 나눴습니다만, 본격적으로 그 부분을 조명해보고자 합니다. 진보·개혁 진영이 재집권을 하기 위해서는 지난 10년으로부터 확실한 교훈을 얻어야 하니까요.

조국 김대중 정권의 복지정책은 그 이전과 확연히 구별됩니다. 사회복지학계는 김 대통령을 '복지대통령'이라고 부르는 데 동의합니다. 김대중 정권은 1997년 외환위기를 정신없이 정리하고 난 후 경황이 없는 상황에서도 중요한 복지제도의 기초를 놓았어요. 국민의 최저생활을 보장한 국민기초생활보장법의 제정은 획기적인 것이었죠. 그 외에도 김대중 정권 시기에 국민연금 등 사회보험이 취약계층까지 확대되고 장애인복지법 개정으로 장애 범주가 확대됩니다. 노무현 정권 때도 사회복지 부문에서 중요한 진전이 이루어집니다. 기초노령연금제도, 노인장기요양보험제도, 저소득층 근로자 가구에 해마다 최대 120만 원을 지원하는 근로장려세제도 등이 대표적이죠.

복지 예산도 비약적으로 증가했어요. 기획재정부의 2008년 자료를 보면, 노 대통령 임기 5년 동안 사회복지·보건 분야 총지출은 매년 11.3퍼센트씩 증가합니다. 특히 주목할 것은 성장에 도움이 되는 생산적 복지를 확대하는 사회투자전략을 실시했다는 점입니다. 이러한 두 민주정부의 복지정책에는 각각 김성재 정책기획수석, 김용익 사회정책수석 두 사람의 역할이 컸습니다.

그렇지만 모자랐죠. 제주대 이상이 교수의 표현을 빌리자면, 김대중·노무현 정권은 '복지국가' 전략이 아니라 '복지 확대' 전략을 취하고 있었어요. 복지를 여전히 '시혜적 복지', '잔여적 복지'로 파악하고 있었다고나 할까요. 당시 사회복지 전문가들은 그걸 넘어서 '보편적 복지'로 가야 한다고 주장했지만 수용되지 못했어요. 예컨대, 모든 사람이 인간다운 삶을 살 수 있도록 하는 '사회적 기본소득', 모든 아동에게 보편적으로 제공하는 아동수당, 실업과 육아 등으로 인한 소득손실을 보전해주는 고용보험과 실업수당, 질병으로 인한 소득손실을 보전해주는 상병급여, 노후의 소득을 보장해주는 국민연금 등의 사회보험은 이루어지지 않았습니다. 당시 정치권은 물론 시민사회단체도 이 문제에 대해서는 인식이 취약했어요. 진보·개혁 진영 모두의 한계였다고 볼 수 있죠.

오연호 정책을 입안하고 추진하는 과감성도 부족했던 게 아닐까요?

조국 김대중 대통령의 경우에는 IMF 위기에 대처하느라 임기 초반을 다 보냈고, 김종필과의 연합 때문에 운신의 폭이 좁았죠. 노무현 대통령의 경우에는 예상 밖의 집권으로 준비가 약했고요. 다른 나라 진보 세력의 예를 보면, 집권 추진 그룹이 몇 년 동안 가치와 정책을 가다듬고, 집권한 다음에는 초반에 힘이 있을 때나 다수파를 형성했을 때 그 정책을 바로 실시해버려요.

여러 번 강조했지만 지난 10년 민주정권은 정치적 민주화를 넘어서는 사회·경제적 민주화에 대한 비전과 정책이 약했어요. 노 대통령의 유작인 《진보의 미래》를 보면, 노 대통령 자신도 이 점을 느끼고 아파했던 것 같아요.

생각할수록 아쉬운 것은, 2004년 노 대통령 탄핵정국이 종료된 후 진보·개혁 진영이 행정부와 입법부 모두에서 다수파가 되었음에도 제대로 사회·경제적 민주화의 과제를 풀지 못했다는 것입니다. 그때 진보·개혁 진영이 비전을 가지고 단결했다면……. 노회찬 씨의 표현을 빌리자면 '불판'을 갈 수 있는 조건이 되어 있었어요.

탄핵 전에는 진보·개혁 진영 전체를 다 합쳐도 의회에서 소수파였는데, 탄핵정국이 끝난 후에는 다수파가 되었잖아요. 대중적 열기도 얼마나 뜨거웠습니까. 마치 조·중·동이 폐간될 것 같고, 한나라당도 간판을 내릴 것 같은 사회 분위기 아니었습니까. 박근혜 대표가 '천막당사'를 쳐야 하는 상황이었죠. 당시 열린우리당과 민주노동당이 사회권 또는 복지국가 실현을 위한 연정에 동의하고 제도를 확 바꾸었다면 어땠을까 하는 가정을 개인적으로 해보곤 합니다.

노무현 대통령이 탄핵에서 살아난 후 집중했던 것이 국가보안법, 과거사청산 관련법, 언론개혁법, 사립학교법 등 4대 개혁입법이었죠. 물론 이 과제들도 아주 중요합니다. 그런데 당시 대중은 소득과 자산의 양극화, 실업, 집값 폭등 때문에 더 고통받고 있었어요. 저는 당시 진보·개혁 진영이 '두 개의 전선'을 만들었어야 한다고 봅니다. 개혁입법과 사회·경제적 민주화라는 이중전선 말입니다. 앞의 과제에 '올인'할 것이 아니라 뒤의 것을 위한 제도적 말뚝을 박는 데 힘을 배분해야 했던 게 아닐까 싶습니다. 대중의 고통의 근원을 직시하면서 무상급식, 무상의료, 반값 등록금, 반값 아파트 등을 실현하는 법률을 통과시키고, 부동산 분양원가를 공개했더라면 당시 상황이나 지지도가 완전히 달라졌을 거예요. 지난 2007년 대선도 다른 상황이 되었을지 모릅니다. 사후 평가이긴 하지만 아쉽네요.

오연호 과감성이 부족했다기보다는 집중해야 할 일의 순서를 정하는 데서부터 문제가 있었다는 말씀이군요.

조국 말이 나온 김에 국가보안법 문제를 봅시다. 국보법 전면 폐지는 저의 학문적 소신입니다. 관련 논문도 여러 편 썼고 TV 토론에 나가서 전면 폐지를 주장했어요. 그러나 정치적 선택은 다른 문제거든요. 당시 진보·개혁 진영은 전면 폐지만을 유일하게 올바른 정치적 선택으로 고수하면서 너무 지루한 싸움을 했어요. 그러다가 대폭 개정도 못하고 말았죠.

저는 당시 국보법 문제를 한나라당과 자유투표를 통해 처리하는 것으로 합의하면 어떨까 하는 생각을 했습니다. 그러면 적어도 국보법 제7조는 폐지되죠. 사실 제7조를 폐지하면 국보법의 95퍼센트 이상이 사라지는 효과를 낳습니다. 국보법 전면 폐지는 사회·경제적 민주화의 '말뚝'을 박은 후 다음 기회에 하면 되잖아요. 열린우리당, 민주노동당 그리고 시민사회단체 안에 일종의 '국보법 폐지 근본주의 fundamentalism'가 있었던 것이 아닌가 해요.

노 대통령 말대로 국보법은 박물관으로 보내야 합니다. 그런데 당시 보통 시민은 이 문제를 과거 잔재를 청산하는 정도의 의미로 파악했습니다. 자신들에게 더 급한 것은 민생인데, 진보·개혁 진영이 국보법 폐지에만 목을 매는 듯한 모습을 보이니 딥딥했을 겁니다.

오연호 2004년 탄핵 이후 진보·개혁 세력이 정부와 의회를 모두 장악했을 때, 그 1년 동안 과연 무엇을 어떻게 했는지에 대한 심층 재조명, 심층 반성이 필요합니다. 저도 오래전부터 시간이 되면 그 시기를 재조명하는 기사를 써보고 싶다는 생각을 해왔습니다.

조국 저는 진보·개혁 진영이 2004년을 제대로 복기하고 그 속에서 교훈을 얻어야 한다고 생각해요. 노무현 대통령도, 유시민 씨도, 또는 당시 진보정당의 지도자와 시민사회단체 활동가들도 이걸 외면하고 있지 않았나 싶어요. 과거를 제대로 평가해야 미래를 제대로 만들 수 있는데 말이죠. 탄핵 이후 유권자는 국회의원 선거를 통해 의회권력까지 줬는데, 당신들은 뭐했냐고 물으면 할 말이 없잖아요? 탄핵 직후 민주노동당도 사상 최대 의석인 10석을 얻고 지지율이 13퍼센트가 되었어요. 이는 진보정당의 성장을 위해서도 어떠한 판이 필요한지를 우회적으로 보여줍니다.

열린우리당 출신 사람들도 당시 누구와 손잡고 무엇을 했어야 했나를 고민해야 한다고 봅니다. 예컨대, 두 당 사이에 연정이 이루어져 권영길, 노회찬, 심상정 이런 분들이 입각해서, 노동이나 복지개혁의 '총대'를 멨다면 어땠을까요. 물론 두 당 모두 서로에게 할 말이 많겠죠. 율리우스 카이사르Julius Caesar가 "대부분의 사람은 자신이 보고 싶어 하는 현실밖에 보지 않는다"라는 말을 했죠. 양 당의 사람들이 2004년의 현실을 다시 보길 바랍니다.

오연호   탄핵 이후 노 대통령은 한나라당과 대연정을 시도했죠. 나중에 노 대통령 자신도 '나의 실수'라고 인정했지만요.

조국   기록을 보면 참모들도 다 반대했다고 하던데, 아마 노 대통령이 개인적으로 매우 '열' 받았던 것 같아요. 한나라당이 사사건건 발목을 잡으니, '그래, 너희한테 권력을 줄 테니 한번 해볼래?'라고 한 것 아닐까요. 지역주의 타파라는 소신도 작용했겠죠. 그러나 '바보 노무현'의 순정을 한나라당이 받을 리가 없죠. 그런 제안은 정치공학적으로 절대 해서는 안 되는 것이었어요. 반대파는 더 협조하지 않으면서 우습게 생각하고, 반면 지지 세력은 허탈해서 이탈하니까요. 한나라당에게 대연정을 제안하는 바로 그 순간, 2007년 대선의 패배는 예고된 겁니다. 진보·개혁적 유권자 입장에서 보면, 탄핵 후 완전히 몰아줬는데 제대로 마무리를 못한 채 한나라당하고 연합하려 했으니까요. 그러니까 실망하여 이명박에게 표를 던져버린 것 아닙니까.

오연호   한나라당에 대한 대연정 제안은 두고두고 아쉬운 점입니다. 그런데 노무현 정부가 사회·경제 민주화를 위해 뭔가 하려고 노력한 것은 사실이죠. 종부세가 그 한 예이고요. 문제는 말뚝을 박긴 박았는데 곧 뽑혀버렸다는 것이죠. 그래서 앞으로 진보·개혁 진영이 사회·경제 민주화에 대한 개혁정책을 매우 정교하게 만들어야겠다, 그러지 않으면 다시 또 애만 써놓고 허탈하게 당할 수도 있겠다 싶습니다.

조국   진보·개혁 진영이 다시 집권한다면 집권 초기에 무엇을 해치울 것인지, 어떠한 '제도적 말뚝'을 박을 것인지 아주 구체적인 계획을 준비해야 합니다. 지금은 그 준비를 할 절호의 기회이자 반드시 필요한 기간이라고 생각합니다. 이명박 정권 출범 이후 벌어진 '표현의 자유'의 후퇴 등과 싸우면서도 이 점을 잊어서는 안 됩니다. '반MB 정치투쟁'과 동시에 MB식 '삽질 경제'를 넘는 대안을 꼼꼼히 준비해야 합니다.

오연호   말씀을 듣고 보니 멀리 보면 보수 진영에게 정권을 빼앗긴 이 기간이 진보·개혁 진영에게는 절호의 기회이기도 하군요. 여기서 이런 질문을 하나 던집니다.

경제적 문제를 해결하는 데 보수가 진보보다 유능할 것이라는 대중들의 생각이 2007년 이명박을 선택한 배경입니다. 왜 보수가 경제적 문제에서 진보보다 유능하다고 생각될까요? 기득권 세력과 보수가 공유하는 어느 정도의 계급적 이해가 있고, 그들이 인간의 욕망을 활용하는 이념적 정체성을 갖고 있어서일까요? 아니면 그동안 우리나라의 진보가 정말 정치 중심적이고 책상머리 진보여서 그럴까요? 아니면 보수 언론에 의해서 덧칠해진 것일까요?

진보는 경제 문제를 푸는 데 무능하다는 프레임을 누가 설정한 것이든 간에, 그것이 회자되었고, 또 어느 정도 인정할 수밖에 없기도 합니다. 역사적으로 봤을 때, 그리고 다른 나라와 비교해봤을 때 진보가 경제 문제 해결에 대체로 무능한 편인가요? 너무 꿈을 먹고 살아서 그런가요?

조국   대중은 언제나 유능한 정부를 원합니다. 보수든 진보든 관계없이 말입니다. 유능, 무능에 대한 판단은 자신의 욕구, 희망, 불만, 고통 등을 얼마나 잘 처리해주는가에서 나오죠. 정치 '소비자'로서 시민은 이러한 '서비스'를 제대로 제공하지 못하는 정부를 싫어할 수밖에 없잖아요.

그리고 진보는 무능하지 않습니다. 지금 OECD 국가에서 실시하고 있는 노동과 복지 정책은 다 진보 쪽에서 문제를 제기하고 이를 제도화한 겁니다. '꿈'을 꾸는 데만 그친다면 무능한 것이겠죠. 그러니 그 '꿈'을 다른 사람과 같이 꾸면서 현실화해내야죠.

경제 영역에서 보수가 진보보다 유능하다는 생각이 퍼진 데에는 여러 이유가 있을 텐데, 저는 대중이 박정희 모델을 벗어난 경제모델을 제대로 맛보지 못했다는 점도 중요한 이유라고 봅니다. 그러니 복지에 대해서도 중산층 이상은 '내 세금 빼앗아 게으른 사람 주는 것 아닌가?'라고만 생각하는 거고요. 사회·경제적 민주화 모델, 복지국가 모델의 '맛'을 보면 달라집니다. 교육이건 일자리건 의료건, 내가 세금을 내면 그게 반드시 나와 내 자식에게 혜택으로 돌아온다는 것을 피부로 느낄 수 있도록 만들어줘야 합니다. 일상의 삶의 조건을 개선하는 진보, 유권자가 이 맛을 봐야 해요. 사람의 입맛이라는 것은 '하방경직성'이 있기 때문에 한번 좋은 것을 맛보면 그 이하로 떨어지지 않아요. 우리가 김대중·노무현 정권 동안 정치적 민주주의의 맛, 평화공존의 맛을 보고 나니 이명박 정권 출범 이후 그 수준이 떨어지자 당장 짜증이 나잖아요. 그런데 우리는 아직 사회·경제적 민주주의의 진한 맛을 못 봤어요.

이런 점에서 〈오마이뉴스〉가 진행하고 있는 '유러피언 드림, 그 현장을 가다' 시리스는 상낭히 좋은 기획이라고 봅니다. 우리는 지금 옆을 보지 못하도록 시야가 가려진 채 마차를 끄는 말과 같은 상태거든요. 우리나라와 경제력이 비슷한 나라가 어떻게 살고 있는지 알아야 합니다. 우리와 다른 삶의 방식을 봐야 이것을 우리나라에서 어떻게 실현할 것인지 생각할 것 아닙니까. 다른 세상이 있다는 것, 다른 전망이 있다는 것을 일단 알아야 합니다. 우리가 나누는 이 대화도 이러한 취지의 일환 아니겠어요?

오연호 진보의 맛을 보여주어야 한다는 말씀, 감이 팍 옵니다. 6·2 지방선거에서 당선된 진보·개혁 진영의 지자체장과 의원들이 정신 똑바로 차려야겠어요. 대중의 입에서 "바꿔봤더니 별거 없네"라는 소리가 나오지 않도록 말입니다.

조국 네, 구체적인 변화를 보여줘야 합니다. 진보·개혁을 택한 유권자가 계속 이편에 설 수 있게 하기 위해서는, 내가 그런 선택을 했더니 나에게 실제로 이익이 온다, 실제적인 변화가 눈에 보인다, 사회는 물론이고 나 개인이 달라지는 게 있다고 느낄 수 있도록 해줘야 해요. 당선자들은 임기 동안에 지역구 내에서 눈에 보이고 손에 잡히는 확실한 생활상의 변화를 이루어내야 합니다.

플랜 3
교육

청년들의
미래에
투자하라

청소년 다함께 http://cafe.naver.com/youthalltogether
우리는 공부하는
기계가 아니다

오연호 교육은 한국 사회를 사는 모든 사람의 두통거리입니다. 난마(亂麻)처럼 얽힌 교육 문제를 어떻게 풀어야 할지 이야기를 나눠볼까 합니다. 고려대 경영학과에 다니고 있던 김예슬 학생이 '오늘 나는 대학을 그만둔다, 아니 거부한다'라는 대자보를 붙이고 자퇴 선언을 해서 우리 사회에 파문을 일으켰습니다. 교수님도 그 글을 보셨죠? 어떤 느낌이었습니까?

조국 요즘 대학생들에 대해서 "세상과 타인에게 관심이 없고 자기밖에 모른다"는 폄하와 비판이 있지 않습니까? 이런 상황에서 김예슬 학생의 선언은 현재 대학생이 처한 현실을 돌아보는 계기가 되었습니다. 이 소식을 접했을 때 처음 든 생각은 '기개 있는 학생이 여전히 있구나'였습니다. 이어 '한국의 대학이 이렇게까지 됐구나' 하는 착잡한 생각이 들더군요. 추상적 표현이지만 전국의 대학이 '신자유주의화'돼서, 그 대자보의 지적처럼 대학이 크게 배우는 '대학(大學)'이 아니라 완전히 '지식기술자'를 만드는 곳이 돼버렸다는 생각 말입니다.

전통적으로 대학은 교수와 학생이 머리를 맞대고 자유롭게 기성의 질서를 비판하고 대안적 가치, 비전, 지식을 논의하는 장소입니다. 대학은 체제 유지자뿐 아니라 체제 전복자를 양성하는 역할을 하죠. 그런데 지금의 한국 사회에서는 이러한 대학의 역할이 매우 약해졌습니다. 그 속에서 자퇴 선언이 나온 것 같아 안타깝습니다. 김예슬 학생의 문제의식과 용기에 경의를 표하면서도, 대학 교수로서 대학 본연의 역할을 어떻게 살려야 하는가를 생각하면 마음이 무겁습니다.

오연호   제가 서강대에서 강의하고 있는 '온라인 저널리즘' 시간에, 30명쯤 되는 학생들에게 '김예슬 선언' 전문을 복사해주고 토론을 한 적이 있습니다. 학생들 중 70퍼센트가 일단 그 용기에 동감한다고 했어요. 이 중에서 50퍼센트 정도의 학생들은 "전체적으로 맞다"고 했고, 나머지 50퍼센트의 학생들은 "과장된 측면이 있다. 대학이 신자유주의 물결에 휩쓸리기는 했지만 자기가 알아서 수강신청 과목 선택하고, 알아서 친구 사귀고, 바깥 활동 하고 그럴 수 있는 것 아닌가. 너무 그렇게 볼 이유는 없는 것 같다"고 하더군요.

조국   김예슬 학생의 선택은 한국 교육, 대학 그리고 사회의 앞길에 대한 진지하고 심각한 문제제기입니다. 이제 공은 기성세대에게 넘어왔습니다. 우리가 답을 해야 할 차례인 거죠.

중학교 성적으로 학생을 뽑는 대학

오연호   교육 문제를 생각할 때 고려해야 할 것 중 하나가 '경쟁'을 어떻게 볼 것인가입니다. 보수 쪽의 주요한 공세 논리는 엘리트 교육을 보장하고 경쟁을 시켜야 그 사회가 발전한다는 건데, 그래서 평준화를 반대하고, 특히 외국어고등학교 폐지를 반대하고 있습니다. 이런 주장을 어떻게 보십니까?

조국   어느 사회에나 경쟁은 있습니다. 스웨덴이든 프랑스든 북한이든. 원시시대에도 물론 있었을 거고요. 그런데 우리 교육에서 나타나는 경쟁은 극심할 뿐만 아니라 불공정합니다. 외고를 보내기 위해 초등학교 때부터 학원에 보내는 사회이니 비정상이죠.《김예슬 선언》에 이런 문구가 있더군요. 김규항 씨가 〈한겨레〉 칼럼에 쓴 내용이기도 합니다. "보수는 괴로워하지 않고 아이를 경쟁에 밀어 넣고, 진보는 괴로워하며 아이를 경쟁에 밀어 넣는다." 그리고 연세대, 고려대 같은 명문 사립대학에서 신입생을 선발할 때 외고생을 우선으로 뽑고 있는데 이것도 불공정 경쟁의 한 예입니다.

오연호 연세대, 고려대의 경우 외고생 비율이 25~29퍼센트 정도 된다는 보도가 있었죠.■

조국 외고는 중학교 졸업 당시의 성적으로 들어갑니다. 그런데 연세대, 고려대의 선발 방식은 외고에 입학하지 못한 학생이 일반 고교에 들어가 노력한 것을 전혀 고려하지 않고, 중학교 졸업 당시의 성적으로 3년 뒤의 대학 입시를 결정하는 것이죠. 외고생 가운데 성적이 우수하거나 특별한 스펙을 가진 학생을 우대하여 뽑는 것은 이해합니다. 그러나 25~29퍼센트를 외고생으로 채우는 것은 부정의不正義죠. 중학교 때까지는 공부 안 하다가 고등학교 가서 열심히 해서 두각을 나타내는 학생도 있잖아요. 중학교 졸업 이후에 쏟은 비외고생의 노력을 무시하고 외고생이라는 것 자체로 우대하는 것은 위헌적 차별이므로 금지해야 합니다.

오연호 외고 논란은 세계화와도 관련되어 있습니다. 여러 문제점에

■
서울 주요대 외고 출신 합격자 비율 급등, 〈연합뉴스〉, 2010. 3. 8.

도 불구하고 외고 존속을 찬성하는 이유는 세계화 시대에 맞는 인재를 고등학교 때부터 길러야 한다는 것 아닌가요? 그리고 한국에 이런 외고를 만들어놓지 않으면, 그렇지 않아도 많이 나가고 있는 유학 행렬이 더 길어져 과다한 국부 유출을 가져오리라는 거죠.

조국   외고의 필요성 여부 문제는, 외고의 폐지냐 존속이냐가 아니라 외고를 문자 그대로 '외국어고'로 특화시키는 방식으로 접근해야 한다고 봐요. 현재 외고는 독일어반, 프랑스어반, 중국어반, 일본어반, 스페인어반 등으로 구별되어 있지만, 실상은 대학입시 명문고로 운영되고 있잖아요. 전국의 외고가 외국어를 위한 고등학교가 아니라는 것을 우리 모두가 알죠. 자신이 속한 언어반과 무관하게 대학에 진학하고, 진학 후에는 그 언어를 잊어버리죠.

한국은 통상 국가이고, 세계화의 물결 속에서 외국어 실력은 중요한 힘입니다. 그리고 외국어는 어릴 때부터 배우는 게 좋죠. 예컨대, 아프리카에 진출하려면 프랑스어를 알아야 할 것 아닙니까? 거대 시장인 이슬람권과 통상을 하려면 아랍어를 아는 사람이 많은 게 훨씬 좋지 않겠어요? 현재 아랍권 대사관에 근무하는 한국 외교관 중 아랍어를 하는 사람은 극소수라고 알고 있습니다. 그래서 저는 외고생들이 대학에 갈 때 자신이 택한 전공 어문계열로 진학할 수 있도록 정부와 대학이 강한 정책을 추진해야 한다고 봅니다.

조금 다른 얘기인데, 제가 미국 UC버클리대학교에서 유학하던 시절 일본 외교관 출신 학생을 만났어요. 이 친구는 일본의 작은 대학 베트남어과를 나온 후 외교관이 되어 주베트남 일본대사관에서 일하다가 버클리에 왔더군요. 정상적인 사회라면, 전공을 열심히 공부하면 길이 열려야 합니다. 한국 대학의 베트남어과 학생들의 다수는 베트남어가 아니라 영어를 공부해야 합니다. 전공을 택해 4년간 등록금을 내면서도 그 전공을 공부하면 취업이 안 되는 비정상적 사회구조인 거죠.

그리고 현재 상류층 청소년들이 여러 가지 이유로 해외 유학을 가고 있습니다. 부모의 직장이나 공부 때문에 해외에 체류한 경험이 있는 청소년들 상당수도 중·고교나 대학 공부를 해외에서 하려고 하죠. 제 생각에는 현재 외고에 있는 국제반의 수를 늘려서 이 수요를 흡수하는 것이 좋습니다. 요컨대, 외고는 외국어특화 고교 또는 해외대학 진학준비 고교로 개편되어야 한다고 생각합니다. 그렇지 않은 대학입시용 외고는 폐지되어야 합니다.

세계화 시대에 걸맞은 능력을 갖춘 인재에 대해 말씀하셨는데, 주의할 점이 있어요. 이러한 인재를 공교육을 통해 키우는 것이 국가의 의무입니다. 네덜란드의 경우, 대부분 고등학교는 공립학교이고 외고 같은 건 없어요. 그래도 공립학교를 마치면 영어, 프랑스어 등 두 개 이상의 외국어를 할 수 있습니다. 네덜란드는 공교육을 통해서 이렇게 하는데 우리는 왜 못할까요? 공교육에 대한 시각의 문제이자 의지의 문제입니다.

오연호 요즘 교육부에서 권장하고 대학들이 앞다퉈 도입하고 있는 입학사정관 제도는 어떻게 생각하십니까?

조국 입학사정관제는 미국 제도죠. 그런데 한국 사회에서 입학사정관에게 제출할 수 있는 스펙을 누가 만들 수 있는가가 문제입니다. 스펙을 만들려면 학과 공부 이외에도 여러 가지를 해야 하는데, 그러기가 쉽지 않다는 거죠. 입학사정관제 도입 이후 서울 강남구 대치동에는 초·중학생 때부터 입학사정관 전형용 스펙을 관리해주는 학원이 생겼어요. 초·중학생용 특허 학원도 운영되고 있고요.

교육의 중요한 기능 중 하나가 계층 상승이에요. 계층 상승의 기회가 막히면 사회의 활력과 동력이 떨어지죠. 그런데 입학사정관 제도를 비롯한 현재의 한국 입시체제는 이것을 막고 있는 건 아닌지 크게 우려됩니다.

'어퍼머티브 액션'을 도입하라

오연호 저소득층이나 지방의 학생들에게도 '나도 할 수 있다'는 희망을 품게 해줘야죠. 그렇다면 입시제도적인 측면에서 진보·개혁 진영이 집권했을 때 반드시 추진해야 할 정책에는 어떤 것들이 있을까요?

조국 계층 상승의 통로가 막힌 사회는 '신분사회'입니다. 드라마 〈추노〉에서 잘 그려놓은 신분사회 말입니다. 개인의 노력이 아니라 어느 집안에서 태어났는가가 삶을 결정해버리는 사회, 끔찍하지 않습니까? 민주주의 사회에도 '사회 귀족'은 있습니다. 예컨대, 우리나라에서 재벌의 자녀로 태어나면 그 순간 평생의 삶의 질이 최고 수준으로 주어지죠. 이런 경우를 제외하고, 대부분의 대중은 계층 상승을 위해 노력하며 삽니다. 교육은 이를 위한 통로죠. 그런데 이 통로마저 특정 계층의 사람에게 유리하게 짜여 있다면 심각한 문제입니다.

  과거에 제가 대학 다닐 때, 서울대 신입생의 3분의 1에서 절반가량은 지방 학생이었고, 서울 학생 중에서 강북 출신이 반 이상이었습니다. 또한 집안이 어려운 학생들도 상당히 많았습니다. 서울 지역 다른 대학도 비슷했을 겁니다. 집이 어렵더라도 혼자서 또는 학원 단과반을 다니면서 《성문종합영어》 열심히 보고, 《수학의 정석》, 《해법수학》 열심히 풀면 좋은 대학에 가고, 그래서 계층 상승의 발판을 확보했죠. 그런데 지금은 서울 지역 대학에서 지방 학생 비율이 뚝 떨어지고, 강남 출신 학생의 비율이 매우 높아졌죠. 이럴 경우 사회통합이 힘듭니다.

  대학입시 개혁은 지방대학 강화에서 출발해야 한다고 생각합니다. 제가 부산 출신이어서 경험으로 아는데, 제 친구 중에 공부를 잘하지만 서울로 가면 돈이 많이 드니까 연세대, 고려대를 선택하지 않고 부산대를 가는 사람들이 많았어요. 30년 전만 하더라도 부산대 학생들은 연세대, 고려대 못지않게 자부심을 가지고 있었죠. 다른 지역, 예컨대 경북대, 전남대도 마찬가지였을 겁니다. 하지만 지금은 다 깨졌어요. 서울 지역 명문대와 지방대학 사이의 서열화 구조가 강고하게 굳어져버려 지방대는 심지어 '지잡대地雜大'라는 모멸적 호칭으로 회자되는 지경에 이르렀죠. 영화 〈내 깡패 같은 애인〉에서 여주인공이 지방대를 우수한 성적으로 나왔지만, 취업 과정에서 얼마나 무시를 당하고 상처를 받습니까.

  이런 서열화 구조를 돌려놓아야 합니다. 지방으로 인재가 골고루 퍼지게 할 수 있는 교육정책을 실시해야 합니다. 지방대가 강해지면 서울 지역 명문대의 우월성이 약해지고, 따라서 졸업생들이 더 공정

한 경쟁체제에서 평가받을 수 있습니다.

이와 관련해서는 채용 정책이 특히 중요합니다. 최근 부산항만공사는 신규 채용에서 지방대 출신을 95퍼센트 이상 뽑았고, 문화콘텐츠진흥원은 지방대 출신을 100퍼센트 뽑았어요. 한국은행은 올해 정기 채용부터 신규 채용 인원의 20퍼센트를 지방대학 출신으로 뽑기로 결정했어요. 사기업은 강제할 수 없지만 정부, 지방자치단체, 공공기관의 경우에는 신입사원을 뽑을 때 지방대 출신을 우대하는 정책을 장기간 유지해야 합니다.

그리고 채용 과정에 학벌주의가 작동하지 못하도록 만들어야 합니다. 정연주 씨가 KBS 사장 시절 신입사원을 뽑을 때 졸업 대학이 드러나지 않도록 하자 여러 대학 출신이 골고루 뽑혔죠. 이런 채용 제도가 안착되면 누구나 다 서울로 가려고 하지는 않을 겁니다.

이와 함께 국회에서 '학력차별금지법'을 제정해야 해요. 민간기업의 고용이나 국가자격시험에서 학력차별을 할 수 없도록 법제화하는 겁니다. 2007년 시민사회단체가 학력차별금지법 제정을 주장했고, 이를 받아 최근 한나라당의 김기현 의원이 법안을 발의했는데, 진보·개혁 진영의 국회의원들은 무얼 하고 있는지 모르겠습니다.

두 번째 개혁은, 국립이건 사립이건, 서울이건 지방이건 '명문대'를 자부하는 대학들이 지역균형 선발제와 계층균형 선발제를 실시하는 것입니다. 미국 명문대가 오랫동안 실시하고 있는 '어퍼머티브 액션affirmative action'■을 실시하자는 거죠. 이것은 대학이 학문적 수

■ 흑인, 여성, 히스패닉과 같은 미국 내 사회적 소수자에게 대학 입학, 취업, 진급 등에서 일정한 우선권을 주는 정책이다. 소수자와 사회적 약자를 위한 적극적 보호 조치를 뜻한다.

월성秀越性을 추구함과 동시에 사회통합을 선도해야 함을 보여주는 좋은 예입니다. 현재 지방의 경우 교육 여건이 서울에 비하여 미흡하므로 우수한 학생이 자신의 능력을 최대한 펼치기가 어렵죠. 이러한 점을 감안해서 성적이 조금 모자라도 잠재력이 있는 지방 학생에게 우선권을 주는 거죠.

지금 서울대의 경우 신입생의 약 25퍼센트를 '지역균형 선발제'로 뽑습니다. 지역균형 선발제로 들어온 지방 출신 학생들이 입학 후 학업이나 성적에서 일반 전형으로 들어온 학생들에 비해 전혀 뒤지지 않았어요.

그런데 연세대나 고려대의 경우는 지역균형 선발의 비율이 1퍼센트 이하입니다. 우리나라의 사립대학은 국가로부터 매년 대규모 예산 지원을 받고 있어요. 이는 바로 국민의 세금이 사립대 운영에 중요한 기여를 하고 있다는 거죠. 지방의 납세자는 자신의 세금이 들어가는 명문대에 지역균형 선발제의 채택을 요구할 수 있는 권리가 있습니다. 그리고 지방 명문대의 경우에는 신입생의 대다수가 그 지역 출신이므로, 지역균형보다는 계층균형 선발을 해야겠죠. 이상의 두 가지만 이루어져도 대학 서열화나 입시경쟁이 상당히 완화되고, 사회통합도도 높아질 거라고 봅니다.

오연호 정연주 사장 시절의 KBS 공채처럼 우리 사회에서도 학벌주의를 없애는 시도들이 점점 늘어나고는 있지만, 아직도 전반적으로는 학벌주의 문화가 계속되고 있다고 봅니다. 학벌주의가 만연하면 사회 역동성을 저해할 뿐 아니라 국가경쟁력에도 부정적 영향을 미치겠죠. 훌륭한 인재가 사장될 테니까요.

조국 '김예슬 선언'을 한 번 더 인용하죠. "보수는 아이가 명문대생이기를 바라고, 진보는 아이가 의식 있는 명문대생이기를 바란다." 대학 졸업장 이후의 실력으로 경쟁하도록 해야 하는데 그 실력보다 '대학 간판'을 중시하는 학벌주의는 불공정 경쟁의 대표적인 예입니다.

경쟁을 인정한다는 것은 순서가 바뀔 수 있음을 전제로 하는데, 현재 한국 사회는 점점 순서가 바뀔 수 없는 사회가 되고 있습니다. 제대로 된 경쟁이 불가능하게 된 겁니다. 중학교 성적으로 외고를 가면 대학까지 보장되고, 좋은 대학 졸업장이 실력보다 우선시되는 건 진짜 경쟁이 아니죠. 중학교 때 놀다가 또는 공부할 여건이 안 되고 성적이 나빠서 일반 고등학교에 진학했지만 거기서 열심히 한 학생, 고등학교 때 성적이 좋지 않아 서열이 낮은 대학에 갔지만 거기서 열심히 한 학생에게 '패자부활전'의 기회를 주지 않는 것은 정의롭지도 않죠.

'애플'의 스티브 잡스Steve Jobs는 입양아로 자라나서 고교 졸업 후 미국 오리건 주의 작은 대학인 리드 칼리지Reed College를 1년 다니다가 중퇴했어요. 잡스가 한국에 태어났더라면 어땠을까요? 지금처럼 성공했을까요? 세계 최고의 광고상을 휩쓴 세계 광고계의 총아 이제석 씨는 대구에 있는 계명대 시각디자인학과를 졸업했는데, 대학 시절 국내 대학생 공모전에 꾸준히 응모했지만 상을 하나도 못 탔어요. 졸업 후 수십 군데 지원서를 냈지만 취업하지 못하고 동네에서 간판장이 일을 했죠. 이 씨가 뉴욕으로 유학을 간 후에야 비로소 광고 실력이 생겼던 것일까요? 한국 사회는 그를 단지 지방대 졸업생으로 분류하고 기회조차 주지 않았던 것이 아닐까요? 이러한 질문을 던져볼 필요가 있습니다. 능력에 의한 차등은 가능하지만 학벌에 의한 차별은 금지되어야 합니다.

오연호 학벌주의가 무조건 대학을 가야 하는 사회를 만들었습니다. 우리나라 고등학교 졸업생의 대학 진학률이 약 85퍼센트인 반면, 스위스는 국민소득이 4만 달러 이상인데도 25퍼센트 정도입니다. 고등학교만 졸업해도 먹고사니까 대학에 안 가는 거죠. 프랑스도 60퍼센트 정도 됩니다. 하지만 우리는 너도나도 대학을 갑니다. 이것이 사회 전체로는 비효율적이지 않을까요?

조국 비효율적이죠. 부모 세대가 못 배운 한, 대학 못 가서 받은 설움이 있기 때문에 자녀들을 어떻게든 대학에 보내려고 합니다. 노무현 대통령이 사법시험에 합격하고 판사까지 되었지만 상고 출신이라고 반대파로부터 얼마나 많은 저열한 비난을 받았습니까. 참으로 야비한 행태였죠. 학벌사회에서는 대학 졸업한 것이 취업에서든, 취업 이후의 승진에서든 유리한 것이 사실입니다. 사실 85퍼센트라는 대학 진학률은 OECD 최고 수준이지만, 이는 자랑할 게 아니에요. 한국에서 고졸이면 먹고살기 힘들고 사람대우 받기 힘들다는 점을 역으로 보여주니까요.

그리고 이러한 학력 인플레이션은 인력 수급에서 문제를 만들어낼 수밖에 없어요. 대졸자를 위한 화이트칼라 직장은 모자라고, 블루칼라 직장은 인력이 부족하게 된다는 것입니다. 이 문제는 고등학생에게 대학 가지 말라고 권유한다고 해서 해결되지 않죠. 국가가 대학 안 가도 먹고살 수 있고, 또 무시받지 않고 살 수 있는 사회 환경을 만들어야 합니다.

오연호   교수님은 현재 '학벌'의 정점, 서울대학교, 그중에서도 법대에 계시죠. (웃음) '서울대 폐지론'은 어떻게 보십니까? 이것은 민주노동당, 진보신당의 당론이기도 하고, 서울대 법대 출신인 천정배, 원희룡 의원도 유사한 주장을 한 것으로 압니다. 만약 진보·개혁 세력이 집권한다면 서울대 문제에 대해 어떤 정책적인 대안을 제시해야 할까요?

서울대 폐지보다 분할이 낫다

조국   어려운 질문이군요. 학벌사회의 '원흉'이라고 불리는 서울대에 있어서 죄송합니다. (웃음) 저는 앞에서 말한 개혁이 이루어지면 서울대의 '특권적 지위'도 대폭 약해질 것으로 봅니다.

서울대 폐지론에도 여러 가지가 있는데, 대표적인 것은 '국·공립대학 통합네트워크' 안입니다. 전국의 국·공립대 입시를 통합전형으로 치른 뒤 공통의 학점 이수를 허용하고 공통의 졸업시험을 운영하여 졸업생에게 동일학위를 수여한다는 안이죠. 프랑스나 핀란드식 대학체제를 모범으로 삼아 기존의 국·공립대 체제를 혁명적으로 바꾸는 방안입니다. 프랑스의 대학평준화는 68혁명의 산물이고, 핀란드의 대학평준화는 사회민주주의 정당과 노동조합의 확고한 사회지배의 산물입니다.

그런데 한국 사회에서 이러한 사회적 조건이 단기간 내에 갖추어질까요? 그리고 '국·공립대학 통합네트워크'가 만들어질 경우 입학한 대학생 대다수는 서울대에서 수업을 들으려고 할 겁니다.

앞에서 말씀드린 지방 국·공립대의 강화, 채용제도의 변화, 학력자별금지법 제성 등이 이루어지지 않은 채 국·공립대학 통합네트워크를 만드는 것은 실현 가능성도 약하고 부작용만 일으킬 수 있다는 겁니다. 학벌은 연세대, 고려대 등 명문 사립대로 옮겨 존속될 것이고요. 출신 대학별 공직할당제를 실시하면 문제가 없을 것 같다는 제안도 있던데, 그러면 할당의 기준이 되는 대학 분류 방법을 어떻게 세울 것인가 하는 문제가 또 발생합니다. 요컨대, 국·공립대학 통합네트워크도 고려할 수 있는 방안이지만, 특정 대학을 없애는 것에 초점을 맞추는 것이 아니라 학벌주의를 깨뜨리는 사회 개혁이 더 중요하고 선차적임을 명심해야 합니다.

한국에는 덜 알려져 있는 핀란드 소식이 하나 있어요. 2010년 초 핀란드는 대학의 국제경쟁력을 높이기 위해 헬싱키경제대, 헬싱키기술대, 헬싱키예술디자인대 등 핀란드에서 가장 인기 있는 유명 국립대 세 곳을 합쳐 '알토대학교Aalto University'를 출범시켰습니다. 미국 '아이비리그' 대학에 맞먹는 세계적 수준의 연구대학이 필요하다는 판단 아래 대학평준화 정책을 수정한 것입니다. 프랑스에도 인문, 자연, 정치, 행정, 경영, 공학 등 분야별 엘리트를 키우기 위한 '그랑제콜'이라는 이른바 '대학 위의 대학'이 있어요. 대학입학시험인 '바칼로레아'에서 최우수 성적을 얻은 학생들이 2년간의 그랑제콜 준비반을 거쳐 지원하고 선발됩니다. 프랑스의 대학이 평준화되어 있다는 것은 반만 진실입니다.

저는 국·공립대학 통합네트워크가 만들어져 서울대라는 이름의 학교가 없어지더라도 월드컵 축구 32강에 걸맞은 '세계 32강 대학'

이 몇 개는 있어야 한다고 봅니다. 절대적인 기준은 아니겠지만 세계에서 가장 공신력 있는 대학평가기관인 영국 'QS Quacquarelli Symonds'의 2009년 발표에 따르면 상위 100개 대학에 든 한국 대학은 서울대와 카이스트KAIST(한국과학기술원), 두 곳뿐이에요. 서울대는 47위, 카이스트는 69위인데, 가까운 일본 도쿄대는 22위, 홍콩과기대는 35위, 중국 칭화대는 49위, 베이징대는 52위입니다. 국·공립대학 통합네트워크 안이 성공하려면 세계 수준의 대학 육성 방안이 동시에 제시되어야 합니다.

이상을 종합할 때 저는 '서울대 폐지론'이 아니라 '서울대 분할론'을 고민하는 것이 타당하고, 또 실현도 쉬울 거라고 봅니다. 현재 너무 강한 영향력을 가진 서울대를 두 개 정도의 국립대로 분할하는 겁니다. 학부대학과 전문대학원 집단으로 나누는 방법도 있고, 문과와 이과로 나누는 방법도 있을 겁니다. 전자는 현재의 법학전문대학원, 경영전문대학원, 의학전문대학원, 보건대학원, 환경대학원, 국제대학원 등을 묶어 '국립서울전문대학원'으로 분가시키는 겁니다. 후자는 서울대 자연대, 공대, 약대, 농업생명과학대 등을 묶어 '국립서울과학대학교'로 분가시키는 겁니다. 미국 MIT Massachusetts Institute of Technology에 비견되는 SIT Seoul Institute of Technology를 만드는 거죠.

이렇게 되면 서울대라는 이름만으로 이익을 보거나 서울대 자체가 거대한 권력이 되는 현상이 대폭 줄어들 겁니다. 그리고 명문사립대, 지방거점 국립대 등도 분할된 서울대와 경쟁할 만하게 될 것이고요. 어느 분야든 한 조직의 독주체제는 좋지 않습니다. 영국은 옥스퍼드대와 케임브리지대가 경쟁하고, 일본은 도쿄대와 교토대가 경쟁하고, 중국은 베이징대와 칭화대가 경쟁하거든요.

오연호 '서울대 분할론'은 처음 들어보는데요?

조국 소수의 서울대 교수 사이에서 이야기하는 것인데, 서울대 바깥에서는 폐지냐 존속이냐만 가지고 논쟁을 하고 있는 것 같습니다.

오연호 그렇군요. 아까 지방대 강화의 필요성도 역설하셨는데, 입시제도 외에 대학 개혁과 관련된 과제가 있다면 무엇일까요?

조국 지방대 강화와도 연결되는 것인데, 국·공립대의 통폐합을 말씀드리고 싶어요. 예를 들어 강원도에는 국·공립대학이 강원대, 강릉대, 원주대 세 곳이었습니다. 그런데 얼마 전 강릉대와 원주대가 통합해 강릉원주대를 만들었는데, 강원대와는 합쳐지지 못했어요. 이전에는 세 대학이 각각 별도의 인사구조, 재정구조를 가지고 있었지만, 강원도의 여건을 고려할 때 강원대 하나로 통폐합하고 춘천캠퍼스, 원주캠퍼스, 강릉캠퍼스로 운영하는 것이 좋다고 봅니다. 당장에 총장, 학장의 수가 줄어들 것이고, 재정운영도 효율적으로 될 것이며, 각 학교별로 분산되어 있던 대학이나 학과를 모으게 되니 '규모의 경제'가 이루어질 테니까요.

지방 국·공립대의 상당수는 지역 정치인과 지방자치단체의 요구 때문에 만들어졌어요. 교육부 관리들은 퇴임 이후에 그 대학의 총장, 학장으로 가려고 대학 설립을 도와주었고요. 그런데 지금은 과잉공급 상태가 됐어요. 통폐합을 해서 지방의 강력한 거점 대학을 만들어야 할 시기입니다.

선행학습이 반칙인 프랑스 교육

오연호 프랑스 파리에 갔을 때 한 대학생에게 등록금이 얼마냐고 물었더니 1년에 10만 원 정도라고 해서 충격을 받았습니다. 영국을 제외한 유럽 대부분의 나라들도 대학 등록금이 상당히 낮습니다. 우리나라 대학생들이 느끼는 불만의 핵심이 바로 비싼 등록금입니다. 진보·개혁 진영이 반값 등록금 정책을 추진해야 한다고 하셨는데, 우리 사회가 합의를 한다면 대학 등록금을 어디까지 낮출 수 있을까요?

조국 2007년 대선에서 한나라당은 '등록금절반인하위원회'를 만들고 반값 등록금을 공약으로 내걸었습니다. 집권 후에는 이 공약을 철회했지만요. 대선 당시 이 공약을 들으며, '이 공약을 왜 민주당이나 민주노동당에서 먼저 제기하지 않았지?'라는 생각을 했습니다. 물론 민주노동당은 오랫동안 '등록금 상한제'를 주장해왔지만, '반값 등록금'이라는 간명한 정책으로 제시하지 못했어요.

이명박 정권이 출범하고 난 후에는 이 정책 대신 '취업후 등록금 상환제'가 실시되고 있는데, 이 정책은 '등록금 상한제'와 결합되어 있지 않아서 졸업생은 사회에 진출하자마자 빚쟁이로 전락할 겁니다. 이명박 대통령은 "등록금이 싸면 교육의 질이 떨어지지 않겠느냐"고 발언했고, 이기수 고려대 총장은 "교육의 질에 비해 대학 등록금이 아주 싼 편"이라고 말했죠. 도무지 동의하기 어려워요. 한국 대학의 등록금은 OECD 소속 국가 중 2위입니다. 미국이 1위고요. 경제력 수준은 중위인데, 등록금 수준은 최상위인 거죠.

1년에 대학생들이 납부하는 등록금 총액이 13조 원인데, 장학금 수혜자와 고소득층을 제외하고 나머지 학생들에게 정부가 3~4조 원의 예산을 지원하면 등록금을 절반까지 줄일 수 있습니다. 그러려면 어떻게 해야 할까요? 먼저 불필요한 예산을 줄이면서 정부의 고등교육 예산을 단계적으로 늘려야 합니다. OECD 국가 평균 고등교육 예산이 GDP의 1.2퍼센트인 데 비해, 한국은 6조 원으로 GDP의 0.6퍼센트에 불과합니다. 한국 고등교육 경비에서 등록금이 차지하는 비중은 75퍼센트인데, OECD 국가 평균은 25퍼센트입니다. 한국의 대학 교육은 학부모와 학생에게 과도하게 의존하고 있는 거죠.

이와 별도로 2006년 5월 지방선거에서 한나라당 이주호 의원이 제시했던 방안도 고려할 만합니다. 즉, 사립대에 10만 원 이하의 기부금을 내면 세금을 깎아주고, 입대자들이 군에서 듣는 강좌를 학점으로 인정해 수업료 부담을 덜어준다는 등의 방안이에요. 이렇게 하면 대학 등록금 재정의 절반을 줄일 수 있거든요. 또는 2010년 4월 홍준표 의원이 발의한 법안도 참조해야 합니다. 즉, 소득별 등록금 차등책정제를 대학 단위로 실시하는 것인데, 저소득층 학생에게는 등록금을 면제해주고 고소득층 학생에게는 등록금을 더 내게 하는 겁니다.

등록금과 직접 관련은 없지만 사립대학 재단의 비리 문제도 짚고 넘어가야 합니다. 사립대학 운영은 등록금과 정부의 지원금으로 이루어지는데, 재단 비리가 많습니다. 전형적인 예는 학교 건물을 지

"모순이 심화되면 그곳에서 해법을 주창하는 사람이 나오게 마련입니다. '김예슬 선언'은 그야말로 1인시위로 그칠까요, 아니면 앞으로 대학생들이 집단적 몸부림을 보여줄까요? 그동안 우리는 20대를 '주눅 든 세대'라고 말해오지 않았습니까? 그들이 1980년대 386세대가 그랬던 것처럼, '사회개혁을 선호하는 세대'가 될 가능성은 없을까요?"

으면서 돈을 빼돌리는 겁니다. 예컨대, 서류상으로는 100억 원에 짓는다면 실제로는 50억 원에 짓고, 50억 원은 재단 소유자의 비자금으로 남기는 거죠. 그러면서 재단 출연금은 아주 미미하게 내놓습니다.

아울러 대학이 부의 세습 통로로 쓰이고 있는 것도 문제입니다. 외국의 사립대학은 설립자나 그 가족과는 독립적으로 운영되는데, 우리는 그렇지 못해요. 재단 이사장과 대학 총장을 가족끼리 나눠 맡는 일이 벌어지죠. 이러한 문제를 처리하면 사립학교 운영을 민주화하고 투명화하는 효과를 낼 뿐만 아니라 등록금이나 대학의 통폐합 문제를 해결하는 데도 긍정적인 작용을 할 것이라고 봅니다.

오연호 요즘 강남에서는 "아이가 제대로 교육을 받으려면 할아버지를 잘 만나야 한다"는 말이 유행하고 있습니다. 돈 잘 버는 아버지를 만나는 것으로는 한계가 있다는 이야기죠. 만약 아버지가 변호사로 돈을 잘 번다고 하더라도 몇억 원 하는 아파트 한 채를 자녀에게 물려주기가 쉽지 않죠. 그래서 재산 상속을 많이 해줄 수 있거나 비싼 유학비도 거뜬히 지원해줄 수 있는 할아버지의 존재가 필요하다는 말입니다.

이런 이야기들은 공교육보다는 사교육을 통해 질 높고 차별적인 교육을 받고 싶어 하는 욕망을 반영하고 있습니다. 우리나라는 사교육이 엄청 발달돼 있고 상대적으로 공교육이 취약합니다. 그리고 이 사교육 시장을 이끄는 공급자, 소비자 양 세력이 모두 주로 386세대입니다. 사교육을 받지 않아도 될 만큼 공교육이 강화되려면 어디서부터 무엇을 바꿔야 할까요?

조국   사교육 시장이 융성하는 것은 사교육이 공교육보다 대학입시를 위해 더 좋은 정보를 압축·요약·정리해주기 때문이겠죠. 전두환 정권 시절에 과외금지를 실시했는데, 기억하세요? 물론 극소수는 고가의 과외를 받은 것으로 압니다만. 제도를 백지에서 출발하여 설계할 수 있다면 과외금지 정책을 재도입하면 좋겠습니다. 그러나 현재 이런 법규를 만들면 위헌 결정을 받을 겁니다.

사교육을 완전히 금지할 수는 없더라도 사교육 시간을 엄격히 제한하는 것은 긴급합니다. 학생이 하교 후 자정까지 학원에서 공부를 하도록 방치하는 것은 '제도적 아동학대'입니다. 수면권을 비롯한 학생들의 가장 기초적 인권이 보장되지 않으니까요.

어떠한 입시제도 아래에서도 사교육은 있을 수밖에 없는데, 근본적으로는 대학서열구조를 깨뜨리고 완화하는 정책이 필요합니다. 또 이와 별도로 공교육 강화를 위해 무엇보다 공교육에 대한 대폭적인 투자를 해야 합니다. 현재 사교육이 수행하고 있는 기능의 상당 부분을 공교육이 해줘야 사교육이 줄어들 텐데, 그러려면 투자가 필요합니다. 인기를 끌고 있는 강남구청 인터넷 강의나 EBS 강의 등을 늘려야 합니다. 그리고 교사가 수업 준비에 집중할 수 있도록 각종 행정 부담을 대폭 줄여야 합니다. 대학에서는 교무행정실이 있어서 교수의 행정업무를 돕는데, 초·중·고교에서는 개별 교사가 다 처리해야 하거든요. 직원을 따로 뽑아서 학교의 행정업무를 전담하게 하고, 교사는 수업 내용 개발과 학생 상담·지도에 전념할 수 있도록 해야 합니다. 학교 수업의 질이 높아지고, 학원 수업과 다른 그 무엇을 제공해야 학생들이 학교를 학원 가기 전의 대기 장소 또는 수면보충 장소로 생각하지 않을 겁니다.

현재 대학 졸업자 중 상당수가 사교육 시장의 공급자인 강사나 학원 운영자로 일하고 있죠. 사교육 시장의 규모가 매우 크니까 이를 통한 실업해소가 이루어지는 측면도 있습니다. 그런데 대졸자의 다수가 사교육 시장에서 일하는 것은 나라 전체 차원에서 볼 때 절대 바람직하지 않죠. 오히려 교사 수를 대폭 늘려 이들을 공교육 종사자로 유인하면 좋겠습니다. 또는 사회적 기업 등 대졸 청년들이 도전할 수 있는 여러 교육 관련 영역을 국가와 사회가 만들어주면 좋겠어요.

오연호 사교육에는 내 아이를 다른 아이들보다 미리 앞서가게 하겠다, 아니 적어도 뒤처지지 않게 하겠다는 부모의 심정이 반영되어 있다고 봅니다. 제가 '유러피언 드림' 취재를 위해 프랑스 파리에 갔을 때, 프랑스 남성과 결혼한 한국 여성을 만났어요. 그분에게 초등학생 아이가 있는데, 새 학기가 시작됐을 때 아이한테 책을 미리 읽으라고 했대요. 그랬더니 아이가 그랬다는 겁니다. "미리 공부해 가는 것은 반칙이에요. 우리 선생님이 그렇게 말하셨어요." (웃음)

조국 바로 그겁니다.

오연호 우리는 선행학습이라고 해서 1년 치, 2년 치를 미리 해놓잖아요.

조국 그게 점점 더 저학년으로 내려가고 있죠.

오연호 모두가 앞으로 가니까, 결국은 먼저 가는 이점이 모두에게 없는 거죠. 도대체 어디에서부터 파열구를 내야 할까요?

조국 선행학습 붐은 내 자식만은 성공해야 한다는 욕망과 내 자식이 뒤처질지 모른다는 불안이 결합하면서 일어나는 현상이죠. 우선 제도적 틀을 바꿔야 합니다. 제가 외국에서 유학하면서 아이를 키워보니, 공립학교에서는 방과 후 저녁식사 시간 전까지 학교 내에서 학과 공부와 관계없는 활동을 하도록 권장하더군요. 체육, 음악, 미술 등의 프로그램이 다양하게 있었지만, 방과 후 공부 프로그램은 없었어요. 영어가 부족한 학생을 위한 영어 프로그램은 있었지만요. 사립학교는 다르지 않을까 했는데, 확인해보니 비슷했어요. 영국 최고 사립중등학교 '이튼 칼리지Eton College'의 홈페이지를 보면 생활계획표가 나옵니다. 우리가 생각할 때는 죽어라 공부만 하게 할 것 같잖아요. 그런데 전혀 그렇지 않아요. 방과 후 저녁식사 전까지 다양한 비교과非敎科 프로그램을 운영합니다. 특히 체육을 중시하더군요. 이튼과 함께 영국 최고 명문인 사립중등학교 이름이 '럭비 스쿨Rugby School'인데, 럭비 경기가 바로 이 학교로부터 나왔죠. 한국 기준으로 보면 저녁 먹기 직전까지는 무조건 붙잡아두면서 '놀기'를 시키는 거죠.

학교 차원이든, 지방자치단체 차원이든 간에 모든 학생이 의무적으로 참여하는, '학과 공부하지 않는 프로그램'이 있어야 합니다. 우리나라에 필요한 것은 '의무적인 놀기'입니다. 공교육 체제 내에서 운동 한 가지, 예술 한 가지를 무조건 매일 시키는 겁니다. 기존 교사가 담당하거나, 아니면 학교나 지자체가 사회적 일자리 차원에서 전담 교사를 고용하여 담당하게 하는 거죠. '놀기'가 의무화되지 않으면 불안해서 못 놀고 개별적으로 또 학원에 보내겠죠. '놀기'를 의무화하면 학생이 개별적으로 선행학습하는 시간이 하루 두 시간 이하로 줄어들 겁니다. 모두가 다 같은 조건에 처해 있다는 것이 확인되면 불안하지 않아요.

오연호 그런데 우리 학생들을 보면 놀 줄을 모르는 것 같아요. 그러니 시간이 있으면 주로 PC방에 가죠. 프랑스에서는 매주 수요일에 유치원, 초등학교, 중학교가 놀더군요. 수요일마다 정규 공부를 전혀 하지 않는데, 아예 학교에 나오지 않아도 되고 등교한 학생들은 놀기 프로그램에 참여합니다. 함께 모여서 박물관에 간다든가 등산을 가요. 그러니까 프랑스 학생들은 어떻게 놀까를 초등학교 때부터 거의 매주 다양하게 생각해보는 거죠. 그런데 우리 아이들은 일단 노는 시간이 절대적으로 부족해요. 그러다 보니 노는 문화도 다양할 수가 없죠.

조국 저 어렸을 때를 생각해보면, 중학교까지는 많이 놀았던 것 같아요. 중학교 때 학원 단과반 한두 군데를 다니기는 했는데, 그래도 이리저리 놀 수 있었어요. 그러나 지금은 아이들이 놀지 못하도록 생활이 구조화되어 있죠. 모두 학원에 가니까 학원엘 가지 않으면 같이 놀 친구를 찾기 어려운 것 아닙니까.

미국 유학 시절에 여름방학 프로그램에 아이를 보낸 적이 있습니다. 우리는 방학 프로그램이라고 하면 학과 공부한다고 생각할 수 있는데, 커뮤니티에서 운영하는 여름학교 프로그램의 4분의 1이 공부, 4분의 3이 노는 것이었어요. 하이킹, 달리기, 게임을 통한 지역사회 익히기, 박물관 가기……. 그리고 이 프로그램의 많은 교사들이 그 지역의 청년들이었습니다.

오연호   한국의 아이들이 놀지 못하고 공부에 전념해야 하는 것은 미래에 대한 불안감 때문일 텐데요. 문제는 아이뿐 아니라 부모들도 그 불안의 사이클 안에 들어간다는 거죠. 아이가 학교에 들어가면 그때부터 부모의 고민은 심각해집니다. 공부를 하지 말라고 할 수도 없고, 공부하라고 닦달하자니 아이가 불쌍하죠. 부모의 경제적 부담도 만만치 않습니다.

조국   과거나 지금이나 상당수의 한국 부모는 자식을 위하여 자신의 행복 가운데 많은 부분을 포기합니다. 자식에게는 자신의 삶을 물려주지 않으려고 정성껏 뒷바라지하며 '올인'하죠. 자식이 대학을 졸업해서 부모보다 나은 지위를 갖게 되기를 바라며 말입니다. 그런데 하층의 부모가 자신의 행복을 포기하고 자식을 위해 '올인'을 해도 자식의 계층 상승이 이루어지지 않는 사회로 점점 바뀌고 있어요. 아주 무서운 구조죠. 정희성 시인의 시 〈불망기〉의 표현을 인용하자면, 꿈에는 압핀이 꽂혀 있는 겁니다. 중산층의 경우도 비슷한 상태예요. 중산층 아이 중에서도 아주 혹독한 트레이닝을 거친 소수의 아이만 한두 단계 올라갈 수 있거든요. 올라갈 수 있는 비율이 예전보다 훨씬 줄어든 거죠.

오연호   '기러기 아빠'까지 자청하며 많은 것을 희생하는데도 말입니다.

조국 아이와 아내를 해외로 보내고 가끔씩 보러 가는 '기러기 아빠'나, 돈이 없어 보러 가지도 못하고 한국에서 뒤뚱거리고 사는 '펭귄 아빠'의 다수는 중산층일 텐데, 비용이 많이 들기도 하지만 부부의 행복도 포기하는 것이거든요. 실제로 부부가 갈라서는 등 온갖 일이 벌어지죠. OECD 국가 가운데 비싼 돈 들여 자식을 어린 시절부터 해외에 보내는 나라가 도대체 어디 있습니까. '기러기 아빠'나 '펭귄 아빠'라는 단어는 한국 공교육 체제의 후진성을 단적으로 보여주는 예입니다.

한국은행의 국민소득 통계를 보니, 한 해 교육비가 약 40조 원, 가구당은 약 239만 원이고, 사교육비가 19조 원, 가구당은 약 112만 원을 넘어섰어요. 이 많은 돈을 다른 데 쓰면 얼마나 좋을까요? 여행을 가든 취미생활에 쓰든, 뭘 하든지 말입니다. 사교육비 상승률은 물가 상승률보다 훨씬 높습니다. 주변의 평범한 회사원 친구, 지인들 얘기를 들어보면, 자식 둘의 사교육비로 가랑이가 찢어진다고 하더군요. 법원, 검찰 인사철이 되면 전도유망한 판사, 검사가 그만두는 경우가 있는데, 속사정을 들어보면 자식 교육비 때문인 경우가 많아요.

그런데 요즘은 이러한 희생에도 불구하고 자식의 계층 상승이 한계에 도달했어요. '기러기 아빠', '펭귄 아빠'의 아이들이 다 '아이비리그'에 들어가지는 못합니다. '스카이' 대학의 정원은 한정돼 있죠. 이제는 의식의 전환이 필요합니다. 부모도 자신의 행복을 누리며 살아야 합니다. 부모도 좀 놀면서 쉬고, 아이도 좀 놀면서 쉬어도 계층 이동이 가능해야 합니다. 지금은 부모도 죽어나고, 아이도 죽어나는데도 계층 이동이 안 됩니다. 불교 용어를 빌리자면, 오갈 데 없이 꽉 막힌 '무간無聞지옥'에 들어선 겁니다.

20대의 요구에 침묵하면 미래는 없다

오연호 지금과 같은 교육현실은 분명 바뀌어야 하고, 그러려면 학교 선생님들의 준비와 변화도 필요할 텐데요. 이와 관련하여 학교 사회의 진보·개혁 세력인 전국교직원노동조합(전교조) 이야기를 잠시 해볼까 합니다. 학교 사회에서 전교조가 어떤 위치에 있는가는, 한국 사회에서 진보·개혁 진영이 어떤 위치에 있는가를 상징적으로 보여주는 것이기도 합니다.

전교조는 1989년에 출범하여 학교 민주화 문제를 다뤄왔습니다. 초기엔 그 세력이 컸지만 현재는 보수언론의 공세 등에 의해 수세적 분위기로 가는 모습입니다. 학부모들의 지지는 뜨뜻미지근한 상황이고요. 사실 그동안의 역사성으로 본다면 전교조가 힘을 집중하여 공교육을 더욱 활성화하는 것이 충분히 가능했을 텐데, 그러지 못해 아쉽습니다.

조국 전교조가 출범할 때 외쳤던 구호가 '참교육' 아닙니까. 전교조 엠블럼에도 '참교육'이라는 단어가 찍혀 있죠. 그 취지에는 전적으로 동의합니다. 전교조만큼 병영 같고 입시지옥을 조장하는 학교 현실을 해결하려고 노력한 집단이 어디 있겠습니까. 전교조가 합법화되기 전까지 가입 교사들이 해직되는 등 수많은 희생이 있었죠.

"20대 청년들 스스로 자기 세대의 문제를 가지고 들고일어날 가능성이 있다, 이렇게 보시는 거죠?"

"네, 그렇습니다. 그리고 어떤 정치 세력이든 이들의 요구에 답하지 못한다면 집권할 가능성은 없다고 봅니다."

그런데 수구·보수 언론이 비판하는 것과는 다른 차원에서 전교조 활동을 돌아볼 필요가 있다고 봅니다. '전교조'란 이름이 나타내듯이 교원도 노동자입니다. 그런데 교원은 교육 노동자이지 공장 노동자는 아닙니다. 저는 교사 친구들에게 이런 말을 자주 해요. "전교조가 노동조합 환원주의에 빠지면 안 된다"고요.

전교조는 민주노총 소속이죠. 그렇지만 전교조는 민주노총에 속해 있는 다른 노조와는 다른 역할이 분명 있습니다. 교원은 교사이자 노동자라는 이중적 지위가 있고, 전교조는 교육운동과 노동운동을 동시에 해야 합니다. 교사를 바라보는 대중의 시각과 정서도 그럴 겁니다. 노동자로서는 민주노총과 궤를 같이하는 활동을 하면 족하지만, 교사로서는 민주노총 활동으로 해소되지 않는 교육활동을 해야 합니다. 학부모 등 일반 대중이 전교조 소속원에게 바라는 것도 노동자로서 자신의 권익을 지킬 뿐만 아니라, 교육에 관련된 새로운 비전을 제시하고 학교 현장에서 이것을 구현하는 것이라고 봅니다. 전교조가 이런 점이 상대적으로 약하지 않았나 싶습니다.

전교조는 '통일교육' 운동도 벌였고, '시국선언'을 발표하기도 했습니다. 다 필요한 일이라고 생각합니다. 한국에서는 교사의 정치 참여가 금지되어 있지만, OECD 국가 대부분에서는 교사의 정당 가입과 정치활동을 인정한다는 것을 원칙으로 삼고 있어요. 그런데 이와 동시에 초·중·고등학교 현장에서 '참교육'의 전범典範이 되는 모델을 창출하고 전파하는 운동이 펼쳐졌으면 합니다. 교과과정 개편 운동, 수업 내용 내실화 운동, 학생 인권 지키기 운동 등등. 물론 지금도 이러한 움직임이 있다는 것을 잘 알고 있지만, 훨씬 더 비중이 높아지면 좋겠습니다.

오연호 우리의 교육현실이 이 지경이 된 데에는 김대중·노무현 두 민주정부에도 어느 정도 책임이 있을 텐데, 진보·개혁 진영이 집권했을 때 그와 코드가 맞는 전교조가 어떤 일에 집중했고 무엇을 이루어냈는지를 되돌아보게 됩니다. 학부모와 관련 단체들은 밖에서 "고쳐라, 고쳐라" 할 수밖에 없지만, 선생님들은 매일매일 현장에서 직접 학생들과 대면하는 사람들이잖아요.

조국 사실 한국 사회에서 전교조 정도의 조직력과 영향력을 갖고 있는 단체가 많지 않죠. 이 점에서 전교조는 그만큼 책임감을 느껴야 합니다. 지금도 업무 부담이 많지만, 학부모와 학생이 바라고 기대하는 것을 전국 조직을 통해 일제히 해보는 거죠. 그래서 학부모의 입에서 "저 선생 말이야, 빨갱이인 줄 알았더니 우리의 고통을 제대로 알고 있네", "행동을 보니까 정말 실력 있고 성실한 참교육자야"라는 말이 나와야 하는 겁니다.

오연호 지금까지 외고 특성화, 서울대 분할론, 지방대 통폐합, 반값등록금, 학벌차별금지법, 놀기의 의무화 등 다양한 정책 대안들이 제시된 것 같습니다. 시작을 '김예슬 선언'으로 했으니까 마무리도 그렇게 해보죠. 모순이 심화되면 그곳에서 해법을 주창하는 사람이 나오게 마련입니다. '김예슬 선언'은 그야말로 1인시위로 그칠까요, 아니면 앞으로 대학생들이 '더 이상 이대로는 안 된다'는 집단적 몸부림을 보여줄까요? 그동안 우리는 20대를 '주눅 든 세대'라고 말해오지 않았습니까? 그들이 1980년대 386세대가 그랬던 것처럼, '사회개혁을 선호하는 세대'가 될 가능성은 없을까요?

조국　요즘 20대 청년들은 중·고등학교 시절, 빠르면 초등학교 때부터 부모가 조밀하게 짜놓은 일정에 따라 살아온 것 같아요. 게다가 어린 시절에 1997년 'IMF 외환위기'를 경험하면서 불안이 내면화되었죠. 그러다 보니 자연히 위축되고 세상일보다는 자기 개인 일에 몰두하는 정서가 만들어졌던 게 아닌가 싶어요. 자퇴 선언을 한 김예슬 학생은 이 점에서 매우 용감한데, 평범한 학생이 자퇴하기가 절대 쉽지 않죠.

그러나 지금 청년들이 완전히 시들어버린 것은 아니라고 봅니다. 문제가 무엇인지는 알고 있고, '이걸 어떡하지?' 하면서 고민하고 모색하는 단계 같아요. 얼마 전에는 '청년유니온'이 만들어졌더군요. 물론 그 이전에도 '전국백수연대'라는 모임이 있었습니다만, 우석훈 박사가 '88만원 세대'를 얘기하면서 논의가 촉발된 이후 '자기 문제는 자기가 해결한다'는 청년들의 당사자 운동이 본격화되는 것 같아 다행입니다. 6·2 지방선거에서도 20대들이 투표참여 운동을 벌이면서 정치의 광장으로 나왔고요.

이러한 흐름이 계속된다면, 청년들이 "내 일자리 달라", "반값 등록금 공약 지켜라", "나도 내 집 갖고 살게 해달라", "나도 애 낳고 살게 해달라" 이러면서 운동으로 발전할 수 있을 겁니다. 또 그래야 하죠. 어느 사회나 문제제기 집단은 청년이에요. 우리가 대학 다니던 1980년대 초의 경우에도 부모 세대가 체념하고 받아들인 체제를 자녀 세대가 거부하면서 변화가 시작되지 않았습니까. 현재의 20대 청년은 곧 우리 사회의 주축이 됩니다. 이들의 불만과 요청을 제도적으로 수용하고 해결하지 못한다면, 이들은 '히키코모리引き籠もり'(은둔형 외톨이)가 되거나 폭력적 방식에 호소할지도 모릅니다.

오연호　20대 청년들 스스로 자기 세대의 문제를 가지고 들고일어날 가능성이 있다, 이렇게 보시는 거죠?

조국　네, 그렇습니다. 그리고 어떤 정치 세력이든 이들의 요구에 답하지 못한다면 집권할 가능성은 없다고 봅니다.

플랜 4
남북 문제

그래,
통일이
밥 먹여준다

오연호 이번엔 남북 문제와 세계화 문제에 대해 이야기를 나눠보죠. 앞에서 사회·경제 민주화와 관련하여 주로 일자리, 주택, 교육 문제를 다뤘습니다만, 사실 이런 이슈들이 직간접적으로 남북 문제, 세계화 문제와 연관되어 있지 않습니까?

조국 그렇죠. 진보·개혁 세력이 집권을 하려면 어떤 이슈에서든지 대중들에게 합리적 대안을 내놓아야 합니다. 합리적이 되려면 국내적 환경만 고려할 것이 아니라 국제적 환경도 고려하는 것이 필수죠.

오연호 2010년 상반기에는 천안함 사건■이 우리 국민들에게 커다란 충격을 줬습니다. 국제사회가 모두 동의할 정도로 분명하게 밝혀진 원인은 없지만, 이명박 정부는 북한의 소행이라고 결론 내리고 있습니다. 그 과정에서 남북 긴장이 매우 고조됐고, 이러다가 전쟁이 일어나는 것은 아닌가 하는 불안 속에서 우리 국민들도 스트레스를 많이 받았습니다. 자녀가 군대에 가 있는 가정은 더욱 그랬고요. 우리가 불안사회에 살고 있고, 개인 일상사에서도 스트레스가 많은데, 이명박 정권 들어서는 남북 분단체제에 대한 스트레스까지 더 쌓이는 것 같습니다.

■ 2010년 3월 26일 밤 서해 백령도 남쪽 1.5킬로미터 부근에서 북방한계선(NLL) 경비 임무를 수행하던 천안함의 선체가 두동강이 난 채로 침몰한 사건이다. 충남 천안시에서 이름을 딴 천안함은 해군 제2함대 소속 포항급 초계함이다. 사고 당시 천안함에는 승조원 104명이 탑승하고 있었는데, 58명만 구조됐고 나머지는 사망하거나 실종됐다. 정부와 합동조사단은 천안함 침몰 원인을 북한의 어뢰 공격으로 결론지었으나, 일부 전문가와 시민단체들은 여러 가지 의혹을 제기하며 정부 조사 결과를 신뢰하지 못하겠다는 반응을 보였다. 외국에서도 나라별로 이해관계에 따라 입장 차를 보였으며, 북한에서는 남한의 조사 결과에 강력히 반발해 남북 관계가 경색되는 계기가 됐다.

저도 천안함 국면을 통해 우리 국민들이 치러야 할 분단비용이라는 것을 새삼스럽게 다시 생각해보게 되었죠. 남과 북으로 갈라져 있는 국가에서 한 시민으로 살아간다는 것이 얼마나 스트레스 받는 일인지, 분단이라는 요소가 어느 정도 우리를 짓누르고 있는지, 또 이것을 어떤 식으로 극복해야 하는지를 다시 한 번 생각해보는 계기가 되었습니다.

그런데 되돌아보면 전쟁 걱정을 하고 분단 스트레스를 느껴본 게 참 오랜만이더군요. 김대중·노무현 정부가 남북 문제 관리를 참 잘 했구나, 그것이 돈으로 계산할 수 없는 엄청나게 값어치 있는 일이었구나라고 새삼 절감하게 됐습니다. 그러니까 두 민주정부가 남북 문제를 어떻게 관리해야 하는지에 대한 기본 모델을 잘 만들어놓았구나 싶은 거죠. 앞에서 두 민주정부와 진보·개혁 진영이 박정희의 경제모델을 뛰어넘는 새로운 경제모델을 만드는 데 실패했다는 이야기를 했는데, 남북 문제에서는 대안모델을 확실하게 보여준 것 같습니다. 물론 완벽한 모델이라고 할 수는 없겠지만요.

천안함과 초코파이, 서로 다른 힘

조국 천안함 사건과 그로 인한 파장은 한국 사회에서 분단이 갖는 규정력이 무엇인지 잘 보여줍니다. 분단의 논리가 작동하면 남쪽에서는 당연히 군사비가 높아질 것이고, 또 정치적 민주주의가 개화되는 것을 막죠. 정권은 표현의 자유를 억제하고, 시민은 비판을 자제하게 됩니다. 이런 메커니즘이 분단현대사에서 항상 존재해왔죠.

김대중·노무현 두 민주정부가 가장 잘 한 것은 분단이 남쪽 사람의 생활에 큰 영향을 미치지 않도록 관리하고, 분단지형을 평화지형으로 바꾸어놓은 것입니다. 물론 '정전협정'이 '평화협정'으로 대체되지는 않았지만요. 예를 들자면, 김대중 정권 당시 서해교전이 벌어졌는데, 동해에서는 남쪽 관광객을 실은 배가 금강산으로 떠났어요. 서해에서는 전투, 동해에서는 관광이라는 모순적 상황을 시민들이 받아들이게 되었던 거죠. 그러니까 분단이 시민의 삶에 큰 규정력으로 작동하지 않았던 겁니다.

저는 북한에도 맹동주의와 모험주의로 움직이는 강경·호전 세력이 분명히 있다고 생각합니다. 천안함의 경우도 북한이 연관되었을 가능성을 배제할 수는 없죠. 그러나 이 사건 이후 이명박 정권의 대응방식에는 동의하기 어려워요. 남북관계를 완전히 냉전 시기로 되돌리려고 하니까요. 정부의 천안함 사건 발표에 합리적 의심을 제기하는 사람을 모두 '빨갱이' 취급하고 있잖아요. 분단이 필연적으로 수반하는 각종 위험을 어떻게 관리해야 하는지는 과거 두 민주정부가 잘 보여주었습니다. 저는 이명박 정권도 결국은 천안함 사건으로 얼어붙은 한반도 정세를 녹이는 방향으로 나갈 수밖에 없을 것이라고 봅니다.

오연호 그런데 이명박 정권이나 수구·보수 진영에서는 '햇볕정책'만 아니었으면 바로 북한은 붕괴되었을 것이고, 북한의 미사일 발사나 핵실험은 김대중·노무현 정권의 '퍼주기' 때문에 가능했다고 주장합니다.

조국 김대중 대통령이 노벨상을 타려고 북한에다 돈을 갖다 바쳤다는 정말 황당하고 저급한 비난도 있더군요. 먼저 북한붕괴론은 1994년 김일성 주석 사망 이후부터 계속 나왔던 것인데, 이는 북한 체제의 특수성을 모르는 희망사항입니다. 미국이 베트남, 아프가니스탄을 침공할 때 이 두 나라가 곧 항복할 것 같았지만, 오히려 미국이 패배했잖아요?

북한은 온갖 내부적 문제가 있음에도 불구하고, 이 두 나라와 비슷한 정도의 체제 유지력을 가지고 있다고 봅니다. 강력한 북한 군부, 그리고 '혈맹' 중국의 존재가 핵심이죠. 요컨대, 북한붕괴론에 입각해서 대북정책을 펴다가는 비현실적 강경정책만 쏟아내거나, 아니면 아무 정책 없이 언제 올지 모르는 붕괴만을 마냥 기다리는, 정책이라고도 할 수 없는 정책에 머물게 됩니다. 그 결과는 북한의 중국으로의 경제적 편입, 즉 '동북4성화'일 것입니다. 김대중·노무현 정권은 북한을 남한 쪽에 묶어두려고 노력했는데, 이명박 정권은 대놓고 북한을 중국 쪽으로 쫓아 보내고 있어요.

그리고 북한의 핵실험이 남한에서 준 돈으로 이루어졌다는 주장 역시 이데올로기 공세입니다. 이 점은 정세현 전 통일부 장관이 〈프레시안〉에 쓴 글에서 조목조목 밝힌 바 있어요.■ 요약해서 소개하자면, '햇볕정책' 10년 동안 남북관계 개선과 안보불안 저하에 들어간 돈은 현대아산이 쓴 돈까지 다 합해서 약 37억 3000달러, 즉 3조 7000억 원이고, 그중 현금은 현대가 준 사업 선수금과 금강산 관광 대가, 개성공단 노동 대가를 다 합해서 약 10억 달러, 즉 1조 원입니다. 그런데 2009년 북한이 발사한 미사일 18발, '광명성 2호', 그리

■ [정세현의 정세토크] 北경제구조 모르고 '핵·미사일 개발 비용' 논하지 마라, 〈프레시안〉, 2009. 7. 7.

고 핵실험 등의 비용이 약 9~10억 달러입니다. 북한은 '햇볕정책' 이전인 1993년 5월과 1998년 8월에도 중거리미사일을 쏘았고, 2005년 이후에도 매년 몇 발씩 쏘았어요. 여기서 '햇볕정책'으로 북한에게 준 10억 달러의 현금에서 이러한 미사일 비용이나 핵실험 비용이 나오지 않음을 쉽게 알 수 있잖아요. 북한은 미사일을 비롯한 무기 수출 등으로 별도의 돈을 축적해왔습니다.

그래서 정 장관은 '햇볕정책' 전용 주장에 대해 "오래된 거짓말은 이제 그만"이라고 일갈했죠. 저는 한반도는 반드시 '비핵화'되어야 한다고 믿기에 북한 핵실험에 분명히 반대합니다. 그렇지만 북한 핵실험이 햇볕정책 탓이라는 비판은 근거와 인과관계가 결여된 주장이에요.

오연호 그렇다면 '햇볕정책'이 갖는 적극적인 의미는 무엇일까요?

조국 먼저 남북교류와 경협은 긴장을 완화시켜 전쟁을 방지하는 역할을 합니다. 개성공단과 금강산 관광 사업은 휴전선을 동서에서 북쪽 편으로 각각 밀어 올렸죠. 남측은 지난 10년간 전쟁 위험 없이 안정적 경제발전을 이루었어요. 남북이 서로 적대 체제를 유지함으로써 수반되는 비용이 현격히 줄어들었으니까요. 사실 남측 중소기업의 입장에서 개성공단은 '수지맞는 장사'였죠.

그리고 '햇볕정책'은 통일비용을 줄이는 선先투자입니다. 독일의 통일 과정을 보세요. 통일 전 동독은 동구 사회주의권에서 제일 잘 살던 나라였어요. 당시 동독 시민들은 대부분 자가용을 갖고 있었어요. 그럼에도 불구하고 갑자기 붕괴되면서 서독은 엄청난 비용을 부담해야 했습니다. 그래서 많은 독일 전문가들이 한국 통일에 대하여 독일 방식을 추구하지 말라고 권고한 것 아닙니까. 그런데 남한은 당시 서독보다 경제력이 떨어지는 데다가, 남북의 경제력 편차는 동·서독에 비해 훨씬 큽니다. 따라서 통일비용의 부담이 독일의 경우보다 훨씬 큽니다. 이 점에서 남북경협을 통해 북한 경제가 웬만한 수준으로 올라가도록 돕는 것이 결국 남북 모두를 돕는 길이 됩니다.

올해 2010년 대통령 직속 미래기획위원회가 산출한 통일비용을 봅시다. 2011년부터 2040년까지 30년간, 급진적 통일일 경우 연평균 720억 달러, 점진적 통일일 경우 연평균 100억 달러의 비용이 예상됩니다. 30년간 총액으로 계산하면 급진적 통일에는 총 2조 1400억 달러, 점진적 통일에는 3220억 달러가 드니, 전자가 약 일곱 배의 비용이 더 드는 겁니다. 이런 점을 생각하면, '퍼주기'를 더 해서 북한의 '개방'을 도와야 해요. 돈을 줘서 평화를 살 수 있다면 사야죠. 지금 주는 돈은 이후의 통일비용을 생각한다면 결코 많은 게 아닙니다.

조금 다른 맥락의 얘기지만, '한국국제협력단KOICA'은 이념을 떠나 개발도상국의 경제개발과 복지구축을 위해 여러 지원 사업을 하고 있죠. 이러한 지원을 같은 동포가 살고 있는 북한을 위해서도 전개할 필요가 있다고 봅니다.

약간 엉뚱한 예를 들어보겠습니다. 개성공단에서 일하는 북한 노동자에게 간식으로 초코파이를 주었습니다. 그 사람들은 난생 처음 초코파이를 맛보았을 것 아닙니까. 그러니 맛있을 수밖에요. 그래서 노동자들은 초코파이를 먹지 않고 챙겨뒀다가 주말에 집에 갈 때

"민생민주의 문제에 중심을 두면서 통일 문제를 배치해야 합니다. 통일 문제의 제기는 남한 대중의 삶을 중심으로, 그리고 그것과 연결시켜서 해야만 의미와 효과가 있습니다. '통일이 밥 먹여준다'는 것을 구체적으로 입증하라는 것입니다."

가져가서 가족들에게 주었답니다. 이후 초코파이가 북한 주민 사이에 최고의 선물용품이 되어 노동자들이 순번을 정해 각기 받은 몫을 몰아주는 '초코파이 계'까지 만들어졌다고 하더군요. 그런데 한 번은 남측에서 초코파이 공급이 늦어져 다른 간식을 주게 되었대요. 그러니까 노동자들이 강하게 항의하더랍니다. 주말에 부모와 자녀에게 초코파이를 갖다 줘야 하는데 그걸 못하게 되었으니 그런 거죠. 아니면 초코파이가 북한 암시장에서 비싼 가격으로 유통되고 있으니, 팔아서 생활비에 보태려고 했을 수도 있고요.

저는 이러한 '초코파이 현상'이야말로 '햇볕정책'이 이루어낸 진정한 성과라고 생각합니다. 남의 자본과 북의 노동력이 초코파이를 계기로 서로를 이해하게 되고, 차츰차츰 신뢰를 쌓아나가면서 서로의 장점을 알게 되는 것 말입니다. 저는 개성공단 같은 것들이 북한 지역에 대여섯 개만 더 만들어지면, 남북의 이념 대립도 흐물흐물해질 수가 있겠다는 생각을 해요. 한 공장 안에서 서로 어울리고 부딪치면서 살다 보면 그렇게 되는 거죠. 남북의 존재가 서로에게 이익이 되도록, 서로가 서로에게 의존적이 되도록 만들어야 해요. 북한 사회의 존속에 남한의 자본과 기술이 반드시 필요하도록 만들고, 남한의 경제발전을 위해 북한이라는 시장과 인력이 반드시 필요하도록 해야 하는 겁니다. 이렇게 되어야 '평화협정' 체제도, 통일도 빨리 오겠죠.

오연호 초코파이 만드는 회사에서 교수님 말씀을 들으면 자부심을 느끼겠네요. (웃음) 그런데 그동안 보수 쪽에서 주로 주장했던 것은, 우리가 퍼주기만 했지 북한이 근본적으로 변화된 게 뭐가 있느냐는 거죠. 지금 말씀하신 것은 설사 퍼주기라는 것을 인정한다 하더라도 그것이 가져온 효과는 전체 통일비용 측면에서 봤을 때 적지 않았다고 생각하시는 거잖아요. 그럼에도 불구하고 보수 쪽에서는 북한의 군사력 팽창 전략이 계속되는 한, 그동안 김대중 정부나 노무현 정부가 보여준 대응방식 이외의 방식이 병행되어야 한다고 주장하고 있거든요. 그러면서 대표적으로 하는 두 가지 이야기가 있는데, 전쟁도 불사해야 한다는 작심이 필요하다, 북한 인권에 대한 문제제기를 해야 한다예요. 전쟁하자는 것은 일고의 가치도 없는 것이기 때문에 제쳐둔다 하더라도 북한 인권에 대한 문제제기를 해야 한다는 주장에 대해서는 우리 진보·개혁 진영에서도 입장을 정리해야겠습니다.

교수님은 《성찰하는 진보》, 《보노보 찬가》에서 진보·개혁 진영도 북한 인권 문제를 제기해야 한다는 취지의 말씀을 하셨는데, 만만치 않은 문제입니다. 이명박 정권 들어 정부나 보수단체에서 북한의 인권 문제를 제기하면 바로 남북관계 경색으로 이어지니까요. 예를 들어 보수단체들이 '삐라'(전단)에 북한 인권 문제를 써서 풍선에 매달아 북을 향해 날리는 행위가 바로 북의 반발을 부르고 남북관계 긴장국면을 초래한다는 거죠. 그리고 북한을 향해 북한 주민들의 표현과 사상의 자유를 확대하라는 식으로 인권 문제를 제기할 경우 유일사상으로 유지되는 북한으로서는 이것을 체제에 대한 간섭으로 간주하고 매우 민감하게 반응하거든요.

따라서 어떤 방식으로 진보·개혁 진영이 북한 인권 문제를 다룰 것인가가 중요합니다. 북한 인권 문제를 보수의 독점 어젠다로 방치해서는 안 된다는 것에는 동의하지만, 그 방법론이 쉽지 않습니다.

결국 북한의 인민에게 보탬이 되는 방식, 더 나아가 북한 권력집단에게도 '이렇게 하면 당신들에게도 장기적으로 더 좋다'는 메시지를 주는 방식이 되어야 할 텐데 말입니다.

법륜 스님의 북한 인권 접근법

조국 전쟁불사론은 황당한 이야기죠. 전쟁불사를 외치는 사람 중에 군대 갔다 온 사람은 별로 없더군요. (웃음) 남쪽의 수구·보수 진영은 남한 인권에 대해선 입도 뻥긋하지 않으면서 북한 인권만 문제 삼고 그 해결책으로 '햇볕정책' 폐기를 주장하고 있어요. 이것은 인권 담론을 정파적 수단으로 이용하려는 것이기에 절대 동의할 수가 없습니다.

그러나 진보·개혁 진영이 북한 인권 문제를 회피해서는 안 됩니다. 과거 진보·개혁 진영은 남한 사회 곳곳에 깊이 스며들어 있는 반공·반북 이데올로기를 없애고 통일의 필요성을 확산시키기 위하여 북한에 대한 비판을 자제 또는 회피했어요. 그러나 지금은 다릅니다. 10년간의 햇볕정책으로 남북교류와 협력이 진행되면서 이제 남한 사람들은 북한도 '사람 사는 세상'이라는 걸 알게 됐어요. 그리고 수구·보수 진영이 종종 사용하는 '북풍'에도 흔들리지 않게 됐죠. 이제 한 걸음 더 나아가야 합니다.

북한 인권 문제를 제기하는 것이 북한을 외부에서 붕괴시키기 위한 '제국주의의 음모'라는 북한 당국의 시각 역시 옳다고 볼 수 없어요. 수령 중심 유일사상체제와 군부 위주의 사회운영체제 아래서 북한 인민의 보편적 인권은 분명히 억압당하고 있습니다. 북한의

'주권'은 존중되어야 하기에 '6·15 선언'과 '10·4 선언'■은 지켜져야 하지만, 북한 체제에 대한 비판 자체를 하지 말아야 한다는 것은 또 다른 편향입니다. 북한 비판을 극우파의 '북한 민주화론'과 동일시하면서 그 합리적 핵심을 외면해서는 안 되죠. '미제의 간첩'만 북한을 비판하는 것은 아니잖습니까? 통일운동을 하는 분들의 열정을 존경합니다만, 북한도 하나의 국가로서 국가의 논리를 갖고 있고, 여러 가지 문제점 역시 갖고 있음을 냉정히 직시해야 한다고 봅니다.

물론 저는 북한 인권 문제에 대해 정부와 민간이 역할을 분담해야 한다고 생각합니다. 정부가 직접 나서서 북한 인권 문제를 제기하면 남북관계의 경색을 초래할 것입니다. 서로의 이데올로기가 있기 때문에 대응하는 방식이 뻔하지 않겠어요? 한나라당이나 수구·보수 진영에서 만들려고 하는 '북한인권법'이란 것도 아마 북한 인권 개선에 도움을 줄 수 없을 거예요. 북한에 삐라를 보내면 북한 인권이 개선되기는커녕 북한 체제의 억압성만 높여 북한 인민만 더 힘들게 돼요. 정부가 할 일은 큰 틀에서 '6·15 정신'을 지키는 것이라고 봅니다.

그러면 누가 북한 인권 문제를 효과적으로 제기할 수 있을까요?

■
2000년 6월 15일 김대중 대통령과 북한 김정일 국방위원장이 합의한 '6·15 남북공동선언'은 평화적 남북관계 시대를 연 역사적 전환점이라는 평가를 받고 있다. 분단 55년 만에 처음 만난 남·북한의 두 정상은 통일 문제의 자주적 해결, 1국가 2체제의 통일방안 협의, 이산가족 문제의 조속한 해결, 경제협력 등을 비롯한 남북 간 교류 활성화 등 5개 항에 전격 합의했다. 그리고 7년 뒤인 2007년 10월 4일 노무현 대통령과 김정일 국방위원장은 '10·4 남북정상선언'(남북관계 발전과 평화번영을 위한 선언)을 발표했다. 서해 평화협력특별지대와 개성공단 2단계 개발, 이산가족 상시상봉, 국방장관회담 재개 등 남북관계의 거의 모든 영역을 망라하는 8개 항으로 구성돼 있다. 이 선언은 6·15 선언에 비해 구체적이고 실천적인 내용을 담고 있다.

저는 진보·개혁 진영의 정당이나 시민사회가 나서야 한다고 봅니다. 특히 민주노동당이나 범민련(조국통일범민족연합)이 나서면 좋겠습니다. 민주노동당이나 범민련은 반미와 통일 문제에 오랫동안 큰 관심을 가지고 실천을 해왔고, 북한 정권의 처지를 이해하면서 통일 문제를 고민해온 단체 아닙니까? 북한 당국은 민주노동당과 범민련이 자신들과 '친화력'이 있다고 보겠죠.

그럼 이런 건 어떨까요? 민주노동당이나 범민련이 금강산에서 인권회의를 열자고 북한 당국에 제안하는 겁니다. 토론회 제목을 '북한 인권 토론회'라고 하면 북측이 합의해줄 리 만무하니, '남북 인권 토론회' 또는 '남북 인권 연석회의' 정도로 하고요. 북쪽에도 기회를 주자는 거죠. 그러면 북쪽 발제자가 나와서 남한 인권 문제를 거론하며 맹비난하겠죠. 그러면서 남쪽 발제자가 북한 인권 문제를 지적하는 겁니다. 물론 쉽게 성사되지는 않겠죠. 그리고 성사된 후에도 북쪽 발제자는 당국의 공식적 입장만 되풀이하겠죠. 그러나 이러한 행사를 자꾸 열고, 민주노동당이나 범민련에서 이 문제를 계속 제기하면 북한 당국도 귀담아들을 것이라고 봅니다. 거듭 말씀드리지만 북한 인권 문제에는 남쪽의 수구·보수 진영이 아니라 진보·개혁 진영이 나서야 의미도 있고 효과도 있습니다. 사실 좌파적 사상과 실천을 '이적'으로 몰아 처벌하는 남쪽의 국가보안법이나, 김일성·김정일의 사진을 깔고 앉는 행위조차도 처벌하는 북한 형법 모두 분단이 낳은 비이성의 산물 아닙니까?

저는 북한 인권 문제와 관련하여, 현재 북한 관련 민간단체 지도자 중 북한 내부 실정을 가장 잘 아는 분으로 손꼽히는 법륜 스님의 접근법을 존경합니다. 그분은 오랫동안 남북교류와 화해, 조건 없는 인도적 대북지원을 일관되게 지지하고 몸소 실천하셨죠. 북한 동포의 아사 소식을 듣고 그 고통에 동참하고자 무려 70일 동안 단식을 하시기도 했습니다. 그런데 스님은 "북한의 권력은 민중의 관점에서는 가해자이고 비민주적인 부분은 비판받아야 한다"■라는 입장을 밝히면서 북한 인권운동을 벌입니다. 이러니 북한 당국에서도 스님이 북한 인권 문제를 제기하는 이유와 진정성을 의심하지 않는 것이죠. 진보·개혁 진영은 법륜 스님의 이러한 시각과 실천을 배워야 합니다.

오연호   남쪽의 진보·개혁 진영에게 또 하나의 뜨거운 감자는 북한 권력의 세습을 어떻게 보고 대응할 것인가입니다. 북한 인권 문제를 얘기할 때, 일반 국민들은 아오지탄광 이야기와 세습 문제를 떠올립니다. 남쪽에서 누리고 있는 절차적 민주주의를 북쪽에서는 누리지 못하고 있다고 생각하니까요. 북에서는 김일성-김정일에 이어 이제 김정일-김정은으로의 권력세습이 진행되고 있는데, 이를 남한의 진보·개혁 진영은 어떻게 바라봐야 할까요?

민주당이든 민주노동당이든 진보적 사회단체든 북한 권력세습에 대해선 아무 말이 없어요. 유예랄까요, 방치랄까요. 이것은 그동안 우리가 우선시해왔던 남북 간 동질성 회복, 즉 비판과 적대보다는 서로 이해하고 하나로 만들어가는 과정이 먼저 이루어져야 한다는 생각, 이런 식의 정서가 워낙 오랫동안 있었기 때문인 것 같기도 합니다. 그러다 보니 이런 이슈에 대해서 진보·개혁 진영이 이야기를

■ [통일초대석] 北 도우며 비판하는 법륜 스님, 〈연합뉴스〉, 2006. 7. 9.

못하고 〈조선일보〉 등 보수 진영에서만 독점하는 현상이 계속되고 있죠.

조국 네, 중요한 문제입니다. 진보·개혁 진영은 북한 권력의 3대 세습 문제에 대하여 미리 고민하고 입장을 정리해두어야 합니다. 과거에 북한에서 핵실험을 했을 때, 민주노동당 일부에서 북한의 핵무기 개발이 자위권 행사라는 입장을 밝혔다가 비판을 받고 철회한 일이 있었죠. 전 세계 진보 세력 중에서 그 어떤 나라의 핵무기건 옹호하는 사람은 아무도 없습니다.

북한은 왜 김정은에게 3대째 세습을 할까요? 다른 이유가 없죠. 김정은 외에 다른 사람을 세우게 되면 권력투쟁이 전개되면서 북한 체제가 무너질 거예요. 수령 중심 체제로 국가와 사회가 굴러가다 보니, 중국처럼 길게 보고 여러 후계자를 양성하거나 경쟁시키지도 않았어요. 김일성과 김정일의 혈통을 잇는 자가 권력을 계승할 때만 당과 군부의 실력자들이 서로 충돌하지 않고 단결하겠죠.

그러나 북한 권력 승계의 논리를 '이해'하는 것과 이를 '용인'하는 것은 완전히 다릅니다. 우리가 이병철-이건희-이재용으로 삼성의 최고 권력이 승계되는 내부 논리는 '이해'하지만 '용인'은 할 수 없는 것처럼 말입니다. 3대 세습은 남쪽 사람들의 정치적 의식 수준으로는 도저히 받아들일 수 없는 현상입니다. 북한의 엘리트 집단도 고민을 해야 합니다. 이러한 수령 중심의 세습 체제로는 오래가기 힘들어요. 다른 사회주의 국가의 예가 있잖아요.

과거 송두율 교수가 북한을 이해하기 위한 방법론으로 '내재적 접근법'을 제시했죠. 저는 이 방법론이 절반만 맞는다고 봅니다. 북한 문제를 단순히 외부의 시각, 즉 '제국주의'의 시각으로 바라보거나 평가하지 말고, 그 내부의 논리로 봐야 한다는 송 교수의 말은 타당한 면이 있습니다. 그러나 이러한 접근법은 한계가 있어요. 좌우를 떠나서, 제국주의와 피억압 식민지를 떠나 존재하는 '보편'을 외면하게 되니까요.

예컨대, 아프가니스탄의 탈레반은 소련, 미국과 차례로 싸운 후 '이슬람 근본주의' 나라를 세웠어요. 그런데 이 '자주적'인 나라는 여성의 교육을 금지하고, 범죄를 저질렀다고 팔 자르고 손 자르는 등 온갖 억압을 일삼았죠. 이러한 탈레반의 행태도 '내재적 접근법'을 취하면 다 '이해'가 됩니다. 그러나 국제인권규범은 물론, 이슬람 교리에 따르더라도 이러한 행태는 '용인'될 수 없어요.

물론 북한과 아프가니스탄을 바로 비교할 수는 없죠. 그러나 북한 인권, 3대 세습, 수령 숭배 문제에 대한 비판을 북한 체제를 이해하지 못하는 '제국주의'적 또는 '부르주아'적 비판이라고 치부해서는 안 됩니다. 국제인권규범과 '사회주의적 민주주의' 관점에서도 용인되기 어렵습니다.

그래서 진보·개혁 진영은 남쪽의 수구·보수 진영, 북쪽의 권력층과는 다른 입장을 취해야 합니다. 한편으로는 '6·15 선언'을 지키면서 다른 한편으로는 북한에 대해 비판할 것은 비판해야 합니다. 그래서 저는 멸공통일식의 '반북反北'도, (이런 사람이 얼마나 있는지는 모르겠습니다만) 주체사상파식의 '종북從北'도 틀린 노선이라고 생각하며, 북한 체제의 억압성을 비판하면서도 북한 정권을 평화공존과 교류의 파트너로 인정하고 교류의 끈을 놓지 않는 '비북批北·연북連北' 노선을 제창하고 있습니다.

욕을 하더라도 도와주면서 욕하면 고맙잖아요. 어려운 사정에 처해 있거나 힘하게 사는 친척이 있는데, "똑바로 살아라, 그렇게 살면 되겠냐?"라고 꾸짖기만 하면 충고를 귀담아듣지 않아요. 기본적인 생계도 도와주고 가끔 술도 한잔하고 서로 속에 든 얘기도 나누면서 충고를 해야 그 충고가 진심으로 받아들여질 것 아닙니까? 남북관계도 마찬가지입니다.

통일은 결과보다 과정이 중요하다

오연호 진보·개혁 진영은 분단이라는 상황 때문에 인권 등 중요한 개념이나 영역을 어정쩡한 상태로 그냥 방치해버리거나 보수 쪽의 전유물로 빼앗겨버린 것들이 적지 않습니다. 이제 그러한 것들에 대해서도 정면대응을 해서 입장을 정리해나가야 한다는 말씀에 공감합니다.

조국 다른 예를 하나 들자면 현재 '자유'라는 말을 수구·보수 진영이 가져가서 자신만의 것인 양 쓰고 있어요. 자유는 참 좋은 말인데, 진보·개혁 진영에서는 자유를 얘기하면 왠지 '자유지상주의'나 '신자유주의'를 옹호하는 것 같아서 이 단어를 잘 쓰려고 하지 않아요. 조지 레이코프는 자신의 책 《코끼리는 생각하지 마》, 《프레임 전쟁》 등에서 미국 진보 세력이 자유라는 단어를 보수 세력에게 빼앗겼다고 썼는데, 우리도 그와 비슷한 것이죠.

오연호 논의의 방향을 조금 바꿔볼까요? 통일 문제와 남북 문제는 우리에게 매우 중요합니다만, 일반인들의 입장에서 보면 매일매일 생활하는 데는 크게 관련이 없는 사안이란 말이죠. 특히 젊은 세대일수록 통일이 뭐 그리 중요한가, 왜 통일해야 하는가, 이렇게 생각할 수 있거든요. 그래서 지난 2007년 대선 때 정동영 후보가 "내가 통일부 장관이었다"라고 강조했지만 별 영향력이 없었죠. 그런데 기억하시겠지만, 노무현 정부 시절에 통일부 장관과 보건복지부 장관 자리가 났을 때 정동영 씨와 김근태 씨가 서로 통일부 장관을 하려고 대단한 기 싸움을 벌였습니다.

사실 보건복지부 장관을 맡아 민생복지 문제를 잘 풀면 오히려 선거 때 점수를 더 딸 수도 있었을 텐데, 그렇게들 서로 통일부 장관을 하려고 했죠. 그런 모습을 보면 그동안 진보·개혁 진영이 민생 문제는 제대로 챙기지도 못하고 대안적 모델을 확실히 만들어내지도 못하면서, 남북 문제를 가지고 지나치게 재미를 보려고 했던 것은 아닌지 의구심이 듭니다.

제 질문은, 앞으로 진보·개혁 진영이 어젠다를 경중에 따라 배치할 때 통일 문제를 어디에 배치하고 어느 정도 그것에 집중할 것인가, 그리고 남북 문제와 민생 문제를 어떻게 연결시킬 것인가입니다. 요컨대, 어떻게 해야 유권자들이 남북 문제를 자신의 문제로, 우리가 잘사는 문제로 생각할 수 있을까 하는 것입니다.

조국   현재 남과 북은 같은 민족이지만 다른 사회구성체 속에 살고 있어요. 1민족 2국가가 한반도에 있는 것이죠. 다른 사회구성체들은 각각의 모순을 가지고 있고, 그 속에 사는 사람은 각각 자신이 속한 사회구성체의 모순을 일차적으로 고민하게 됩니다. 물론 북한의 존재는 남한에게 강한 영향을 주죠. 남북 정권의 관계를 '적대적 공생'이라고 부르는 사람도 있고, 백낙청 교수님은 '분단체제론'이라는 이론 틀을 제시하기도 했습니다. 그렇지만 남한 사람의 기본적 관심은 남한 문제에 있어요. 현재의 2국가 2체제를 인정하지 않는 열렬한 통일운동가를 제외하고는 대부분의 남한 사람에게 분단은 자신이 살고 있는 '대한민국'이라는 사회구성체의 외적 조건이거든요. 물론 매우 중요한 외적 조건이죠.

그렇다면 진보·개혁 진영 사람들은 어떻게 해야 할까요? 한마디로 말하면, 항상 민생민주의 문제에 중심을 두면서 통일 문제를 배치해야 합니다. 그런데 지난 2007년 대선 때 어땠나요? 민주당 정동영 후보는 '통일대통령'으로 자신을 다른 후보와 차별화했어요. 민주노동당의 권영길 후보는 임기 중 통일국가 선포 등을 내용으로 하는 '코리아 연방공화국 프로젝트'를 크게 홍보했고요. 다 좋은 구상이라고 생각해요. 그런데 저로서는 대통령 선거에서 왜 갑자기 통일에 '올인'하는지 이해가 안 가더군요.

이러한 흐름은 과거 운동권 내 '민족해방파NL'의 논리가 강하게 반영된 것이 아닌가 합니다. 통일을 말할 때 단지 "반만년 같은 민족이니까 당연히 통일해야 한다", "남북 모두 미국 때문에 고통받고 있으니 힘을 합쳐 반미통일을 이루어야 한다"는 식으로 주장하는 것은 통일에 대한 민족주의적 열정을 선언하는 데 불과해요. 저 역시 통일을 바랍니다. 그러나 대선 전략 또는 일상적 정치활동의 중심에 "통일만 되면 남과 북이 모두 잘살게 된다"는 식의 주장이 자리 잡는 것은 잘못이라고 봅니다. 남한의 대중은 통일 문제를 모르는 바보가 아닙니다. 정치적 민주화 이후 진보·개혁 진영의 노선은

"천안함 사건 이후 이명박 정권의 대응방식에는 동의하기 어려워요. 남북관계를 완전히 냉전 시기로 되돌리려고 하니까요. 정부의 천안함 사건 발표에 합리적 의심을 제기하는 사람을 모두 '빨갱이' 취급하고 있잖아요. 분단이 필연적으로 수반하는 각종 위험을 어떻게 관리해야 하는지는 과거 두 민주정부가 잘 보여주었습니다. 이명박 정권도 결국은 천안함 사건으로 얼어붙은 한반도 정세를 녹이는 방향으로 나갈 수밖에 없을 것이라고 봅니다."

'민족해방'도 '민중민주PD'도 아닌 '민생민주'로 변화해야 해요. 통일 문제의 제기는 남한 대중의 삶을 중심으로, 그리고 그것과 연결시켜서 해야만 의미와 효과가 있습니다. '통일이 밥 먹여준다'는 것을 구체적으로 입증하라는 것입니다.

오연호 신세대들은 이번 천안함 사건을 통해 통일이 안 된 나라, 분단국가에 사는 것이 얼마나 큰 비용 지출을 뜻하는 것인지 절감했을 거라고 봅니다. 천안함 사건으로 희생된 장병들 대부분이 신세대 잖아요. 대한민국은 징병제이고, 누구나 다 2년간 총을 들어야 하는 대한민국 젊은이의 특수성으로 볼 때 이것은 인권 문제이기도 한데, 이런 부분에 진보는 어떻게 접근해야 할까요?

조국 지금 징병제를 폐지하기는 힘들죠. 남북 사이의 평화협정이 체결되지 않고 군축이 합의되지 않은 상태에서 징병제를 완전히 폐지하는 것은 매우 어렵습니다. 대신 작지만 강하고 효율적인 군대로 바꾸는 개혁이 필요합니다. 단계적으로 사병의 군 복무 기간을 줄이되 부사관 등 직업 군인을 늘려야 합니다. 사병의 의무 복무 기간은 2년이었는데 노무현 정권 시절 1년 6개월로 줄이는 방안을 확정했지요. 이명박 정권은 도로 환원하겠다는 입장이고요. 대만과 통일 전 서독의 사병 복무 기간은 1년이에요. 두 나라 모두 '여호와의 증인' 신자를 비롯한 양심적 병역 거부자를 위한 대체복무제도 인정하죠. 같은 분단국가인 이 두 나라의 경우를 참조하면 좋겠습니다.

이와 별도로 한국은 OECD의 다른 국가에 비하여 장군, 영관급 장교의 수가 너무 많아요. 이것이 국방비 예산 중 인건비가 제일 많이 차지하는 원인이기도 하죠. 장교의 수, 특히 장군의 수를 지금보다 절반 정도 줄여 장군 과잉의 인력구조를 개혁해야 합니다.

한미동맹, 버리지 말고 고쳐 쓰자

오연호 이제 한미동맹 이야기로 넘어가보죠. 군사적 동맹도 있고, 경제적 동맹도 있는데요. 한나라당 원희룡 의원이 지난 3월 〈오마이뉴스〉 '10만인클럽' 특강에서 자기가 생각할 때 한국에서 진보와 보수를 구분하는 중요한 잣대 중 하나는 한미동맹을 어떻게 보는가라고 하더군요. 원 의원에 따르면 한미동맹의 역사성, 필요성, 긍정성을 인정하는 것이 보수라는 겁니다. 다시 말하면 우리가 이 정도로 살게 되기까지 미국이 했던 역할을 긍정적으로 인정해야 한다는 것이죠. 그런 점에서 자신은 확실한 보수라고 하더군요.

주한미군 주둔 문제, 한미 FTA 문제, 이라크 파병 문제 등이 한미동맹과 연관되어 있는 것들인데, 노무현 대통령은 2007년 저와 인터뷰를 할 때 이라크 파병을 회상하면서 "역사적으로는 잘못된 판단"이라고 하면서도 "한미동맹을 유지하기 위해서는 어쩔 수 없었다"는 식으로 말했죠. 진보·개혁 진영은 과거의 한미동맹을 어떻게 평가해야 할까요? 또 앞으로 이와 관련한 이슈를 어떤 입장에서 풀어가야 할까요?

조국 한미동맹을 중시하는 원희룡 의원의 현실주의적 판단을 존중합니다. 먼저 저는 한미관계를 동적으로 파악해야 한다는 것을 강조합니다. 해방 후 대한민국이라는 나라가 만들어지는 데 미국의 역할이 결정적이었음은 주지의 사실이죠. 조선민주주의인민공화국의 창건에서 소련의 역할도 마찬가지였고요. 사실 두 나라의 초기 모습은 두 강대국의 '속방' 또는 '피보호국'과 비슷했다고 봅니다. 남한과 북한은 동북아 지역에서 각각 자본주의와 공산주의의 '보초' 역할을 요구받았고요. 경제적 측면에서 보면 남한은 미국의 원조경제에 의존했으며, 최근까지 한국 수출의 최대 시장은 미국이었죠. 이제는 중국이 제1시장이 되었지만요. 그 후 반세기 이상이 흘렀습니다. 경제적으로 한국은 최빈국에서 OECD, G20 수준의 나라가 되었습니다.

1994년 김영삼 정권이 평시작전통제권을 환수합니다. 전시작전통제권은 노무현 정권 때 한미 양국이 합의한 시기인 2012년에서 연기되어 2015년에 환수하기로 이명박 정권이 미국 정부와 합의했죠. 여하튼 2015년에는 군사주권이 완전히 회복되는 것입니다. 한미행정협정SOFA상의 불평등 문제가 남아 있지만, 큰 틀에서 보면 대미 관계에서 한국의 지위는 민주화 이후 급속히 상승하고 있죠. 그리고 한국의 대미발언권이나 교섭력도 권위주의 체제 시절보다 훨씬 높아졌고요.

그동안 진보 진영은 주한미군 철수를 강력히 주장해왔습니다. 종종 발생하는 주한미군의 범죄나 각종 불법행위가 대중적 공분을 샀음이 분명하고, 주권국가로서 자기 영토에 외국 군대가 있다는 것이 자랑스러운 일은 아니죠. 과거 미국이 권위주의 체제를 도와주고 있음을 비판하고 "반전 반핵, 양키 고 홈!"을 외치며 분신투쟁을 한 여러 열사들의 단심丹心을 생각하면 지금도 가슴이 아파요. 그런데 지금의 '주한미군 즉각 철수'라는 슬로건은 대중에게 공허하게 느껴질 것 같습니다. 북한과 중국 사이에는 북한이 침략받으면 지체 없이 군사력을 제공한다는 조약이 맺어져 있어요. 한미상호방위조약에 대응하기 위한 것이죠. 북한 영토 내에 중국 군대가 없지만, 중국과 북한은 접경을 하고 있어서 군대의 소재가 어디인지는 사실상 큰 의미가 없어요.

제가 말하고 싶은 것은, 주한미군 철수는 남북한과 미국, 중국이 얽힌 문제라, 일도양단一刀兩斷식으로 처리할 수 있는 사안이 아니라는 것입니다. 남한에 혁명적 상황이 도래하는 경우는 예외겠지만요. 냉엄한 국제관계를 생각할 때, 남북의 통일은 미국과 중국의 이익을 침해하지 않을 때만 가능할 것입니다. 중국의 입장에서는 친미적 힘이 두만강, 압록강까지 올라오는 것을 원하지 않습니다. 따라서 통일을 지향하는 남한 정권은 매우 현명하게 움직여야 합니다.

굳이 비유를 하자면, 한반도를 둘러싼 국제관계에 대한 진보·개혁 진영의 고민은 임진왜란 후 왕이 된 광해군의 고민과 비슷하다고 봐요. 명과 청 두 나라 사이에서 등거리 외교를 해야 했던 고민 말입니다. 한미동맹은 종속적 동맹이므로 파기해야 한다는 주장도 진실을 포함하고 있지만, 한반도를 둘러싼 국제적 역학관계를 무시한 것이죠. 진보·개혁 진영이 집권을 했을 때 미국에 대해 취할 입장은 '숭미崇美'도 '반미反美'도 아닌 '용미用美'라고 봅니다. 새삼 1880년 청나라의 외교관 황준헌이 조선에게 권고한 《조선책략》의 내용이 떠오르네요. "친중결일연미親中結日聯美."

요컨대, 지금 필요한 것은 한미동맹의 '파기'가 아니라 한미동맹의 '평등화'라고 봅니다. 독일과 일본에도 미군이 주둔하고 있는데, 한미 관계를 독미, 일미 관계 수준으로 바꾸어야 한다는 것입니다.

주한미군의 철수 문제는 정전협정이 평화협정으로 바뀌고, 북한과 미국 사이에 수교가 이루어진 이후에 비로소 의미 있는 논의가 이루어질 겁니다.

오연호 평화협정이나 북미수교가 이루어진 다음에는 주한미군의 역할에 대해 진보·개혁 진영이 어떻게 대응해야 할까요?

조국 조약 체결 과정에서 주한미군의 지위가 다루어지겠죠. 그런데 이러한 협정이 체결되어도 남북의 무력은 여전히 존재합니다. '6·15 선언'이 채택했던, 현 단계에서 가장 현실적인 통일 방안인 '국가연합'식의 통일이 이루어져도 남북은 별도의 군대를 보유하죠. 그리고 남북 각각에 평화공존으로의 사태 진전을 싫어하는 호전 세력이 있을 것입니다. 여차하면 예멘의 경우처럼 통일 후 내전이 발생할 수도 있어요. 골수 김일성주의자와 골수 반공주의자들이 무력을 동원할 가능성이 있는 거죠. 따라서 이러한 일련의 과정에서 반드시 대대적인 군축이 이루어져야 합니다.

그리고 이러한 과정에서 주한미군은 명실상부한 '유엔평화유지군'으로 지위를 변경하고, '국가연합'으로 일차 통일된 남북한이 '연방제' 또는 '단일국가'로 진화하는 과정의 일정 기간을 주둔하며 무력충돌을 억지해야 하지 않을까 생각합니다. 이 유엔평화유지군에는 중국군도 합류할 수 있을 것입니다.

오연호 한미동맹 때문에 이라크 파병을 할 수밖에 없었다는 노 대통령의 소회에 대해서는 어떻게 생각하십니까?

조국   저는 이라크 전쟁은 우리 헌법이 허용하지 않는 전쟁이라고 봅니다. 헌법 제5조는 "대한민국은 침략적 전쟁을 부인한다"라고 명백히 선언하고 있어요. 2003년 이라크 전쟁은 이라크가 쿠웨이트를 침공하자 이를 격퇴하기 위해 일어났던 1990년 걸프 전쟁과는 달리 명백한 침략 전쟁입니다. 한국군은 1990년 전쟁에는 참여할 수 있지만, 2003년 전쟁에는 참여해서는 안 된다는 것이 저의 학문적 소신입니다.

당시 한미관계가 어떠한 상황이었는지 정확히 알 수 없는 제가 국정 최고책임자의 고민을 짐작하기는 어렵겠죠. 당시 미국의 종용으로 영국, 호주, 이탈리아, 스페인, 네덜란드 등도 참전했으니 한국 정부가 받았던 압력을 짐작합니다. 명나라의 요청에 따라 강홍립을 도원수로 삼아 출병시켰던 광해군의 고민에 비견할 수 있을지도 모르죠. 그렇지만 한미동맹을 고려하더라도 한국 정부가 이러한 헌법적 문제를 제기하면서 다른 방법으로 미국을 돕는 묘수는 불가능했을까 하는 생각을 해봅니다.

오연호   이번 천안함 사건이 전개되는 과정에서 조·중·동은 전쟁불사를 강조하지 않았습니까? 심지어 단기간에 북한 잠수함 기지를 선제공격하는 '3일 전쟁'을 하자는 주장까지 나왔죠. 하도 주장이 거세니까 이런 생각까지 들더군요. 보수언론이 이렇게 추임새를 넣은 상황에서 보수정권이 국내적 위기를 타개하기 위해 정말 전쟁이란 카드를 꺼낼 수도 있겠구나, 그런데 주한미군이 있으니 쉽게는 못하겠지, 만약 주한미군이 없다면 보수정권이 쉽게 장난을 칠 수도 있겠구나……. 주한미군의 전쟁 억지력이라는 것이 북한 정권만을 향한 것이 아니라 남한의 호전적 세력에게도 적용되고 있구나 하는 생각까지 하게 되더군요.

북한은 베트남 모델에서 배워라

조국   참 아이러니하죠. 도널드 그레그 전 주한미국대사(현 코리아소사이어티 회장)가 2010년 8월 31일자 〈뉴욕타임스〉에 한국 정부의 천안함 사건 발표에 의문을 제기하는 글을 기고하여 파문이 일고 있는데, 이 일도 묘한 느낌을 줍니다.

오연호   물론 최악의 조합도 있을 수 있겠죠. 남한의 호전 세력이 전쟁을 원하고 미국도 자신의 국내외적 이해관계 때문에 동의하는 경우 말이에요.

조국   천안함 사건 이후 이명박 정권이 너무 나가는 것을 미국이 붙잡았죠. 물론 미국도 이번 사건을 계기로 북한을 강력하게 압박하여 핵무기를 포기하도록 하려고 하더군요. 그러나 미국이 전쟁을 승인하지는 않을 겁니다. 미국은 이미 천안함 사건 이후의 국면으로 나가기 위한 출구전략을 세워놓았고, 그 국면에서 유리한 조건을 차지하기 위해 대북 압박을 가하고 있다고 보입니다.

오연호   전쟁 가능성에 대한 이야기를 하다 보니까 정말 우리가 살고 있는 땅이 어떤 곳인지 다시 생각해보게 됩니다. 언제쯤 우리가 이 분단이라는 굴레를 벗어날 수 있을까요? 그런 면에서 영세중립국인 스위스 같은 나라가 부러워집니다.

그런데 제가 스위스에 직접 가서 느꼈지만 사실 이 나라의 역사는 악조건투성이거든요. 강대국에 둘러싸여 있고, 언어도 종교도 단일하지 않으며, 산악지대에 먹을 것도 별로 없어요. 하지만 이런 최악의 조건 속에서 평화와 타협의 중요성을 일찍이 깨달았고, 그것이 영세중립국을 만들고 매우 안정적인 지방자치와 직접민주주의를 이루어내는 기반이 되었죠.

그렇다면 우리 남북 역시 최악의 조건들이 많은데 이걸 스위스처럼 긍정적인 에너지로 만들 수는 없을까요? 분단 상황이지만 이것을 아주 골치 아픈 문제가 아닌 좋은 것으로 바꾸어내는 프로젝트가 절실하다고 봅니다.

조국 차근차근 만들어가야죠. 그 발상의 시발점이 바로 '6·15 선언'이라고 봅니다. 독일이 소련 붕괴 이후 갑작스럽게 통일되기는 했지만, 그 이전에 빌리 브란트Willy Brandt가 1969년 총리가 된 후 추진한 '동방정책Ostpolitik'이 오랫동안 지속되고 있었거든요. '동방정책'이 추진되는 동안 동독은 서독 총리실에 스파이를 침투시켰고, 이것이 발각되어 브란트 총리는 퇴진합니다. 브란트의 경쟁자였던 기독민주당 소속 헬무트 콜Helmut Kohl은 동방정책을 맹비난했지만, 1982년 자신이 총리가 된 후에는 동방정책의 기조를 온전히 계승·발전시킵니다. 이명박 대통령은 콜 총리로부터 배워야 합니다. 6·15 선언이라는 프로젝트는 좌와 우, 진보와 보수의 문제가 아닙니다. 분단된 남과 북이 차근차근 평화와 공동번영의 길을 걸을 수 있는 유일한 선택입니다.

오연호   지금 보수 세력들은 "통일은 서두를 필요가 없다", "통일이 된다고 하더라도 반드시 자유민주주의 시장경제체제로 흡수통일을 해야 한다"고 말합니다. 그 사람들은 통일의 필요성에 대한 부담이 없는 것 같아요. 일제강점기 때도 지식인 사회에서 "대동아 시대로 가면 되는데 굳이 독립할 필요가 있느냐"는 주장이 있었죠. 이런 태도가 잘못된 것임을 지금 우리는 알죠. 그래서 우리 시대 진보의 사명은 지속적으로 분단 상황이 왜 문제인가를 이야기하고 그 극복의 당위성에 대해 말하는 것이라고 생각합니다.

예전에 하나의 국가였고 하나의 민족이어서가 아니라, 그것으로부터 발생하는 여러 가지 문제, 즉 이산가족의 인권 침해, 국방에 드는 과도한 비용, 전쟁을 걱정하는 정신적 스트레스, 사상과 표현의 자유 제한 등이 너무나 많잖아요. 그래서 아까 말씀하셨듯이 통일담론을 민생 문제와 잘 연결시키는 것이 정말 중요합니다.

조국   분단은 남북 양쪽에서 민생과 민주주의에 악영향을 주는 쪽으로 작동합니다. 통일이 이루어지면, 아니 그 이전에 평화체제만 이루어져도 남북 모두에게 큰 이익이 생깁니다. 당장 '한반도 리스크'가 사라지죠. 두 체제 간의 경쟁비용도 사라지고요.

예를 들어서 매년 쓰이는 국방비가 어마어마하잖아요. 통일 이전에 적대 상태만 해소되어도 그 비용을 다른 데 쓸 수 있는 겁니다. 그 어마어마한 예산을 민생을 위해 쓸 수 있다면 얼마나 좋겠어요. 사실 비행기나 미사일 등 무기를 만들고 사는 데 쓰는 예산을 줄이거나 장군 수를 줄이기만 해도 복지예산을 획기적으로 늘릴 수 있을 거예요. 통일 교육을 할 때도 북한 사람도 한 민족이라는 것을 가르치는 데 그치지 말고, 통일이나 그 전 단계로서 평화협정만 체결되어도 얼마나 많은 예산이 국방비에서 절감되는지, 그리고 그 돈을 민생 개선에 쓰면 어떠한 놀라운 변화가 가능한지 등을 가르치는 것으로 나아가야 해요.

오연호 진보·개혁 진영이 대중들에게 통일을 이야기할 때는 통일 국가의 상을 제시할 수 있어야 합니다. 김대중 대통령이 제시한 낮은 수준의 연방제가 현재까지 진보·개혁 진영에서 대안으로 삼고 있는 방안이 아닌가 합니다. 일반 대중들은 통일이 되면 북한 사회가 어떻게 변할 것인지, 북한 사회의 변화에 우리가 어느 정도 개입할 수 있을 것인지, 그리고 개입이 꼭 바람직한 것인지 궁금할 것 같습니다.

조국 '6·15 선언'은 '연방제' 또는 '단일국가' 방식으로 통일하기 전에 '국가연합' 방식의 통일을 먼저 하자는 것이죠. 국가연합에서 남북은 현재의 독립국가의 권한, 즉 내정, 외교, 국방의 권한을 그대로 유지합니다. 그리고 남북이 합의하여 구성한 연합기구는 평화공존과 평화교류를 실현하면서, 외교와 국방의 권한이 연방정부에 주어지는 연방제로의 전환을 준비합니다. 국가연합 아래에서 남과 북은 상대 정치체제에 대한 간섭권이 없고요. 북한이 어떤 체제를 택할 것인가는 북한 인민에게 맡기는 거죠.

이를 전제로 하면서, 북한은 '중국 모델'보다는 '베트남 모델'을 택하는 것이 현실적이라고 생각합니다. 나라의 규모나 전통 등을 고려했을 때 말이죠. 베트남에게 미국은 '원수'였지만 지금은 급속히

"진보·개혁 진영이 개방에 대해서는 상당히 수세적이었죠. 주로 농민이라는 약자의 목소리를 들어주고 그들의 목소리를 확장시켜주는 역할을 해오다보니 좀 더 큰 틀에서 어떻게 개방된 세계화 시대를 설계할 것인가에 대해서는 준비를 덜 했던 듯합니다."

관계가 개선되고 있죠. 그리고 공산당 일당체제를 유지하면서 '도이모이', 즉 '쇄신'을 추구하고 있고요. 북한이 베트남 모델을 취하여 상당 기간 내부개혁을 이루고 동시에 남과 북 사이에 대규모 교류와 협력이 진행되면, 통일비용은 획기적으로 줄고 남북 사람에게 통일의 충격도 덜 것이라고 봅니다.

오연호 지금까지 남북 문제를 다뤄봤습니다. 이제 세계화와 관련된 문제로 넘어가죠. 진보·개혁 진영이 우리나라 내부의 개혁 문제를 제기하면, 보수 진영에서는 으레 세계화를 무기로 방어막을 칩니다. 골프장 그만 만들자고 하면 우리나라에 골프장이 충분하지 않으니까 다들 동남아로 골프 치러 나간다고 하고, 기업에게 세금 더 걷자고 하면 그럼 다른 나라로 다 빠져나간다고 하거든요. 보수 쪽에서는 "너희는 우물 안 개구리다, 어떻게 하나만 보느냐, 세상은 넓어지고 있다"라고 하죠. 이에 대해 진보·개혁 진영은 제대로 된 대응을 못해왔습니다.

조국 진보·개혁 진영이 분명히 인식해야 할 것은 한국은 '통상국가'라는 점입니다. 한국은 현재 10대 무역대국입니다. 한국 경제는 내수시장만으로 유지될 수 없고, 통상이 있어야만 유지되고 발전할 수 있습니다. 이 점에서 네덜란드와 비슷하죠. 일부 진보·개혁 진영에서는 현재 세계무역기구WTO의 문제점을 비판하는 것에서 더 나아가 이를 탈퇴해야 한다고 주장하기도 하는데, 이는 1970년대 '민족경제론'의 시각을 21세기에도 그대로 고수하고 있기 때문이 아닌가 합니다. 1970년대에 '민족경제론'은 중대한 의미를 가졌다고 봅니다. 그러나 그때 이후 한국 경제는 엄청나게 변했음을 기억해야 합니다.

FTA 문제도 같은 맥락에서 바라볼 필요가 있어요. 민주노동당과 진보적 시민사회단체 모두 한·미 FTA를 격렬히 반대했습니다. 이라크 파병, 한나라당과의 대연정과 함께 한·미 FTA는 진보·개혁 진영 내부가 갈라진 핵심적 사안이었죠. 그런데 이후 한·EU FTA 등 미국 외 여러 나라와 FTA가 진행되고 있는데, 이에 대한 진보·개혁 진영의 태도는 모호하거나 반대하더라도 그 정도가 격렬하지 않습니다. 사실 대중도 한·EU FTA의 경우는 어떤 논의와 협상이 진행되고 있는지 대부분 몰라요. 요컨대, 진보·개혁 진영이 FTA 자체를 '악'으로 보고 반대하는지, 아니면 특정 FTA의 특정 조항을 반대하는지가 불분명하다는 것입니다.

오연호 개방과 세계화에 대한 참여는 이미 계속돼왔고 대세이므로, 이제는 제대로 된 개방, 제대로 된 세계화를 어떻게 할 것인가가 핵심이라는 말씀이군요.

조국 우리는 자본의 세계화와 노동의 세계화가 급속히 진행되고 있음을 매일매일 목격하고 있습니다. 이러한 세계화 시대에 고립된 민족국가로서 보호장벽을 쌓는 것은 해결책이 아니라고 봅니다. 진보·개혁 진영이 집중해야 할 것은, 세계화 속에서 투기자본이 먹고 튀는 것을 막고, '투자자-국가소송제ISD' 같은 조항이 나라의 주권을 훼손하는 것을 봉쇄하며, 개방의 이름 아래 교육, 의료, 복지 등에서 공공성이 침해되는 것을 막고, 농업 등 취약산업을 보호하고 혁신하는 것이라고 생각합니다.

오연호 그동안 한·미 FTA를 둘러싸고 진보 진영에서 뜨거운 논란이 일었죠. 여러 가지 논점이 있지만 그중 대표적인 것이 "한·미 FTA가 실현되었을 때 그것의 규정력이 어느 정도라고 보는가"였습니다. 노무현 대통령 등 한·미 FTA를 지지했던 사람들은, 그것이 우리의 기존 산업구조에 긍정적·부정적 영향을 주겠지만 우리 국민들이 부정적 영향을 잘 극복해갈 수 있다고 했고, 진보신당 심상정 전 대표나 정태인 전 청와대 비서관 등은 그 부정적 영향이 워낙 커서 기존의 양극화를 더 심화시키는 방향으로 갈 수밖에 없을 것이라고 주장했죠. 우리가 검증할 수 없는 미래의 일이긴 하지만 교수님께서는 어떻게 전망하십니까?

조국 노무현 정권 말기에 합의된 한·미 FTA의 내용에는 여러 가지 문제가 있다고 생각합니다. '투자자-국가소송제'의 경우, 우리 정부가 외국 자본에 불리한 사회·경제 정책을 추진하면 외국 자본이 소송을 통해 이를 막을 수 있는 장치이기 때문에 특히 염려가 됩니다. 정책의 자주권이 위태로워질 수 있는 겁니다. 이 밖에도 걱정되는 조항이 여러 개 있습니다. 예컨대, 미국의 모든 서비스 상품을 포괄적으로 허용하는 조항(네거티브 리스트), 개방을 하면 이후 문제가 있더라도 되돌릴 수 없는 '역진방지' 조항 등이 그렇습니다. 노 대통령도 퇴임 후 이를 깨닫고 재협상을 주장했죠. 노무현 정부 초대 정책실장인 이정우 교수도 최근 "한·미 FTA를 통하여 얻는 것보다 잃는 게 많다. 당시에는 금융, 컨설팅, 보험, 회계 등에서 일자리

창출의 희망을 찾았는데 지나고 보니 신기루였던 것 같다"■고 평가하시더군요. 한·미 FTA 재협상이 불가피해진 지금, 서두를 필요가 없다고 봅니다. NAFTA(북미자유무역협정) 체결 이후 멕시코에서는 농업이 붕괴하고 고용불안, 빈부격차 문제가 심각해졌잖아요. 우리는 이를 반면교사로 삼아야 합니다.

그렇지만 이와 별도로 FTA 자체를 거부할 이유는 없다고 봐요. 경제학자 중 제가 존경하고 신뢰하는 분이 서울대 경제학과 이준구 교수님입니다. 이 교수님이 이명박 정권의 경제정책을 맹렬히 비판하는 글을 쓰시다 보니 '진보'처럼 인식되고 있지만, 이분은 진보도 보수도 아닌 정통 경제학이론에 따라 사고하시는 분이에요.《쿠오 바디스 한국 경제》등에서 이 교수님이 밝혔듯이, 경제학적으로 FTA는 '해볼 만한 도박'이 아닌가 해요. 이 교수님도 지적하셨지만, 과거 가전제품 개방이 이루어졌을 때 한국 가전제품 업체가 다 궤멸할 것이라고 비관적으로 예상하는 사람이 많았지만 정반대의 결과가 나왔습니다. 물론 앞에서 언급한 보호장치가 마련되지 않는다면 '빛 좋은 개살구'가 될 테니, 보호장치의 마련이 매우 중요하죠. 이 점에서 저는 FTA에 대하여 '조건부 찬성'의 입장을 취하고 있습니다. FTA 자체의 찬반이 아니라 그 범위, 조건, 시기에 대한 논의가 더 중요하다는 것입니다.

오연호 그동안 진보·개혁 진영이 개방에 대해서는 상당히 수세적이었죠. 주로 농민이라는 약자의 목소리를 들어주고 그들의 목소리

■〔고용난민 시대, 일자리 없나요?〕한·미 FTA 고용효과 이제 보니 신기루,〈경향신문〉, 2010. 8. 31.

를 확장시켜주는 역할을 해오다 보니 좀 더 큰 틀에서 어떻게 개방된 세계화 시대를 설계할 것인가에 대해서는 준비를 덜 했던 듯합니다.

조국   유럽과 일본은 자국의 농민을 보호하고 '식량주권'을 지키면서 개방을 병행하고 있습니다. 반면에 필리핀은 개방을 잘못한 대표적인 경우죠. 필리핀은 원래 쌀 수출 국가였어요. 그런데 개방을 잘못하면서 필리핀의 농업이 몰락하고, 지금은 만성적인 식량 부족 상태에 시달리고 있습니다.

우리는 유럽과 일본의 모델로 가야 합니다. 국제경쟁력이 없다는 이유로 농업을 포기하는 것은 '식량안보'를 더욱 위태롭게 하는 것이죠. 한국은 현재 세계 5위 곡물수입국이고 식량자급률이 25퍼센트 정도에 불과해요. 매년 농지와 농민이 줄어들고 있습니다. 당장은 한국 쌀보다 싼 미국 쌀을 사 먹을 수 있겠지만, 한국 농업이 무너진 후 미국 쌀 생산·수출업자가 쌀 가격을 올리면 어떻게 될까요? 한국은 바로 심각한 식량위기에 처합니다.

경제협력개발기구OECD 싱크탱크와 유엔 식량농업기구FAO는 2010년 연례 공동보고서를 통해 세계 식량 가격이 신흥시장의 수요 증가 및 바이오연료 생산 등으로 앞으로 10년간 40퍼센트까지 상승할 수 있다는 전망을 내놓았습니다. 그런데 지금까지 우리 정부는 농업과 농민을 보호해 식량주권을 지키고 식량안보를 유지하겠다는 의지를 보여주지 못한 채 개방을 추진했기 때문에 진보 진영과 농민들의 비판을 받아온 겁니다. FTA 자체가 '악'이라고 할 수는 없지만, 농업을 포기하는 개방은 곤란합니다.

오연호 세계화의 진전은 진보가 전에는 고민하지 않았던 것들까지 고민하게 만듭니다. 예컨대 이중국적 문제 같은 것이 그렇죠. 김대중 정부 때부터 계속 검토했던 이중국적 문제가 이명박 정부 들어 '조건부 허용'으로 일단락되었습니다. 한국에서 병역 의무를 이행하면 이중국적을 허용한다는 것인데, 이중국적 문제를 진보는 어떻게 봐야 할까요?

조국 징병제가 운영되고 있는데 병역 기피가 많으니 이중국적에 대한 대중적 정서가 우호적이지 않은 게 당연하죠. 이중국적을 가진 사람은 국민 중 0.01퍼센트도 안 될 겁니다. 대한민국 0.01퍼센트를 위한 제도라는 비난이 있겠지만, 세계화 시대에 고급 인력의 유출을 막고 우수 인력을 유치하기 위해서는 군대 가는 것을 전제로 이중국적을 허용하는 것이 필요하다고 봅니다. 사실 2010년에 이런 내용으로 국적법이 개정되었어요.

현재 수많은 사람들이 외교관, 유학생, 해외주재원으로 해외에 나가고, 그곳에서 출산을 합니다. 태어나면서부터 이중국적을 가진 사람에게 병역의 의무를 다했는데도 외국 국적을 포기하라고까지 강제할 필요는 없다고 봅니다. 물론 '원정출산'을 통한 이중국적 취득은 금지해야 하고, 이중국적자가 대학 특례입학을 하거나 세금은 내지 않으면서 의료보험 혜택은 챙기는 얌체 짓은 봉쇄해야 하며, 공무원이 되는 것도 당연히 막아야죠. 하지만 유럽의 여러 나라와 캐나다 등에서 이중국적자를 '기회주의자'라고 비난하지 않고 허용하는 이유를 생각해볼 필요가 있어요. 독일도 최근 이중국적 허용을 추진하고 있습니다. 이와 별도로 저는 화교와 이주노동자 등 국내

체류 외국인에게도 단계적으로 이중국적을 허용하는 쪽으로 가야 한다고 봅니다.

민족주의 넘어서야 미래가 열린다

오연호 우리는 단일민족으로 오랫동안 살아와서인지 외국인 노동자들에 대한 시선이 대체로 차가운 것 같습니다. 그동안 시민단체 등에서 문제제기를 해온 결과 다문화가정에 대한 인식도 조금씩 나아져가는 것 같기는 한데, 현재 우리의 포용력 수준을 어떻게 보십니까?

조국 우리 정부는 외국인 노동자를 계약기간이 끝나면 본국으로 돌아가야 할 사람으로 보고 있어요. 그런데 한국 경제는 이들의 노동력이 없으면 돌아가지 않습니다. 특히 '3D dirty, dangerous, difficult 업종'이나 중소제조업 분야에서는 외국인 노동자가 없으면 절대 공장이 굴러가지 않아요. 그런데 외국인 노동자는 한국말도 할 줄 알게 되고, 한국 문화도 알게 되고, 업무도 숙련된 수준이 될 쯤이면 돌아가야 합니다. 그러고는 완전히 새로운 사람이 들어오죠. 정부는 외국인 노동자가 한국에 정착하는 것을 원치 않는 겁니다. 잠시 머물다가 돌아가라는 거죠. 반만년 '백의민족'의 '순혈'이 더럽혀질까 두려워하는 겁니다.

저는 한국이 이민국가로 가야 한다고 봅니다. 앞에서 현재의 저출산율을 개선하기 위한 방안을 여럿 말했는데, 이러한 개선이 빨리 이루어지지는 못할 겁니다. 사회적 활력과 에너지가 떨어지면 나라의 운명도 위태롭죠. 법무부 산하에 이민청을 신설하고 이민국가로 나아갈 비전과 정책을 세우도록 해야 합니다. 일차적으로는 중국, 러시아 등에 있는 동포에게 문을 열어야죠. 2010년 4월 윤종용 삼성전자 상임고문이 〈포브스 코리아〉와 인터뷰하면서 "중국·베트남 등지에서 10~15년에 걸쳐 아시아계 남녀 100만 명씩 모두 200만 명의 이민을 받아들여야 한다"고 제안했죠. 공감합니다. 다문화를 이해하자는 캠페인을 넘어 이민국가에 대한 전망과 계획을 세워야 합니다.

오연호 한국의 진보·개혁 지식인들이 '민족주의'적 경향이 강한 데 비해서 교수님은 상당히 '국제주의'적 입장을 취하시는 것 같네요.

조국 '국제주의'라……. 저는 외세에 반대한다는 저항적 민족주의의 의의는 인정하지만, 그것만으로는 한국의 미래를 열어갈 수 없다고 보고 있습니다. 남북 통일의 당위성과 필요성도 단지 두 나라가 원래 하나였다, 우리는 원래 한 민족이다 등의 논리만으로 역설하는 것은 한계에 도달했다고 봐요. 이러한 입장을 '국제주의'라고 한다면, 저는 '국제주의자'입니다.

오연호 우리나라 안에서뿐 아니라 다른 나라들과 어떻게 더불어 살 것인가도 앞으로 진보·개혁 진영이 고민을 해야 합니다. EU 모델을 보면, 그들은 공감대가 형성돼 있는 것 같아요. 유럽의 수십 개 나라들이 모여서 어쨌든 EU를 만들어내잖아요. 학생들도 교환하고 거의 하나의 나라처럼 된 부분도 많아지고 있죠. 그렇다면 세계화 시대에 EU에 버금가는 것을 아시아에서 구현하는 것은 불가능한 일일까요? 진보·개혁 진영이 EU 모델을 보면서 아시아공동체를 생각해본다면 어떤 사상을 중심으로 해야 할까요?

조국 아시아공동체의 경우 산업자원부 장관을 지냈던 김영호 유한대 총장이 열정적으로 소개하고 있는 '안중근 사상'이 있습니다. 안중근 의사는 일본의 '대동아공영권'에 맞서 '동양평화론'을 제시했습니다. 이때 안중근은 주권을 전제로 한·중·일이 '동양평화회의'를 결성하고 점차 동남아 국가가 참가하는 구상을 가지고 있었어요. 그리고 공동화폐, 공동은행, 공동평화군 설립도 구상했습니다.

지금 시점에서 보아도 안 의사는 놀라운 구상을 제창했던 거죠. 김 총장님 말씀처럼, 안중근은 서유럽공동체의 아버지인 장 모네 Jean Monnet와 같은 '동아시아의 장 모네'입니다. 안중근 의사는 단지 이토 히로부미를 죽인 독립운동의 영웅을 넘어, 동아시아공동체의 선구자라고 보아야 합니다. 침략에 반대하고 평화를 전제로 하는 상태의 공생 공영이죠.

저는 그 꿈을 동북아 3국이 다 가지고 있다고 봐요. 중국이나 일본이 '아시아공동체' 운운하면 아시아의 다른 나라가 경계하죠. 그러나 한국이 '안중근 사상'을 기초로 이러한 제안을 하면 달라지지 않을까 합니다.

오연호 남북 문제, 세계화 문제와 관련해서 그동안 진보·개혁 진영에서 미진하거나 혹은 애매하게 대처한 것들을 살펴보고 여러 가지 대안을 제시해봤습니다. 북한 인권, 김정일-김정은 세습, 한·미

FTA, 주한미군 등 하나같이 민감한 문제인데 회피하지 않고 정면으로 답변해주셔서 인상적이었습니다. 앞으로 진보·개혁 진영이 조 교수님이 제시한 대안을 발제로 삼아 더 심도 깊은 대안들을 많이 만들어냈으면 합니다.

조국 그래야죠. 뭐든지 애매하게 방치해두면 안 됩니다. 그것은 우리의 후배들, 후세대에게 짐을 떠넘기는 것이니까요. 짚을 것은 분명히 짚고 넘어가는 풍토가 진보·개혁 진영에서 만들어졌으면 합니다.

플랜 5
권력

'괴물' 검찰 어떻게 바꿀 것인가

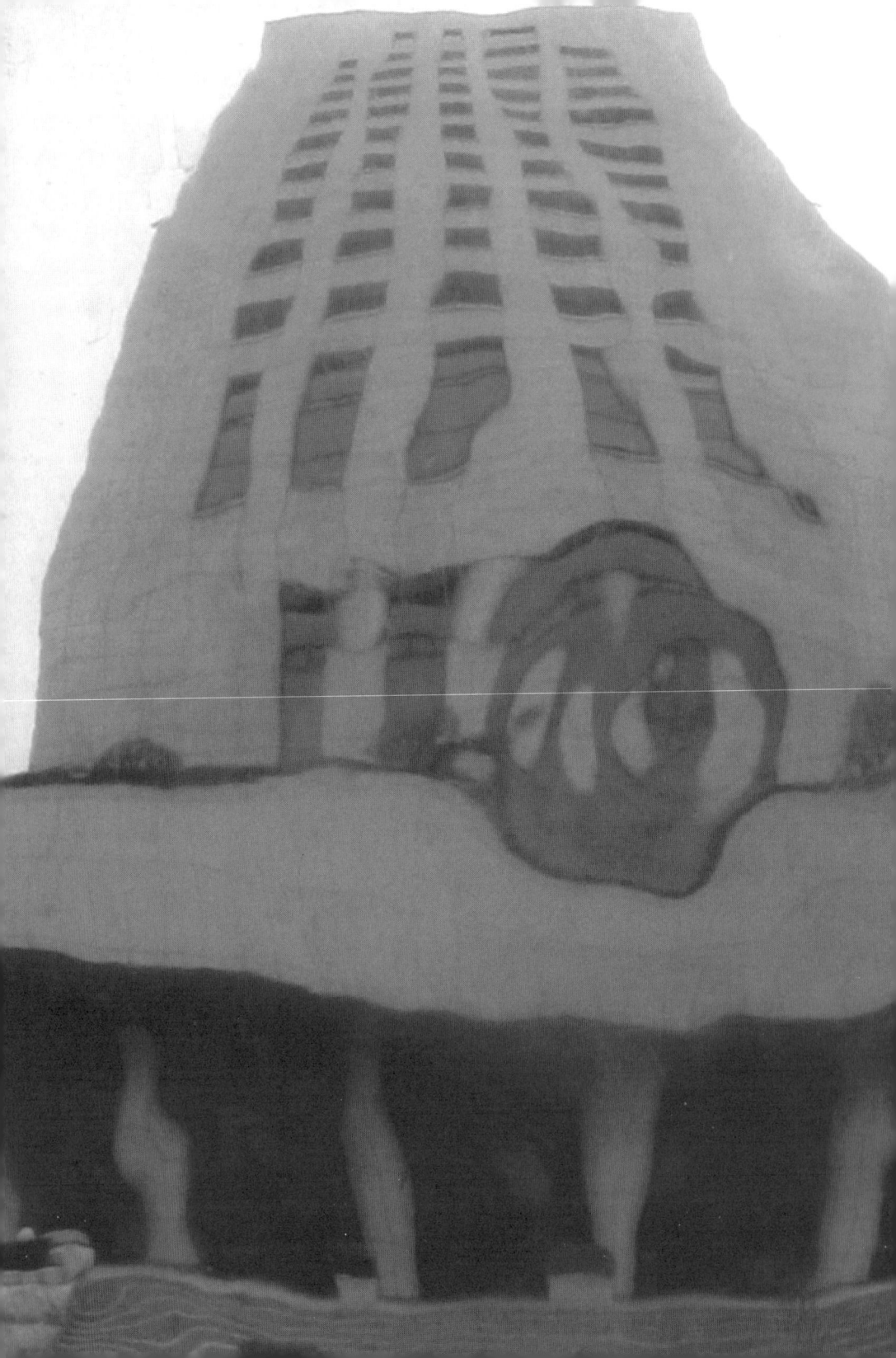

오연호　"권력을 어떻게 사용할 것인가?" 진보·개혁 진영이 제대로 된 집권, 후회하지 않을 집권을 하려면 이 점에 대해서도 준비가 되어 있어야 한다고 봅니다. 우리가 참여정부를 되돌아볼 때 아쉬움이 많이 남는 것은, 그때 추진했던 정책의 미흡함 때문이기도 하지만 한편으로는 권력을 사용한 방식 때문이기도 합니다.

조국　그렇습니다. 어떤 정책으로 국민 대중의 마음을 얻을 것인가도 중요하지만, 집권을 한 후 국민이 준 권력을 어떻게 사용할 것인가도 중요합니다.

오연호　집권 세력이 활용할 수 있는 권력기관은 중앙정부의 일반 부처들 외에도 검찰청, 경찰청, 국세청, 국정원 등이 있습니다. 그중에서 논의의 초점을 검찰 권력에 맞춰볼까 합니다. 검찰 권력이 다른 권력에 비해 상대적으로 힘이 더 세고, 개혁해야 할 점이나 활용해야 할 점도 많다고 여기기 때문입니다.

조국　좋습니다. 검찰 권력은 스스로 막강한 힘을 가지고 있으면서도 아직까지 다른 권력기관에 비해 '문민통치'를 받지 않고 있는 유일한 기관입니다. 권위주의 체제에서 검찰은 군부 또는 중앙정보부, 국가안전기획부 등 정보기관 아래에 있었으나, 민주화가 이루어지자 정보기관을 제치고 최강 권력기관으로 등장합니다. 지금 우리는 아무도 군부 '실세'가 누구인지 관심을 갖지 않고 삽니다. 이명박 정권 출범 이후 정보기관의 권력 남용이 재현되었지만, 권위주의 시대와 비할 것이 못 됩니다.

그런데 검찰은 민주화 이후 한 번도 제대로 개혁되지 않았어요. 국정원이나 국세청도 강한 힘을 가진 기관이지만 선출된 권력에게는 머리를 숙였습니다. 그런데 검찰은 그렇지 않아요. 제도적으로 너무 많은 권력을 쥐고 있기 때문이죠. 전 세계 검찰 중 한국만큼 많은 권한을 가진 검찰은 없는데, 검찰에 대한 통제장치가 법원 외에는 없는 상황이에요. 그러니 오만해지고 권력을 오·남용하게 되죠. 노무현 정권 시절을 생각해보세요. 당시 국정원, 국세청 직원들은 노 대통령에게 검찰만큼 덤비지 못했습니다. 검찰 권력을 개혁하고 재구성하지 않으면 '괴물'이 될 수 있습니다.

막강한 권력, 브레이크 없는 검찰

오연호 진보·개혁 진영이 집권을 했을 때 괴물이 되어가고 있는 이 검찰 권력을 어떻게 개혁하고 어떻게 활용해야 할까요? 제가 2007년 참여정부 말기에 노무현 대통령을 인터뷰했을 때 가장 인상적으로 들었던 얘기 중 하나가 "나는 검찰하고 타협하지 않았다, 검찰 권력을 활용하지 않았다"는 것이었습니다. 이유를 물었더니, 검찰은 권력 초반에는 말을 잘 듣는 척하다가 거래를 하고 나면 후반에는 약점을 잡아서 흔들기 때문에 아예 거래를 하지 않았다는 겁니다. "두 발로 살아서 청와대에서 걸어 나가기 위해 검찰을 활용하지 않았다"는 거죠.

조국 노 대통령 얘기가 처절하네요. 그는 두 발로 걸어 나가기 위해서 검찰을 이용하지 않았는데, 이명박 정권과 검찰은 그가 부엉이

바위로 올라가도록 '토끼몰이'를 했죠. 노무현은 한국 역사에서 검찰을 정권 유지의 도구로 이용하지 않은 최초의 대통령이었어요. 즉, 정권을 유지하고 반대파를 죽이는 도구로 검찰을 쓰지 않았고, 검찰 수사에 개입하여 방향과 범위를 설정하지도 않았어요. 그런데 검찰은 정권이 바뀌자 바로 칼을 들이댄 거죠.

오연호 법학 교수의 입장에서도 그 시점에서 검찰이 벌인 노 대통령에 대한 수사의 강도라든가, 수사의 방식에 문제가 있었다고 보십니까?

조국 매우 부적절했어요. 전직 대통령에 대한 예우라든가 이런 얘기는 다 빼고, 그 수사 자체가 특수수사의 기본을 지키지 못했다고 봅니다. 특수수사의 기본 원칙은 모든 물증을 다 갖춰두고 맨 마지막에 그 사람을 데리고 와서 자백을 받는 겁니다. 은행 계좌 추적, 감청 등을 통해 피의자를 꼼짝 못하게 할 증거를 확보한 상황에서 부르는 거죠.

그런데 노 대통령은 언제 불려갔습니까? 노 대통령은 가서 논쟁만 하고 왔어요. 무죄판결이 난 한명숙 전 총리 사건만 하더라도 곽영욱 전 대한통운 사장이 한 전 총리에게 직접 돈을 줬다고 진술했어요. 하지만 노 대통령의 경우는 그게 아니에요. 부인인 권양숙 여사에게 줬다는 거죠. 권 여사도 이를 인정했고, 노 대통령은 사건이 터지고 난 후에 알았고…….

전직 대통령을 불러놓고, 아무 물증도 없는 상태에서 부인이 받은 것을 애초부터 알고 있지 않았느냐 하며 자백하라는 겁니다. 노 대통령이 살아 있어서 재판까지 갔더라면 분명히 무죄가 나올 사건이었어요.

그런데 검찰은 왜 노 대통령을 불렀을까요? 노무현 개인에게 공개적으로 망신을 주고 반대 정파를 절멸시키겠다는 정권의 의도를 충실히 집행한 것 외에는 이유가 없어요. 당시 검찰은 노 대통령이 투신할 거라고는 예상치 못했겠죠. 그러나 향후 수사, 기소, 재판의 전 과정에서 그를 부르고 추궁하면서 '산송장'을 만들려고 했습니다. 이 과정에서 매 순간마다 언론은 얼마나 노무현을 할퀴었겠어요. 검찰은 추후 무죄판결이 나오더라도 개의치 않죠. 형사절차 과정에서 이미 목적을 달성했으니까요.

법률가의 시각에서 보면 노 대통령이 부엉이바위에 오른 심정이 이해됩니다. 그는 최후에 무죄판결이 난다 하더라도 수사, 기소, 재판의 전 과정에서 자신은 물론, 자신의 지지자들까지 정치적 생명줄이 끊어질 것을 직감한 겁니다.

오연호 상황이 그렇다 보니 노 대통령은 막판에 이명박 대통령에게 편지까지 쓰려고 했던 것 같아요.

조국 노 대통령도 이명박 정권이 이렇게까지 할 줄은 몰랐다고 생각했던 것 같아요. 전직 대통령에 대한 수사는 현직 대통령의 승인 없이는 할 수가 없거든요. 법무부 장관의 결재도 반드시 필요하고요. 물론 문서상 결재를 했다는 의미는 아닙니다. 그러나 이 대통령이 법무부 장관을 통하여 수사에 대한 보고를 받았고, 청와대 회의를 거친 후 일을 계속 진행하라고 승인한 것은 분명합니다.

오연호   노 대통령과 검찰의 악연은 정권 출범 후 '평검사와의 대화'에서 시작되었다고 볼 수 있습니다. 그때 국민들 가운데 대통령이 직접 나설 만큼 검찰 문제가 굉장히 중요하구나 생각한 사람도 있었지만, 한편으로는 대통령이 평검사들과 이렇게까지 할 필요가 있느냐는 부정적인 시선도 있었죠.

'죽은 권력' 노무현은 이겼지만

조국   악연은 더 거슬러 올라갑니다. 노무현이 인권변호사로 활약하던 시절, 노동운동을 지원했다는 이유로 검찰은 노무현을 노동법상 '제3자개입금지' 위반 혐의로 구속수사하려고 했습니다.

저는 '평검사와의 대화'라는 형식의 자리를 만드는 것에 반대했어요. 그건 평검사를 너무 키워주는 겁니다. 평검사는 대통령과 대등하게 대화를 할 대상이 아니라 인사 대상자일 뿐이에요. 대통령은 법무부 장관, 검찰총장 정도와 대화하면 족하죠.

당시 노 대통령 본인이 자신만만했다고 봅니다. '난 검찰 이용하지 않을 거니까 꺼릴 것이 없다', '젊은 검사에게 이길 자신이 있다' 등의 생각을 했겠죠. 또는 평검사들의 '의기'를 믿었을지도 모릅니다. 노 대통령에게 무례하게 대든 검찰은 대화 이후 국민들로부터 많은 비판을 받았습니다.

그러나 그 행사 자체는 대통령이 할 이유가 없었다고 봅니다. 검찰 조직 내에서 그 행사에 나간 검사 중 몇몇은 '이번 기회에 내가 뜬다'라고 마음먹고 나간 거예요. 대통령과 '맞장'을 떠서 개인이 커 보려 했다는 겁니다.

오연호 지금 이명박 정부 시대에서는 상상할 수 없는 일이죠.

조국 이명박 대통령 앞에서였다면 평검사들이 머리 조아리고 조신하게 앉아 있었겠죠. 사실 당시 출연했던 평검사들이 이명박 정권 들어 어떠한 모습을 보이고 있는지 궁금합니다.

오연호 '평검사와의 대화' 이후의 전개 과정을 보면, 그 대화에서는 노무현 대통령이 이겼지만, 검찰은 노무현 퇴임 후 '복수'를 한 셈이네요.

조국 그렇습니다. 그 점에서는 검찰이 노무현을 이긴 거죠. 그러나 노무현 정권에서 여러 형사사법 개혁이 이루어집니다. 조서재판을 버리고 공판중심주의로 바꾼 것이 대표적인 예입니다. 검찰에서 만든 조서라면 무조건 신뢰하는 것이 아니라 법정에서 재검토를 하는 재판이 틀을 잡았죠. 검찰 권력을 견제해야 한다는 생각을 갖는 판사들도 늘어났습니다. 그런 것이 있었기 때문에 이명박 정권 출범 이후 사법부가 계속 정권의 독주에 제동을 걸 수 있는 거죠.

또한 노무현 정권에서는 탈권위주의와 민주화가 심화됐습니다. 그 속에서 자란 시민들이 이명박 정권의 독주를 막으려고 촛불을 들지 않았습니까. 이러한 점까지 합해서 보면 노무현-검찰 싸움의 최종 결과는 무승부라고 봅니다.

오연호 노무현 정권 때 이루어진 대표적인 형사사법 개혁은 무엇이 있고, 또 그것은 어떤 점에서 의미가 있습니까?

조국 노무현 정권 때 형사소송법이 전면적으로 개정되면서 형사재판의 모습이 확 바뀌었어요. 법률가 입장에서는 엄청난 성과죠. 첫 번째로 배심재판이 도입되었습니다. 아직 배심재판으로 재판이 진행되는 비율은 매우 낮지만, 이는 '시민을 위한 재판'에서 '시민에 의한 재판'으로의 중대한 전환입니다. 국선변호인제도의 확대 등을 통해 배심재판이 더 확대되어야 합니다.

두 번째로 대법관의 구성이 다양해졌습니다. 서열을 파괴하고 진보 성향의 대법관, 여성 대법관을 임명했죠. 대법관 구성이 다양해진다는 것은 대법원 판례에 변화를 줄 뿐만 아니라 젊은 판사에게도 영향을 줍니다. 기존의 판례를 그대로 답습하지 않고 법원 밖의 현실을 직시하면서 자신의 머리로 고민하는 판결이 가능해진다는 겁니다.

세 번째로 '조서재판'으로부터 탈피하게 되었습니다. 그때 이용훈 대법원장이 판사들에게 "서류를 집어던져라"라고 해 파문이 일지 않았습니까? 검찰이 작성한 조서에 의존하지 말고 직접 피고인의 말을 듣고 판결을 내리라는 거죠. 사실 법률용어가 까다롭기 때문에 비법률가는 법률가의 말을 알아듣기 힘듭니다. 법률용어에서는 '어'와 '아'가 매우 다른데, 피고인은 그 구별을 못하기 때문에 자칫하면 검찰이 자신에게 불리한 조서를 만드는 데 동의하게 됩니다. 일상용어로 '조서를 꾸미다'라는 말을 쓰잖아요. 이건 부정적 의미가 들어 있는 표현인데, 과거에 피고인의 뜻과 다르게 문서가 만들어지는 경우가 왕왕 있었거든요.

오연호 그러고 보니 '꾸미다'라는, 없는 걸 지어낸다는 단어가 쓰이네요.

조국 누가 만들었는지는 모르지만 아주 기막힌 표현입니다. 피의자가 검찰에서 "A는 B다"라고 말했는데, 조서에는 "A는 B´이다"라고 적는 거죠. 조서를 꾸미는 사람, 즉 수사기관에게 유리하도록 말입니다.

예를 들어 범죄를 저지를 때의 주관적 심리상태에는 통상 고의와 과실이 있다고 하죠. 그런데 둘 사이에 중간지대가 있거든요. '미필적 고의'라는 말 들어보셨죠? 미필적 고의에 의한 살인과 과실치사의 차이가 모호하거든요. 내가 이런 일을 하면 저 사람이 죽을 수도 있다는 생각을 했지만 죽더라도 별수 없다는 마음을 먹었다면 미필적 고의입니다. 그런데 그 결과를 용인하지 않았다면 과실이 됩니다. 헷갈리죠. 그런데 조서를 만들 때 수사기관이 피의자에게 "별수 없다고 생각했지?"라고 질문할 경우 "예"라고 하면 바로 고의범이 돼요. 요컨대, 검찰 조서라고 해도 100퍼센트 신뢰할 수는 없다는 겁니다. 그런데 지금은 피의자가 검찰에서 어떤 말을 했다고 하더라도 법정에서 다시 자신의 말을 할 수 있는 겁니다. 판사가 검찰 조서만 믿지 않고 하나하나 확인합니다.

오연호 그런데 참여정부 때 법원에서는 많은 것이 바뀌었지만 검찰은 크게 개혁하지 못했어요.

조국 맞습니다. 참여정부 때 검찰 개혁을 시도하지만 검찰이 결사항전을 합니다. 로비도 하고요. 청와대, 정부, 여당 내에서도 검찰

의견에 동조하는 사람이 생겨납니다. 형사사법 개혁은 재판만이 아니라 검찰 권력과 수사구조의 개편이 동반되어야 하는데……, 아쉽습니다.

검찰은 퇴임한 MB에게 칼 겨눌까

오연호 검찰 개혁이 어려운 것은 검찰 조직의 특성과도 무관하지 않아 보입니다. 진보·개혁 진영에서 앞으로 누가 집권을 한다 하더라도 검찰을 제대로 파악하고 개혁해야 할 텐데요. 교수님의 대학 동기들이 검찰에 많이 가 있을 텐데, 검찰의 속성이 무엇인지 한번 정리해주시죠.

조국 보수적 세계관과 엘리트주의를 체현하고 수사권과 공소권을 독점한 권력체라고 요약할 수 있습니다. 보수적 엘리트 집단이 강력한 권력을 가지고 있다 보니, 구성원 상당수는 '우리가 마음을 먹거나 우리가 단결하면 시민 개인은 물론이고 기업과 국가도 바꿀 수 있다'는 생각을 가지고 있어요. 검사로 임용될 때부터 이러한 교육이 음양으로 이루어집니다. 그러다 보니 정당도 아닌데 정치결사체 같은 조직으로 굴러갑니다. 새로운 사람이 들어오면 사상을 통일시키고 여러 임무를 주며 단련시키죠. 과거 군사독재 시절 군부 엘리트의 사조직이었던 '하나회'가 커진 상태와 비슷하다고 할까요. 검찰은 한편으로는 권력의 눈치를 보면서도 다른 한편으로는 권력의 비리를 파헤치면서 권력과 타협하고 협상합니다. 어느 경우든 최고의 행동준칙은 "조직을 옹위擁衛하라"이고요.

이런 보수적 조직이다 보니 진보·개혁적인 대통령이 집권하면 인사권자니까 눈치를 보면서도 저항합니다. 그리고 수구·보수 정당이나 유력자 쪽으로 선을 대기도 합니다. 노무현 대통령이 당선되었을 때 검찰 상층부의 머릿속에서는 이런 생각이 돌아가고 있었을 거예요. '상고 나왔네', '사법시험 기수가 나보다 아래네' 등등.

검사들이 입관한 후부터 권력의 맛을 보게 되니, 검사 시절부터 정계 진출을 준비하는 이도 제법 됩니다. 예컨대, 2007년 수원지검 정미경 검사는 강금실 전 법무부 장관을 프랑스 혁명 당시의 마리 앙투아네트에 비유하며 맹비난하는 책을 냅니다. 그러고는 2008년 18대 총선에서 한나라당의 공천으로 국회의원이 되죠.

민주주의 사회의 모든 권력은 민주적 통제를 받아야 합니다. 대통령이나 국회의원은 선거라는 통제장치가 있고, 장관은 인사청문회, 국정감사 등 의회에 의한 통제장치가 있죠. 그런데 검찰은 막강한 권력을 휘두르지만 권력 오·남용에 대한 효과적인 통제장치가 없어요. 법원에 의한 통제가 있지만, 이는 사후적이기 때문에 한계가 있죠. 매년 엘리트를 충원·교육하고 강력한 힘을 행사하는데 외부로부터의 통제는 되지 않는 상황입니다. 심지어 검찰 내부에는 인사권을 법무부 장관이 아니라 검찰총장이 가져야 한다는 생각이 상당히 퍼져 있어요. 아무런 통제도 받지 않겠다는 거죠.

여러 가지를 종합하면, 검찰은 삼성과 비슷하다는 생각을 해봅니다. 삼성맨들은 자신들이 한국을 이끈다는 자부심으로 똘똘 뭉쳐 삼성이라는 조직과 그 수장을 위해 충성을 다하지 않습니까.

그리고 경제 외에도 정치와 사회 분야까지 삼성의 영향력을 넓히려 하고요. 요컨대, 저는 검찰을 검찰로만 봐서는 안 된다는 얘기를 하는 겁니다.

오연호   검찰을 검찰로만 봐서는 안 된다……. 그렇게까지 심각하게 받아들이시는군요. 검찰이 이명박 대통령 집권 후 2년 반 동안 보여준 모습은 어떻게 평가할 수 있을까요?

조국   지금 많은 사람들이 검찰한테 이렇게 얘기합니다. "노무현에게는 덤비더니 왜 지금은 꼬리를 내리지?" 그런데 검찰 지도부 입장에서는 자연스러운 거예요. 검찰 입장에서는 이명박과 코드가 정말 잘 맞는 겁니다. 엄벌주의, 중형주의 형사정책은 물론이고, 표현의 자유나 노동운동을 바라보는 시각 등에서 근친성을 느끼죠. 그러니까 정치적 중립성이 생명인 검찰이 특정 정파의 일부인 것처럼 움직이는 겁니다. 검찰 지도부 사람들은 이명박 정권이 통치하고 있는 상황이 무척 편한 거예요. 이들은 법무부 장관, 민정수석 이런 사람들을 본받고 따라야 할 '스승'이나 '대선배'로 받아들이죠. 그러니 뭘 시키기도 전에 자발적으로 알아서 하는 거예요. 시키면 자신을 알아준다고 생각해서 고마운 마음으로 그 일을 하고요.

오연호   이명박 대통령과 검찰은 코드를 맞추면서 서로를 활용하고 있는 셈이네요. 그런데 노무현 전 대통령이 그랬죠. "검찰은 어떤 정권이든 그 정권의 집권 후반기가 되면 반드시 등에 칼을 꽂을 것이다." 이명박 정권의 말기에는 어떨까요?

조국   저는 누가 다음 정권을 잡는가에 따라 달라질 거라고 봅니다. 이명박 정권 후반이 되면 검찰 상층부는 유력 대선주자에게 줄을 서려고 할 겁니다. 그리고 현재 중수부 캐비닛에는 이명박 대통령 측근의 비리에 대한 정보가 쌓여 있을 거고요. 한나라당 친이계로 권력이 넘어간다면 그 정보는 쓰지 않겠죠. 쓰더라도 살살 쓸 거고요. 만약 박근혜가 대통령이 되면 친이계 정치인들이 검찰에 줄줄이 불려갈 겁니다. 이를 알고 있으니 친이계가 박근혜에게 권력을 넘기지 않으려고 하는 거죠.

오연호 한나라당 원희룡 의원과 이야기를 나눈 적이 있습니다. 자기가 정치권에 오기 전에 검찰에 근무했는데, 거기서 출세하려면 조직논리에 맞는 이런저런 일을 해야 한답니다. 그러다가는 사람이 망가질 것 같아서 그만뒀다고 하더군요.

조국 수긍이 가는 말입니다. 제 친구 중에도 그런 말을 하고 옷을 벗은 사람이 제법 됩니다.

오연호 검찰 내부로부터 변화가 일어날 가능성에 대해서는 어떻게 보십니까? 이제 386세대가 검사장이 되는 시절인데, 개혁적인 검사들이 더 이상 참을 수 없다며 이른바 '정풍整風운동'■을 일으킬 가능성 말입니다.

■
중국 공산당의 당내 투쟁을 효과적으로 전개하기 위해 마오쩌둥(毛澤東)이 주창한 쇄신운동이다. 삼풍정돈(三風整頓)의 줄임말로, 당원 교육, 당 조직 정돈, 당 기풍 쇄신 등을 말한다. 우리 정치에서도 정당의 '변화'와 '쇄신'을 말할 때 자주 원용하고 있다.

조국 물론 내부에는 여러 사람이 있습니다. 권력지향성 없이 묵묵히 원칙에 따라 수사하는 검사들이 제법 있습니다. 그런데 이런 검사들이 조직의 핵심을 쥐고 있지는 못합니다. 개인적으로는 이들이 꾹 참고 묵묵히 조직 내에서 버텨주었으면 합니다만, 수구·보수 진영과 은밀한 유착을 유지하는 엘리트 그룹이 조직을 이끌고 있고, 또 자신과 비슷한 후배 검사를 끌어준다는 것이 문제입니다.

전국 검사들 다수는 통상의 범죄를 수사하고 기소하면서 묵묵히 살고 있습니다. 업무량 부담도 상당합니다. 문제는 이런 검사들이 크지 못한다는 겁니다. 그럼 누가 클까요? 바로 정치적 편향이 있는 사람이 큽니다. 검찰 내에서도 불만이 높아요. 검찰 조직이 잘되려면 바꿔야 합니다. 검찰 본연의 일에 매진하는 사람이 클 수 있는 조직이 되어야 합니다. 향후 진보·개혁 진영이 집권한다면 이러한 검사를 키워주어야 합니다.

고위공직자비리수사처는 필수다

오연호 진보·개혁 진영이 집권했을 때 추진해야 할 검찰 개혁의 핵심을 간단히 요약한다면 무엇입니까?

조국 두 가지입니다. 첫째는 고위공직자비리수사처(고비처)를 신설하는 것이고, 둘째는 검찰과 경찰 간의 수사권 조정을 하는 것입니다. 노무현 정권 이전부터 학계와 시민단체에서는 이 두 가지를 강하게 주장했어요. 고비처 신설은 검찰 조직 개혁이라는 차원 외에 권력형 부패·범죄를 더욱 단호하게 수사한다는 목적이 있어요. 지금까지 검찰의 권력형 비리 수사는 항상 정치적 편향성과 공정성이 문제가 되었죠. 이명박 정권에서도 여전히 마찬가지고요.

오연호 고비처를 설립해서 검찰이 독점하는 기소권을 분할하고, 수사권은 경찰과 나눠 갖도록 해야 한다는 거죠?

조국 맞습니다. 이러한 개혁이 이루어지면 수사와 공소 각각에서 경쟁구도가 만들어지기 때문에 검찰이 권력을 남용하지 못하죠. 특히 검찰 내부의 범죄는 고비처가 담당하여 수사하고 기소하니까 검찰 내부의 비리가 대폭 줄어들겠죠.

오연호 2010년 4월 MBC 〈PD수첩〉의 보도로 파문이 일었던 검찰 스폰서 사건 같은 것들이 터지면 고비처가 나서는 거군요.

조국 국무총리, 장관, 도지사, 시장, 법관, 검사 등 공직자윤리법이 규정하는 고위공직자의 권력형 부패·범죄에 대한 수사와 기소는 고비처가 하는 거죠. 그런데 이 법 제정에 대해 검찰은 자신들의 큰 권한이 사라질 테니 결사반대했어요. 고위공직자에 대한 수사권이 사라지면 자신들의 위상이 추락한다고 본 것이죠.

그리고 국회의원들은 다른 이유에서 고비처 신설을 꺼렸어요. 공직자윤리법의 적용 대상에 국회의원이 들어가니 고비처의 수사 대상도 되거든요. 고비처는 검찰보다 훨씬 강하게 반부패수사를 할 것으로 예상되니까 마뜩잖았던 거죠.

당시 저는 고비처 수사 대상에서 국회의원을 빼더라도 고비처법을 통과시켜야 한다고 얘기했어요. 국회의원을 뺀다는 점에서는 원칙에 맞지 않지만, 검찰 개혁을 위해서는 이 정도는 양보할 수 있다고 봤거든요.

오연호 검찰은 어떤 논리로 고비처에 반대합니까? 교수님이 볼 때 그들의 반대 논리는 왜 설득력이 떨어지나요?

조국 검찰은 고비처가 검찰보다 더 강한 권력인데 이를 왜 새로 만드느냐, 고비처가 권력을 남용할 수도 있지 않느냐, 고비처를 새로 만들고 운영하면 비용이 들지 않느냐 등의 주장을 했죠. 그러나 고비처를 만든다는 게 어렵거나 비용이 많이 드는 것이 아니에요. 아주 단순화해 말하면 현재의 '대검 중수부'를 떼어내서 검찰 조직 바깥에 두는 것이라고 보면 됩니다. 물론 구성원을 현직 검사로만 채우는 것은 아니고요. 사실 일선 지검에 특수부가 있음에도 대검 중수부를 두는 것은 중요 특수수사를 검찰 수뇌부의 영향 아래 두겠다는 것입니다. 그곳이 검찰과 정치권력의 '거래'가 발생하는 출발점이거든요.

검찰은 힘의 논리가 지배하는 조직입니다. 따라서 검찰 개혁의 핵심은 그 힘을 분산시키는 데 있어요. 고비처는 다른 말로 하면 '상설적 특별검사'입니다. 지금까지는 사안별로 검찰 수사에 문제가 있을 때마다 국회가 사후적으로 특별검사법을 만들어왔는데, 이 경우는 특별검사가 뒤늦게 사건 수사에 뛰어드는 것이기 때문에 수사 성과가 잘 나오기는 힘들어요. 특별검사가 항상 존재하도록 하자는 것이 바로 고비처 신설입니다. 물론 건물이 필요하고 인건비가 들겠지만, 이 조직을 잘 활용하면 권력형 부패·범죄가 줄어들기 때문에 충분히 투자가치가 있어요.

남은 문제는 고비처를 누가 통제할 것인가입니다. 대통령이 검찰을 이용하듯이 고비처를 이용하는 것 아니냐는 우려가 있을 수 있어요. 이러한 우려는 불식해야죠. 해결책은 간단합니다. 고비처장을 국회에서 여야가 합의하여 대통령에게 추천하고 그 사람을 대통령에게 임명하도록 하는 겁니다. 그러면 고비처장의 정치적 중립성 문제는 해결됩니다. 그리고 고비처장은 임기를 보장하되, 그 임기가 두 정권에 걸쳐 있도록 설계하는 방법도 있어요. 이런 식으로 고비처를 만들면, 어느 정권이 들어서건 고위공직자들이 조심할 수밖에 없을 겁니다.

오연호 고비처의 대상이 만약 고위공직자 2000명이라면 그 2000명에 대해서는 기존 검사들이 수사를 안 하나요?

조국 입법자가 검찰과 고비처의 관할권을 어떻게 나눌 것인가에 달려 있습니다. 고위공직자들이 강간, 폭행, 절도 등 통상의 범죄를 저질렀을 경우에는 검찰이 사건을 맡고, 권력형 부패·범죄는 고비처가 담당하는 식으로 분배가 가능할 것입니다. 검찰은 위세를 부릴 수 있는 사건을 빼앗긴다고 불만이 많겠죠. 그러나 지금처럼 '과잉 정치화'되어 있는 검찰을 그대로 두고서는 검찰 개혁도, 반부패투쟁도 제대로 하기 어렵습니다.

오연호 〈PD수첩〉 보도 후에 검사 스폰서 사건의 파장이 한창일 때

"검찰은 삼성과 비슷하다는 생각을 해봅니다. 삼성맨들은 자신들이 한국을 이끈다는 자부심으로 똘똘 뭉쳐 삼성이라는 조직과 그 수장을 위해 충성을 다하지 않습니까. 그리고 경제 외에도 정치와 사회 분야까지 삼성의 영향력을 넓히려 하고요. 저는 검찰을 검찰로만 봐서는 안 된다는 얘기를 하는 겁니다."

는 한나라당에서도 고비처를 만들어야 한다는 얘기가 나왔는데, 그 이후에는 흐지부지되고 있는 것 같습니다.

조국   정두언 의원이 고비처를 만들자고 했죠. 한나라당 여의도연구소에서도 고비처에 대한 세미나를 개최했고요. 그러나 실제로 그렇게 하겠다는 것은 아닌 것 같습니다. 한나라당 내부의 검찰 출신들이 동의해주겠습니까? 검찰에게 똑바로 하라는 메시지를 주면서, 누구의 힘이 우위인지 보여주려고 했던 것 아닌가 싶어요. 물론 저는 한나라당이 앞에서 말한 것과 같은 고비처를 만든다면 박수를 칠 겁니다.

오연호   검·경 수사권 분리에 대한 이야기도 좀 나눠보죠. 참여정부에서 추진하다가 중단되었는데, 권력분산을 강조하는 노무현 대통령의 철학에서 보면 검찰이 독점하고 있는 수사권을 경찰에게 일정 부분 넘겨주는 게 맞다고 보거든요. 대선 공약에도 들어 있었고요. 그런데 왜 이루어지지 못했을까요?

조국   현행법상 검사는 수사지휘권을 갖는데, 이 때문에 경찰 전체를 검찰의 하부기관처럼 여기거나 사법경찰관리 개인을 인격적으로 지배하려는 행태가 나타나 경찰이 강력히 반발해왔습니다.

  노무현 정권 때 사상 최초로 수사권 조정을 위해 검찰과 경찰 양측이 '검·경수사권조정협의체'를 만들어 논의를 전개했습니다. 그리고 의견 합치가 이루어지지 않는 점에 대해서는 2004년 12월 민간위원이 참여하는 '수사권조정자문위원회'가 조직되어 장기간 논의를 진행했어요. 저는 당시 위원으로 참석해 개인적으로 조정안까지 제출하면서 양측의 합의를 이끌어내려고 나름의 노력을 기울였지만 여의치 않았습니다.

현재 사법경찰관리는 대부분의 사건에 대하여 검사에 대한 보고나 검사의 지시 없이 사건을 인지하고, 고소·고발을 접수하여 수사하고 있어요. 독자적인 수사능력이 있다는 겁니다. 물론 현재 경찰도 부패나 인권 침해 등 여러 문제를 안고 있죠. 그러나 2010년의 한국 경찰이 1954년 형사소송법을 만들 때의 그 수준은 아닙니다. 그리고 패전 이후 계속 수사권을 보유·행사하는 일본 경찰의 수준보다 못하다고 할 수 없어요. 일본 경찰은 검사의 지휘 없이 독자적인 수사권을 행사합니다.

경찰에도 분명 문제가 있지만 이는 문제 있는 자를 징계하고 처벌하는 방식으로 풀어야지, 검찰에게 모든 권력을 몰아주는 방식을 계속 고수할 수는 없습니다. 전 세계 검찰 중에서 한국 검찰만큼 많은 권한을 가진 검찰이 없어요.

경찰에게 독자적인 수사개시권을 주는 변화가 일어나면, 검찰은 부패 경찰, 인권 침해 경찰을 잡으려고 눈에 불을 켤 거예요. 경찰도 받은 수사권을 빼앗기지 않기 위해서라도 내부 교육과 감찰을 철저히 할 것입니다. 그리고 경찰에게 수사개시권을 주더라도 최종 단계에서는 공소의 책임자이자 법률가인 검사가 수사를 종결하게 되고, 경찰에게 공소유지 여부를 판단하는 데 필요한 수사를 요청할 수 있으므로, 경찰의 권력 남용에 대한 통제장치는 이미 마련되어 있다고 봐야 합니다.

오연호   교수님께서는 진보·개혁 진영이 집권을 한다면 어떻게 검찰을 대해야 한다고 보십니까? 김대중·노무현 정권 때의 검찰에 대한 대응을 비교하면서 설명해주시면 좋을 것 같습니다.

법무부는 검찰 그늘 벗어나야

조국   김대중 대통령은 자신이 검찰 수사의 피해자였지만, 검찰 개혁의 청사진을 가지고 있지는 못했다고 봅니다. 집권하고 나서 "검찰이 바로 서야 나라가 바로 선다"는 문구를 친필로 써서 검찰청에 보냈고, 이 글씨가 검찰청에 걸려 있었죠. 그러나 법무부 장관에 자신의 측근을 임명하면 이들이 알아서 잘 처리할 거라는 정도로 생각했던 게 아닌가 합니다. 사실 김 대통령은 법률가가 아니라서 검찰의 속살을 잘 모르고 있었을 수도 있죠.

이에 비해 노무현 대통령은 자신이 인권변호사를 하면서 항상 검찰을 접했기 때문에 검찰의 논리와 문화도 알고, 검찰 개혁의 필요성도 느끼고 있었던 겁니다. 사실 노무현과 문재인은 민변(민주사회를 위한 변호사모임) 소속 변호사였잖아요.

그렇다면 진보·개혁 진영이 권력을 잡았을 때 검찰을 어떻게 다루어야 할까요? 반대파를 뒷조사하거나 먼지를 터는 데 검찰을 쓰는 것처럼 검찰을 권력 유지의 도구로 쓰면 안 되겠죠. 그러나 대통령은 법무부 장관을 통하여 검찰에 대한 정당한 인사권을 행사해야 합니다. 어떤 사람을 어떤 자리에 앉히고 어떤 사람을 승진시키는가에 따라 공무원 조직은 달라집니다. 적어도 대통령 임기 동안에는 말이죠.

검찰 개혁과 관련해서는 무엇보다 법무부 장관이 중요합니다. 검사에 대한 인사권을 쥐고 있으니까요. 검찰 개혁을 이루려면 분명한 비전과 확고한 의지를 가진 사람이 적어도 대통령 임기의 절반은 대통령과 같이 가야 합니다. 물론 검찰 내부에서도 호흡을 맞추는 사람들이 있어야 하고요. 예컨대, 고비처를 만들려고 하면 검찰이 격렬히 반대할 겁니다. 대통령, 친인척, 집권당 간부 등의 비리 정보를 입수하여 반대 정파에 흘릴 수도 있어요. 검찰 조직을 확실히 장악하고 이끌어가면서도 검찰 개혁에 동의하는 검찰총장이 필요할 겁니다.

여기서 법무부와 검찰청의 분리 문제를 특별히 언급하고 싶어요. 법상 법무부는 검찰의 상급기관이고, 검찰청은 법무부의 외청입니다. 그런데 실제로는 검찰이 법무부를 장악하고 있어요. 법무부에는 법안제출권이 있습니다. 그러다 보니 검찰이 사실상 법안제출권을 행사하는 셈이에요. 게다가 국회 법사위에는 검찰 출신 국회의원들이 포진해 있죠. 법무부 장관은 당연히 검사 출신이 해야 한다는 관념도 사회에 많이 퍼져 있어요. 참여정부 때 강금실, 천정배 등 비검사 출신 법률가가 장관으로 오니 검찰에서 얼마나 반발했습니까.

외국에서는 법무부 장관에 꼭 검사 출신을 임명하지 않습니다. 그 시기의 과제에 따라 비법률가 정치인, 판사 출신, 변호사 출신, 교수 출신 등이 임명됩니다. 진보·개혁 진영이 집권한다면 법무부의 탈검찰화를 추진해야 합니다. 검찰의 논리와 인적 네트워크에서 자유로운 법무부가 되어 법무행정을 추진해야 해요. 그래야 검찰 개혁도 가능하죠.

오연호 노무현 정권 시기에 강금실 변호사가 초대 법무부 장관으로 임명되어 화제가 되었고, 그다음엔 노무현 정권의 '공신'인 천정배 의원이 법무부 장관으로 임명되었죠. 당시를 되돌아본다면 이들은 적임자였나요?

조국 강금실 장관은 최초의 판사 출신 법무부 장관, 최초의 여성 법무부 장관, 최초의 민변 출신 법무부 장관이죠. 상명하복의 위계질서가 철저한 검찰의 문화를 깨뜨리고 '문민화'하려는 노 대통령의 포석이었어요. 천정배 장관도 대표적인 인권변호사 출신이죠. 두 사람 다 검찰 개혁을 고민한 것은 사실입니다. 그러나 고비처 신설을 만지작거렸을 뿐 실천에 옮기지는 못했어요.

 강 장관 시절 검찰은 강 장관을 밀어내려고 애썼어요. 검찰 최상층부로서는 여성에다가 사법시험 기수도 아래인 강 장관이 마뜩잖았던 거죠. 게다가 청와대 일부에서도 강 장관이 당시 검찰의 여권 수사를 막지 않고 있다고 불만이 많았죠. 그러다가 강 장관은 전격 경질됩니다. 이때 참여정부가 검찰 개혁을 포기했다는 말이 법조계에 돌았습니다. 천정배 장관의 경우 열린우리당 원내대표 시절에는 고비처 신설을 주장하는 등 검찰 개혁 의지가 강했어요. 그러나 장관 임명 이후에는 발동을 걸지 못합니다. 사실 검찰 개혁이라는 과제는 정권 초기에 전광석화처럼 처리해야 하는데 말입니다.

오연호 천정배 장관 후임으로는 문재인 청와대 비서실장이 거론되다가 무산되었죠.

조국 검찰 개혁의 기회가 새롭게 왔을 때인데, 안타까운 일이라고 생각합니다. 노 대통령 탄핵정국이 종료되고, 행정부와 의회 모두 진보·개혁 진영이 다수파를 형성했어요. 천정배 장관은 자신의 위치를 '장관'보다는 '정치인'으로 매기고 있었기에 검찰 개혁을 끝까지 밀어붙이지 못한 게 아닌가 합니다. 천 장관 후임으로 문재인 비서실장이 거론될 때 저는 속으로 적임자라는 생각을 했어요. 문재인은 정치인으로 입신할 생각이 없으니, 이것저것 재지 않고 검찰 개혁의 칼을 휘두를 수 있을 것 같았거든요.

그런데 당시 집권 여당인 열린우리당은 이 문제를 여권 내의 파워 게임으로 생각하고 반대했어요. 당시 김근태 의장이 왜 문재인 카드를 반대했는지 이해가 되지 않아요. 문재인 대신에 검찰 출신 김성호 씨가 법무부 장관이 되었는데, '김성호 카드'로 검찰 개혁이 될 리 만무하죠. 문재인 법무부 장관이라고 했을 때 그 무게감은 달랐을 겁니다. 노무현의 핵심 측근이고, 뚝심 있고, 검찰의 생리를 아는 사람이기 때문에 아쉬움이 있습니다.

법무부 장관에게는 법안제출권이 있습니다. 검찰을 쪼갠다고 하면 검사들이 반발하겠죠. 그러면 "너 나가라"고 하면 되는 거예요. 검찰을 쪼개는가 마는가의 문제는 검찰의 권한이 전혀 아니거든요. 법무부 장관이 수사에 개입하는 것은 금지해야 하지만, 제도적으로 검찰을 바꾸는 것은 할 수 있는 일이고, 또 했어야 한다고 봅니다.

오연호 집권했을 때 적기를 놓치지 않고 적절한 인사를 통해 개혁을 추진하는 것이 정말 중요하겠군요.

조국 법무부든 재경부든 어느 부처든 간에, 그 시기에 딱 맞는 사람을 찾는 것이 중요합니다. 진보·개혁 정권이 재집권한다면 노동과 복지 강화, 재벌 개혁, 검찰 개혁, 국방 개혁 등 몇 가지 핵심 개혁을 반드시 추진해야 하는데, 이 경우 대통령은 반대파가 뭐라고 하건, 아무리 흔들어도 끝까지 한다는 것을 보여주어야 합니다. 이때 임명하는 장관도 바로 이러한 개혁 의지가 드러나는 사람이어야 하고요. '이 사람은 밀리지 않겠구나, 아래에서 흔들어도 떨어지지 않겠구나'라고 느껴지는 사람을 내각에 포진해야 한다는 것입니다.

이재오 특임장관의 예를 보세요. 이재오가 국가권익위원장을 역임했는데, 한직이던 이 자리가 이재오가 부임하면서 갑자기 위상이 높아졌죠. 만약 이재오 같은 비중의 사람이 법무부 장관을 한다고 해보세요. 검사들이 꼼짝 못할 겁니다. 바로 이러한 '힘'을 사용할 수 있어야 합니다.

권력혐오증을 넘어서

오연호 권력을 잘 사용해서 세상을 바꿔보려면 국정철학을 잘 이해하고 있는 사람들을 권력기관에 적절히 포진시켜야겠군요. 그런데 노무현 정권 때 그것을 시도하니까 보수 언론에서 '코드 인사'라는 말을 사용하면서 노 정권의 인사정책을 맹비난했잖아요.

조국 '코드 인사'는 나쁜 게 아닙니다. 정권을 잡았으면 자신의 정책을 펼치기 위해 소신과 배짱이 맞는 사람끼리 호흡과 손발을 맞추는 것이 당연합니다. 집권 후 반대파를 요직에 임명하라는 요청은 정당하지도 않고 기대할 수도 없는 거죠.

참여정부 당시 코드 인사라는 말이 나돈 것은 조·중·동의 프레임이 먹힌 겁니다. 그런데 조·중·동은 이명박 정권에 대해서는 코드 인사라고 비난하지 않죠. 자기가 하면 코드 인사가 아니고, 반대파가 하면 코드 인사라고 비난하는 것은 앞뒤가 맞지 않는 정파적 비난이에요.

저는 이명박 정부가 코드 인사를 할 수 있다고 생각합니다. 문제는 코드 인사를 하더라도 법과 상식을 존중해야 한다는 겁니다. 법상 임기가 보장되어 있는 단체장을 억지로 밀어내는 것은 저급한 일이죠. 전임자가 임명했다고 하더라도 법이 보장한 임기는 지켜주는 것이 예의입니다. 그리고 특정 학교, 종교, 지역을 기준으로 삼는 '고소영' 인사는 문제가 있죠. 한국 사회에 엄존하고 있는 지역주의와 학벌주의를 고려할 때 특정 지역, 특정 학교 출신이 요직을 독식해선 안 됩니다.

오연호 지금 교수님께서 말씀하신 것처럼 코드 인사에 대한 생각이 잘 정리되어 있었다면, 참여정부 시기 조·중·동이 공격할 때 당당하게 대응할 수 있었겠죠. "그래, 우리 코드 인사 한다. 우리는 이런 철학을 갖고 있고, 그 사람들이 이런 철학에 맞기 때문에 임명했다. 우리는 좋은 정책을 펼칠 것이니 그 결과를 보고 나중에 우리를 평가해라" 이런 식으로 말이죠.

조국 그렇죠. 코드 인사가 아니라고 할 것이 아니라 "코드 인사가 왜 나쁜가?"라고 적극적으로 대응해야 했다는 것입니다.

오연호   노무현 정부 때 국정운영 방식 중의 하나가 권력분산이었습니다. 청와대에서 모든 것을 좌지우지하는 것이 아니라 청와대, 여당, 일선 권력기관이 서로 자율성을 가지고서 움직인다는 것이었습니다.

참여정부 안팎에서는 그것을 참여정부의 치적으로 여기는 분들이 있습니다. 그런데 권력분산이라는 것이 그 자체는 좋지만, 지지자들이 보기에는 그 정권이 뭔가 힘이 없는 것 같았나 봐요. 분산은 있었지만 '효율적 통합'은 부족하지 않았나 싶습니다. 이후 진보·개혁 진영이 집권을 하면 권력을 어디까지 분산하고 또 어떻게 통합할까, 이게 중요한 고민이 될 것 같습니다.

조국   권력기관을 분산하는 것이 원칙상 맞다고 생각합니다. 그런데 한국 정치의 현실에서 각 영역의 권력기관은 최고 권력인 청와대를 신경 쓰지 않을 수 없습니다. 청와대가 당과 정부 위에 군림하며 명령을 하달하는 것은 안 되지만, 정책의 우선순위, 정책 집행의 속도와 강도 등을 '조율'하는 역할은 해야겠죠. 당·정 협의회가 제대로 돌아간다면 풀릴 문제가 아닌가 합니다.

마지막으로 덧붙이고 싶은 것은 권력혐오증에서 벗어나자는 것입니다. 막스 베버Max Weber는 "정치인은 악마적 힘과 손잡는 사람"이라고 갈파한 바 있어요. 정치권력은 다름 아니라 악마적 힘입니다. 이 힘과 손을 잘못 잡으면 악마에게 내가 넘어가죠. 이 힘을 포기하면 반대 정파가 이 힘을 사용하여 나를 억누르죠. 그러나 그 힘을 정확히 사용하면 세상을 바꿀 수 있습니다. 바로 이러한 능력이 정치인에게는 필요한 겁니다. 정치권력에 대한 비판에 능한 것을 넘어,

그 권력을 잡았을 때 이를 잘 다루어 목표를 달성해야 한다는 거죠. 진보·개혁 진영의 사람들은 권력 행사를 혐오하는 경향을 버려야 하며, 권력을 유능하게 행사하는 기술을 배우고 익혀야 합니다.

플랜 6
사람

잔치는
다시
시작이다

오연호 어느덧 대담이 종반부로 치닫고 있습니다. 그동안 귀중한 시간을 빼가며 고생하셨는데, 마지막까지 힘내주십시오.

조국 덕분에 정책 대안들에 대한 공부를 많이 했습니다. 대화를 거듭하면서 제가 앞서 이야기했던 것을 다시 한 번 점검하고 보완하는 시간을 가지니까 저도 공부가 되고 있습니다.

오연호 앞에서 사회·경제 민주화를 어떻게 이룰 것인가, 남북분단 상황과 세계화라는 흐름에 어떻게 대응할 것인가, 검찰이라는 권력기관을 어떻게 개혁하고 활용할 것인가 등에 대한 논의를 했는데요. 사실 이 모든 것은 진보 집권 프로젝트의 일환이죠. 그래서 오늘은 어떻게 재집권을 할 것인가, 어떻게 정치적 결실을 만들 것인가에 집중해서 이야기해볼까 합니다.

 2012년, 늦어도 2017년에 진보·개혁 진영이 집권을 하기 위해서는 어떤 정치판을 만들어야 할 것인가, 나아가 어떤 대통령 후보를 만들어내야 할 것인가, 시민들은 어떤 준비를 해야 할 것인가에 대해서 이야기해봤으면 합니다.

조국 그동안 이야기했던 것을 바탕으로 '우리는 지금 무엇을 해야 하는가'를 논하는 셈이군요.

오연호 우선 말씀드리고 싶은 것은 긍정적 신호에 대한 것입니다. 2010년 6·2 지방선거를 기점으로 진보·개혁 진영에 정치적 활력이 살아나고 있다는 느낌이 강하게 듭니다. 저는 그 정치적 활력을 '신명'이라고 부르고 싶어요. 2002년 대선에서 노무현 대통령이 당선 됐을 때, 그것이 최고조에 이르렀죠. 물론 1997년 김대중 당선 때도 그랬던 적이 있지만, 그때는 기성 정치 세력이 정치공학적으로 승리를 만들어낸 측면이 강했는데, 노무현 당선 때는 '우리가 함께 만들었다'는 대중들의 신명이 함께 있었단 말이죠.

그런데 그 '신명'이 계속 줄어들다가 이명박 정권의 등장과 함께 바닥을 쳤죠. 그러다가 6·2 지방선거에서 유권자의 힘으로 한나라당에 참패를 안기고 나서 진보·개혁 진영이 정치적 활력을 되찾아가고 있는 것 같습니다. 신명의 회복, 저는 이것이 앞으로 2012년 혹은 2017년 대선 때 상당히 긍정적인 에너지가 될 수 있지 않을까 생각합니다.

대중은 판을 바꿀 준비가 돼 있다

조국 당연히 큰 힘이 될 것입니다. 진보·개혁을 추구하는 유권자 모두가 '우리가 움직이면 해낼 수 있다'는 자신감을 갖게 된 것이니까요. 1999년 최영미 시인이 쓴 시 〈서른, 잔치는 끝났다〉가 회자된 적이 있었죠.

이명박 정부의 출범은, 우리의 잔치가 영원히 끝난 것 같은 우울한 분위기를 가중시켰습니다. 그런데 2010년 6·2 지방선거를 통하여 진보·개혁을 추구하는 유권자가 '잔치는 끝나지 않았다. 새로운 잔치는 다시 시작이다'라고 보여준 겁니다.

그러나 너무 좋아해서는 안 됩니다. 6·2 지방선거에서 한나라당에 반대하는 표를 던진 촛불 시민들이 산뜻한 마음으로 그런 것은 아닙니다. 진보·개혁 진영의 후보 간 단일화 문제가 복잡하게 돌아가면서 마지막 순간까지 누굴 찍어야 할지 고민한 거죠. 단일화된 후보를 찍으면서도 뭔가 찝찝한 마음이 가시지 않는 경우가 있었을 겁니다. 선거구마다 자신이 지지하는 후보와 정당이 일치하지 않는 경우가 많았으니까요.

이런 고민은 무엇을 말해주나요? 지금 촛불 시민의 정치적 자기 정체성은 분열돼 있습니다. 자기가 분열되고 싶어서 그런 게 아니라 자기의 정치적 대변자가 분열돼 있기 때문에 그런 거죠. 지방선거에서 야권이 승리한 것은 그들이 잘해서가 아니라, 이명박 정부가 워낙 무지막지하게 불도저를 몰고 다니니까 유권자가 화가 났기 때문입니다. 그리고 많은 지역에서 야권단일화가 이루어졌기 때문이기도 하고요.

그런데 2012년 국회의원 선거나 대통령 선거는 또 다른 문제입니다. 당장 '반MB'라는 슬로건 자체가 먹히지 않는 상황이에요. 그리고 시장/도지사, 구청장, 시의원/도의원, 구의원 등 다양한 층위에서 분배할 자리가 많은 지방선거와는 다르게 나누거나 양보하기도 매우 어려워요.

오연호 그러면 촛불 시민의 염원을 반영하는 바람직한 정치구도는 무엇일까요? 이명박 정권 시대를 경험하면서 진보·개혁 세력이 그 어느 때보다 '반MB' 연합 혹은 연대에 대한 이야기들을 많이 하고 있는데요. 진보·개혁 세력이 현재의 자기 역량, 현재의 자기 가능성을 제대로 발현하기 위해서는 어떤 식으로 정치판을 형성하는 것이 좋을까요?

조국　대중들은 준비가 돼 있는 것 같습니다. 판을 바꿀 준비가 되어 있는 거죠. 유권자는 6·2 지방선거에서 이명박 정권에 대한 분노를 표출했고, 7·28 재·보궐선거에서는 안이한 민주당에게 경고를 가했습니다.

그런데 대중의 마음을 담아낼 솥이 문제입니다. 솥의 모양과 크기에 따라 열기가 달라지죠. 국을 조그마한 그릇 여러 개에 나눠 끓였다가 합쳤다가 또 나눴다가 하면 열기가 소진되지 않겠습니까? 지금 진보·개혁 진영의 정당구조가 딱 그 모양입니다. 민주당, 국민참여당, 민주노동당, 진보신당 등등, 이래가지고는 대중의 열기를 제대로 담을 수도 없고, 2012년의 승리도 어렵습니다.

6·2 지방선거, 7·28 재·보궐선거의 경험은 현재 정당구조의 변화를 요구하고 있어요. 민주당, 국민참여당, 민주노동당, 진보신당 사이에 서로 노선과 당 운영 방식의 차이가 있고, 여러 가지 이유로 감정적 대립이 쌓여 있다는 것도 잘 알고 있습니다. 그렇지만 지금과 같은 난립 상태는 정리되어야 해요.

저는 진보·개혁 진영의 정당이 2011년 안에 소통합을 했으면 합니다. 이 정당들 모두 그 뿌리는 반독재민주화 운동이지만, 추구하는 이념과 정책, 그동안의 사적·공적 대립 등을 생각하면 하나의 당으로 합하는 것은 어려워 보이거든요. 소통합 방안은 두 가지를 생각할 수 있습니다. 첫 번째 소통합 방안은 김대중·노무현 두 정권의 담당자였던 민주당과 국민참여당이 합치고, 민주노동당, 진보신당, 사회당 등 진보정치 세력이 합치는 겁니다. 개혁적 자유주의자들의 통합정당과 반신자유주의 사회(민주)주의자들의 통합정당으로 소통합하는 거죠. 두 번째 소통합 방안은 제1야당 민주당은 그대로 있고, 민주당이 아닌 다른 야당이 다 합치는 겁니다. 이때 새로 만들어진 야당의 노선은 민주당보다는 분명 '좌', '반신자유주의' 노선을 취하겠죠.

사실 이러한 두 가지 방식의 소통합을 추구하는 운동이 이미 시작되어 서로 경쟁하고 있어요. 이러한 소통합 운동에서 모두 신자유주의 반대와 복지국가가 공통분모로 내걸리고 있다는 점이 흥미롭습니다.

오연호 보통 사람들의 입장에서 보면 이명박 정권이 미워서 현실정치의 대안 세력을 만들어보고 싶은 건데, 자기가 표를 던지고 싶은 사람들이나 세력이 정당으로 보면 갈가리 찢겨 있는 거죠. 그러니까 어느 정당과 나를 일치화해야 할지 망설이게 되고 그 과정에서 열정이 식을 수도 있겠죠. 이런 보통 사람들의 시선에서 보면, 자기 정파의 이익을 우선하면서 차별성만 강조하다가 결국 하나가 되지 못하는 정당들이 참 미울 것 같습니다.

'민란 프로젝트'와 '올리브 동맹'

조국 수구·보수 진영에서는 민주당, 국민참여당, 민주노동당, 진보신당 모두를 묶어 '좌파'라고 부르잖아요. '그놈이 그놈'이라고 하면서요. 이 말을 역으로 새겨보아야 합니다. 사실 진보·개혁 진영도 '친이', '친박'에 대해서 '그놈이 그놈'이라고 하고 있잖아요. 물론 '그놈'들 사이에 차이가 있는 것은 사실이지만, 대중의 눈에서 보면 진보·개혁 진영이 저렇게 여러 정당으로 나뉘어 있을 필요가 있는지 의문이 들죠. 게다가 한나라당의 안상수, 정두언 의원은 한나라당과 선진당이 보수대연합을 이루어야 한다고 주장하고 있던데 말입니다.

오연호   큰 솥에서 열기를 유지하는 것이 중요하지만 현실적으로는 2012년까지 진보·개혁 진영에서 두 개의 정당이 존재하는 것이 불가피할 것 같다고 하셨는데, 그렇다면 이 두 정당을 하나로 합칠 수 있는 방법은 정말 없을까요? 그러니까 하나의 연합정당을 만드는 일 말입니다.

예를 든다면, 수치화가 가능할지는 모르겠지만, 현재 난립해 있는 각 당의 역량과 지지도를 선거 결과, 여론조사 등을 통해 계량화해서 상대적 지분을 정하는 거죠. 5 대 2 대 2 대 1, 이런 식으로요.

이에 따라 모든 당을 합쳐 하나의 큰 당으로 만들되, 그 안에서 '당 속의 당'과 같은 정파를 인정하는 겁니다. 그리고 일정 기간 모든 선거와 자리 배분에서 이 지분에 따라 질서 있게 운영을 하는 거예요. 그런데 이 지분이 만고불변하면 안 되니까 약 2년 단위로 적절한 방법, 예를 들어 선의의 경쟁 결과를 반영하는 방식으로 지분을 재조정하는 겁니다.

조국   참여연대 김기식 정책위원장이 주장하고 있는 '빅 텐트론'■

■ 참여연대 김기식 정책위원장이 2010년 6월 16일 〈오마이뉴스〉 주최 '10만인클럽 특강' 등에서 주장한 연합정당론. 민주당·국민참여당·창조한국당 등의 자유주의 개혁 세력과 민주노동당·진보신당 같은 진보 세력이 모두 모여 단일 정당을 만들되 그 안에서 색깔별로 내부 경쟁을 하자는 방안이다. 큰 텐트 속에 함께 들어가는 것에 비유해 '빅 텐트론'이라 부른다.

과 유사한 취지군요. 민주당 천정배 의원과 이인영 전 의원도 '진보·개혁 통합정당'을 만들자고 제창하고 있죠. 배우 문성근 씨도 '유쾌한 100만 민란 프로젝트'■란 슬로건을 내걸고 야권단일정당 건설운동을 열정적으로 벌이고 있고요. 사실 이 입장은 민주당 김근태 상임고문이 오랫동안 주창해온 '민주개혁대연합론'에 뿌리가 닿아 있습니다.

한국 정당구조가 애초에 미국식 정당구조로 발전했다면, 진보·개혁 진영은 미국식 '민주당' 안에 모여 경쟁하고 협력할 수 있을 것입니다. '빅 텐트'가 쳐지는 첫째 조건은 민주당이 확실히 진보 쪽으로 '좌 클릭'하고 다른 정당과 연대하는 데 진정성을 보이는 거예요. 양손에 떡을 쥔 놀부처럼 행세하지 말고 말입니다. 가장 가까운 예로 7·28 재·보궐선거에서 민주당이 광주의 한 석조차 민주노동당에게 양보하지 않은 걸 좀 보세요. 게다가 민주노동당을 '한나라당 2중대'라고 비난하는 꼴이라니…….

현재 진보·개혁 진영의 정당들 사이에는 이념과 정책의 차이가 분명히 있습니다. 서로 이러한 차이를 돌아보고 조율하지 않은 채 바로 하나로 묶어놓으면 '잡탕 정당'이 되어 안팎으로 분란만 생길 수 있어요. 그러다가 다시 쪼개질 수도 있고요. 6·2 지방선거 이후 민주당 내부에서는 '좌 클릭' 경향이 강해지고 있지만, 민주당을 '우 클릭'하려는 경향도 엄존하고 있습니다.

■ 배우 문성근 씨가 주창하는 것으로 '깨어 있는 시민'의 힘으로 진보·개혁 진영의 정당구조를 혁신하자는 운동이다. 민주당, 국민참여당, 민주노동당, 진보신당 등으로 난립해 있는 정당구조를 혁신하기 위해서는 기존 정치권에 의지하기보다 '깨어 있는 시민'이 마치 민란을 일으키듯 주도적으로 판을 바꿔야 한다고 주장한다.

"대중들은 준비가 돼 있는 것 같습니다. 판을 바꿀 준비가 되어 있는 거죠. 유권자는 6·2 지방선거에서 이명박 정권에 대한 분노를 표출했고, 7·28 재·보궐선거에서는 안이한 민주당에게 경고를 가했습니다. 그런데 대중의 마음을 담아낼 솥이 문제입니다."

노선 문제는 차치해두고라도, '빅 텐트론'은 '민주당 중심 단결론'으로 흐를 가능성이 많아요. 현 상태로 '빅 텐트'를 치자고 하면, 민주당의 조직이나 지지율이 우위에 설 수밖에 없어요. 민주당은 만만한 정당이 아니거든요. 같은 민주당 내에서도 계파가 지분 다툼을 치열하게 벌이고 있는데, 민주당이 다른 정당에게 지분을 쉽게 내주지 않을 겁니다. 정당 통합을 추진하려면 정치권 내부에 존재하는 치열한 권력의지, 지분 다툼을 직시해야 한다는 거죠.

그래서 저는 먼저 2011년 안에 가능한 범위 내에서 소통합을 하고, 소통합한 두 개의 정당 사이에 상설협의체를 만들 것을 제안합니다. 지난 6·2 지방선거에서 야권연대를 통해 승리한 곳에서 공동정부를 꾸리지 않았습니까? 이와 유사하게 각자 소통합을 이루어낸 두 정당 사이에 항상적인 협의기구를 두고 미리미리 정책연대나 선거연대를 논의하고 실천하자는 겁니다. 선거연대의 경우 지금처럼 소통합이 안 된 채 모든 당이 참여하는 방식은 시간도 많이 들고 단일후보가 늦게 확정되니까 효과도 약해요. 다음 선거가 2012년 총선인데, 상설협의체를 두고 선거 한참 전부터 미리 선거연대의 조건, 절차, 방법을 확정해야 합니다.

오연호 하나로 합치지 말고, 하나인 것처럼 연대하라는 거군요. 참여연대 김기식 위원장의 주장은, 물론 민주당의 변화와 다른 당들의 변화를 전제로 하는 것이지만, 하나의 정당 속에서 경쟁하라는 것이잖아요.

조국 김기식 위원장도 지금 당장 하나의 당으로 합치자는 주장을 하는 것은 아니라고 봅니다. 김 위원장이 '빅 텐트론'을 말하는 진짜 이유는 현재의 정치판을 흔들고 깨뜨리는 데 있다고 생각해요. 문성근 씨가 '민란'을 주장하며 100만 명의 서명을 받으려는 것도 같은 취지라고 봅니다. 이러한 제안과 운동은 민주당의 혁신을 압박하는 효과가 있기에 긍정적이라고 생각합니다.

특히 저는 정당 통합을 단지 정당에게만 맡겨두어서는 안 된다는 점에 깊이 공감하고 있어요. 진보·개혁 진영의 정당 통합에 시민사회운동 세력과 촛불 시민이 적극 개입해야 한다는 점에서 생각을 같이합니다. 그러지 않으면 기존 정당, 기성 정치인 사이의 지분 계산이 정당 통합 과정을 지배하게 되고, 소통합도 대통합도 어려워집니다.

지금까지 시민사회운동은 정당 바깥에 있으면서 정치에 개입해왔어요. 그리고 가능하면 탈정파적 입장을 유지하려고 애썼고요. 그런데 현재는 정치판의 틀을 바꾸고 새로운 정치 세력을 형성하는 것이 필요한 시기입니다. 이러한 전환기에는 시민사회운동이 적극 개입해야 합니다. 정치는 나쁜 것, 정치인은 나쁜 놈이라고 규정하고 거기로부터 거리를 두려는 태도로는 안 됩니다. 요컨대, 시민사회운동의 정치 세력화, 시민정치운동이 필요하다는 겁니다. 그리고 미국의 '무브온 MoveOn', '커피당 Coffee Party' 같은 풀뿌리 시민정치운동도 활성화되어야 합니다.

오연호 그러니까 교수님은 장기적으로 하나의 정당으로 합칠 필요성 그 자체를 부인하는 것은 아니고, 현재로서는 그것이 현실성이 작기 때문에 그에 걸맞은 수준의 통합을 우선 하자는 것이네요.

조국 　장기적으로 한국 정치지형이 보수, 중도, 진보의 삼자정립이 되어야 하는지, 보수, 진보의 이자정립이 되어야 하는지는 논란이 있습니다. 저는 너무 먼 미래보다는 지금 당장의 현실에서 출발해야 한다고 봅니다. 저는 민주당의 역할과 지분을 인정합니다. 이와 동시에 '과잉우경화'된 한국 정치지형 속에서 신자유주의를 분명히 반대하는 정치 세력이 지금보다 훨씬 더 커야 한다는 생각을 가지고 있어요. 장기적으로 '빅 텐트' 안에 다 들어가는 선택을 배제할 수는 없지만, 지금 진보정치 세력에게는 힘을 키우고 다질 시간과 공간이 더 필요해요. 현재의 정치조건에서 바로 '빅 텐트'를 치면 진보정치 세력은 기존의 정치문화에 동화되어버리거나 구색만 맞추는 미미한 존재로 전락할 수가 있거든요. 그리고 앞에서 말한 것처럼 민주당의 노선, 행태, 리더십이 변해야 해요.

　소통합한 두 정당 사이에 상설협의체를 만들고 정책연대, 선거연대를 하다 보면 서로 가까워져서 한 살림을 차리는 쪽으로 갈 수도 있을 겁니다. 사실 진보·개혁 진영의 각 정당을 묶는 '접착제'가 많이 생기고 있어요. 6·2 지방선거의 최고 쟁점이었던 무상급식이 대표적이죠. 무상급식에 대해 정당 간의 체계적인 논의도 없었는데, 대중의 호응이 좋으니까 너도나도 '이 길로 가야겠다'는 생각이 이심전심을 이루어 연대가 이루어졌죠.

　그 이후로 모두가 '보편적 복지'와 '복지국가' 건설을 주장하고 있어요. 과거에 '중도', '제3의 길' 등을 내세우던 민주당이지만, 새 대표와 최고위원을 뽑는 전당대회에 후보로 나온 주자들은 하나같이 '진보'를 강조하더군요. 정세균은 '진정한 진보', 정동영은 '담대한 진보', 천정배는 '정의로운 복지국가'……, 온건한 중도노선을 유지하던 손학규도 이번에는 '새로운 진보'라는 구호를 내걸었더군요. 과거에 진보란 말을 의도적으로 사용하지 않으려 했던 민주당의 분위기가 바뀌어 '좌 클릭'하고 있는 겁니다. 아무튼 진보·개혁 진영의 각 정당이 정책을 통하여 서로 가까워지고 다닥다닥 붙는 것은 매우 바람직합니다.

오연호　스위스에 가봤더니 네 개의 정당이 연합해서 공동정부를 구성하고 있는데, 서로 다름 속에서도 하나 되기를 참 잘하고 있다는 생각이 들었습니다. 우리도 진보·개혁 진영의 정당들이 통 크게 그런 그림을 그릴 수 있어야 하지 않을까 싶습니다. 진보·개혁 진영이 정당은 달라도 하나의 정당 같은 힘을 발휘하면 좋겠는데, 이러한 실험에 성공한 외국 사례가 있나요?

조국　사실 유럽 정치에서는 연합정치와 연합정부 구성이 항상적으로 이루어집니다. 6·2 지방선거, 7·28 재·보궐선거에서 이루어진 단일화 작업과 관련해서는 이탈리아의 '올리브 동맹 L'Ulivo'을 소개하고 싶어요.

　이탈리아는 한국과 유사하게 지역주의, 이념 대립이 심하고, 상·하원의 75퍼센트를 단순다수대표제로 선출하는 선거제도를 가지고 있습니다. 그런데 1995년 여섯 개의 중도 및 좌파 정당이 '올리브 동맹'이라는 선거연합체를 형성해 지역별로 단일후보를 내세워 정권교체를 이루었어요. 각자의 정당은 다 유지하면서도 대중에게는 "우리는 모두 올리브 동맹"이라고 소개한 거예요. 선거를 위하여 '우산정당 umbrella party'을 만든 겁니다. 이탈리아 유권자는 이들을 그냥 '올리브당'으로 받아들인 거죠.

우리도 이러한 실험을 해볼 필요가 있어요. 단, 한국의 경우에는 시민사회운동의 힘이 상당하기에 이들과 정당이 함께 틀을 만드는 게 좋다고 봅니다. 시민사회운동 세력이 '중재자' 또는 '완충판' 역할을 할 수도 있으니까요.

예컨대, 정당 바깥에 있는 진보·개혁 진영의 사람들이 주도하여 기존 정당 바깥에 '(반신자유주의) 복지연합' 또는 '무지개 연대' 등의 이름을 가진 연대조직을 만듭니다. '무지개 연대'란 이름은 지난 6·2 지방선거 때 경기도 고양에서 야5당 선거연대를 추진하여 성공했던 조직 이름에서 빌린 겁니다. 그리고 정동영, 손학규, 김근태, 천정배, 유시민, 권영길, 이정희, 노회찬, 심상정 등 기존의 각 정당 소속 정치인들과 '무지개'의 강령에 동의하는 사람들이 개인 자격으로 가입합니다. 이들은 소속 정당원임과 동시에 '무지개' 소속이 되는 거죠. 이후 자신을 홍보할 때도 소속 당 마크와 '무지개' 마크를 동시에 보여줍니다. 이와 같이 정당 간의 소통합, 소통합된 정당 간의 상설협의체 운영, 그리고 '무지개 연대'의 운영 등 세 가지를 동시에 진행해보자는 거죠.

오연호 충분히 해볼 만할 것 같은데요.

조국 '무지개 연대'가 만들어지면 국회의원 선거 후보단일화에도 도움이 되겠죠. 현행 정당법상 정당 간 경선이 금지되어 있어 문제인데, 일단 정당 간의 합의를 진행하고, 불발되면 '무지개 연대'에서 단일화의 규칙, 요건, 절차를 정하여 실행하고 후보자는 승복하는 겁니다. 현재는 각 당에서 경선을 통해 후보를 뽑고 그다음에 그 후보들끼리 다시 단일화 작업을 하는 방식을 취하고 있죠. 이는 시간도 많이 걸리고 비용도 많이 듭니다. 불복 가능성도 있고요.

오연호 지난 6·2 지방선거에서 야권후보 단일화를 위해 시민사회와 정당이 이른바 '5+4 회의'를 여러 차례 했는데도 성사가 쉽지 않았죠. 만약 '무지개 연대'가 만들어진다면 연대가 더욱 체계화되는 거니까 그런 한계를 극복할 수 있겠네요. 그런데 '무지개 연대'가 제대로 되고, 또 정당연합의 상설협의체가 제대로 되려면 지분 문제가 합리적으로 해결되어야 할 것 같습니다. '무지개 연대' 내에서 어느 당이 어느 정도의 지분을 가질 것인지에 대해서 말이죠. 만약 국회의원 선거에서 비례대표제가 한층 강화된다면 그걸 기준으로 할 수도 있을 텐데, 지금은 그런 수준이 아니잖아요.

조국 정치판에서의 지분은 당연히 선거를 통하여 확보됩니다. 그런데 현 선거제도에서는 소수파 정당이 항상 불리하죠. 그리고 각 정당이 후보단일화를 하기 위해서 선거 때마다 단일화의 기준, 방법, 절차를 둘러싸고 지루한 협상을 반복하고요.

사실 유권자의 뜻을 정치에 정확히 반영하고 각 정당의 지분을 합리적·객관적으로 확정하기 위한 가장 이상적인 방법은 선거제도를 개정하여 지역구 의석수를 줄이고 정당명부 비례대표의 자리를 대폭 늘리는 것입니다. 정당투표에 따른 의석수를 독일처럼 전체 의석수의 절반 이상 정도로 높이는 거죠.

그런데 현재의 선거제도에서 이익을 보는 양대 정당은 이러한 선거구제 개정을 원하지 않겠죠. 그러면서도 진보·개혁 진영의 정당들이 연대·단결할 필요는 있으니까 후보단일화니 '무지개 연대'니 얘기를 하는 것이고요. 가까운 길이 있는데 멀리 돌아가고 있는 겁니다. 2004년 탄핵정국이 종료되었을 때 정당명부 비례대표의 자리를 대폭 늘리는 선거구 개편이 이루어졌더라면 열린우리당과 민주노동당 모두에게 좋지 않았을까 합니다. 앞으로 만약 '무지개 연대'가 만들어진다면 이러한 선거구 개정을 공동정책으로 삼으면 좋겠습니다.

오연호 최근 이재오 특임장관, 안상수 한나라당 원내대표가 이명박 대통령 임기 내 개헌을 주장하고 있던데요. 이 대통령도 직접 이를 언급했고요. 개헌에 대해서는 어떠한 생각을 가지고 계십니까?

조국 저는 법이론 차원에서 '분권형 대통령제'에 동의합니다. 현재의 대통령제는 '제왕적 대통령제'라고 불릴 만큼 권한이 너무 대통령에게 집중되어 있거든요. 그리고 프랑스나 브라질처럼 대통령 결선투표제를 도입할 필요가 있다고 생각합니다. 이렇게 하면 정당 간의 연합도 촉진되고 최종적으로 뽑힌 대통령은 '다수의 대통령'이 되어 국정을 안정적으로 이끌어갈 수 있으니까요.

그러나 지금 시점에서 개헌은 반대합니다. 현시점에서 개헌에 착수하면 모든 사회적 쟁점이 여기로 빨려 들어가 없어지고 맙니다. 그리고 정당명부 비례대표제의 대폭 강화 없는 대통령제 변경은 지역기반을 가진 정당의 발언권만 강화하고 이들끼리의 '짝짓기'만 활성화할 것입니다. 진보·개혁 진영은 개헌이 아니라 정당명부 비례대표제 강화에 합의하고 이를 관철하는 데 힘을 모아야 합니다.

오연호 진보·개혁 세력이 빠르면 2012년, 늦어도 2017년에 '후회하지 않을 집권'을 하려면 정치적 스타를 발굴해 키우는 것이 필요합니다. 대통령 후보감 말이에요.

조국 필요하죠. 진보·개혁 진영이 앞으로 준비할 좋은 정책은 결국 좋은 대통령 후보를 통해 구체화되니까요. '아, 저 사람이라면 새로운 세상을 만들어낼 수 있겠다' 하는 믿음이 있어야 정책에 대한 기대와 신뢰도 높아지게 됩니다.

오연호 우선 무엇이 주목받는 정치인을 만들어내는가를 살펴보죠. 최근의 현상부터 한번 볼까요? 이번에 6·2 지방선거판을 통해 새롭게 차세대 주자로 등장한 인물들은 송영길 인천시장을 빼면 대부분 이른바 '친노 인사'들입니다. 안희정(충남도지사), 이광재(강원도지사), 김두관(경남도지사), 그리고 비록 낙선하긴 했지만 유시민 씨가 야권단일화를 통해 경기도지사 후보가 되면서 선거판의 흐름을 주도한 측면도 있고요.
그런데 꼭 정치판이 아니더라도 2010년의 베스트셀러들을 보면 노무현 관련 책이 많았고, 노무현 추모제에도 사람이 많이 몰렸는데 왜 이런 현상이 나타나는 걸까요?

조국 노무현이 다시 재조명되고, 관련 책들이 잘 팔리고, '친노 인사'들이 선거에서 성공을 거둔 것은 그의 서거 이후 노무현이 추

구했던 가치가 매우 중요했음을 대중들이 깨달았기 때문이라고 봅니다. 대중이 그의 비극적 최후 앞에서 느낀 먹먹한 슬픔을 여전히 가슴속에 간직하고 있다는 점도 물론 작용했겠죠.

노무현 정권의 정책에 대한 평가, 공과 과는 이미 얘기했으니 다른 점을 얘기해보죠. 노무현 이전의 정치인의 모습은 김영삼, 김대중의 모습입니다. 권위, 무게, 카리스마, 돈 있는 '보스'의 모습이죠. 그런데 노무현은 이것을 깼어요. 노무현은 문화 차원에서 권위주의를 깨뜨린 최초의 대통령입니다. 정치노선을 떠나 그의 서민적 체취와 풍모는 대중의 사랑을 받을 수밖에 없죠. 정파를 떠나 퇴임 후 고향에 내려가 동네 사람들과 소탈하게 어울려 지내는 노 대통령의 모습이 아름답지 않았습니까.

마키아벨리적 재능을 지닌 유시민

오연호 좀 더 구체적으로 진보·개혁 진영의 인물 이야기를 해볼까요? 제대로 된 집권을 하려면 제대로 된 대표 주자가 있어야 하는데, 솔직하게 까놓고 인물평을 해보는 것도 필요한 것 같아요.

우선 유시민 씨 이야기를 해보죠. 사실 6·2 지방선거를 되돌아보면, 초반에 야권이 활기가 없다가 국민참여당의 유시민이 야권단일화를 통해 0.98퍼센트 차이로 김진표 씨를 누르고 경기지사 후보가 되면서 "판이 볼만해졌다"는 이야기가 나왔죠. 비록 낙선하긴 했지만 유시민은 판을 휘저을 수도, 판을 바꿀 수도 있는 인물이라는 것을 보여줬습니다. 유시민은 아까 말씀하신 노무현 스타일을 상당히 많이 간직하고 있죠. 물론 차이도 적지 않지만요. 교수님은 어떻게 보십니까? 유시민이 한국 정치판의 주역으로 계속 성장할 수 있을까요?

조국   사람에 대한 얘기로 들어가니 부담이 커지네요. '주례사'식으로만 말할 수는 없잖아요. (웃음)

유시민은 진보·개혁 진영의 대표적인 대권주자입니다. 〈한겨레21〉과 전국 10개 대학 학생기자단이 대학생 1000명을 대상으로 지난 2월 공동 실시한 조사에서 유시민은 대학생이 가장 지지하는 차기 대선주자로 뽑혔죠.■

그는 2012년 대선에서 대통령 후보로 나설 것이 분명하고, 늦어도 2017년에는 대통령이 되겠다는 마음으로 뛰고 있을 겁니다. 그가 노 대통령의 '정치적 경호실장'을 자처하고 그에 걸맞은 행동을 한 만큼 노 대통령을 추모하는 사람의 마음을 얻고 있으며, 이와 별도로 '유빠'라고 불리는 열렬한 고정지지 세력도 있죠. 분명 그는 정치적 감각과 돌파력이 있어요. 6·2 지방선거 때 만든 '유시민 펀드'■■는 그의 영리함을 보여주기도 합니다. 이러한 점에서 그가 한국 정치판의 주역일 수밖에 없습니다.

오연호   다른 정치인들이 배워야 할 유시민의 강점 중 하나는 책으

■
보통대학 경쟁학과 불행학번, 〈한겨레21〉, 805호, 2010. 4. 9.

■■
'유시민 펀드'는 유시민 전 보건복지부 장관이 2010년 6·2 지방선거에 경기도지사로 출마하면서 선거운동 비용을 모금하기 위해 선보인 신개념 펀드다. '불법자금이 아니라 떳떳한 방법으로 선거비용을 빌려 쓰고 전액 상환하겠다'는 취지에서 나온 이 펀드는 공모를 시작한 지 4일 만에 경기도지사 법정선거비용 상한액인 40억 7300만 원을 달성했다.

로 대중과 직접 소통할 수 있는 능력이 있다는 점 아닐까요? 그가 가장 최근에 쓴 《청춘의 독서》를 읽어보면 그를 좋아하지 않을 수 없게 되죠. 정치권에서는 '싸가지' 없다는 말까지 듣지만 그 책을 읽으면 그의 지식과 지혜, 고뇌뿐 아니라 비전, 나아가 겸손까지 느껴지거든요. 지식정보화 시대에는 한 국가의 지도자가 되려면 마이크 잡고 짧게 감각적으로 말 잘하는 것도 중요하지만, 한 권의 책으로 자신을 드러낼 수 있는 능력도 필요한 것 같아요.

조국 맞습니다. 오바마가 미국 대선에서 승리할 때 그러지 않았습니까? 《버락 오바마 담대한 희망》을 써서 자신의 비전을 놓고 독자들과 소통을 했어요. 유시민도 그런 능력을 보여주었죠. 그는 〈MBC 100분토론〉 사회자로 알려진 면도 있지만, 직접 여러 권의 책을 써서 베스트셀러를 내지 않았습니까? 경제학이나 헌법 원리를 풀어 쓴 책부터 노무현 대통령 자서전까지, 전문학자의 학술서적은 아니지만 상당한 콘텐츠가 있어요. 그의 책을 본 독자들이 지지자로 바뀌기도 하니까요. 다른 정치인들도 책을 내지만, 주로 콘텐츠가 약한 홍보용 책이 많죠.

오연호 유시민은 무난한 선택보다는 지켜보는 사람들에게 긴장감을 주는 선택을 자주 하는 것 같아요. 국민참여당에 참여하는 것 자체가 그렇고, 경기도지사 후보단일화 과정도 그렇고, 냉정한 승부사적 기질이 있는 거죠. 보통 사람 같으면 엄청나게 비난을 받기 때문에 국민참여당에 참여하지 못하거든요. 선배들인 이해찬, 한명숙 다 안 갔잖아요. 두 기둥이 안 갔음에도 불구하고, 가지 말라고 말렸음에도 불구하고 해버린 거죠. 그러니까 저질러버리는 그런 것들이 대중들한테는 한편으로는 욕먹을 행동으로 보이기도 하지만 한편으로는 자기 강단이 있다, 승부를 걸 줄 안다는 식으로 긍정적으로 비치는 거죠.

이렇게 긴장감을 즐기는 것도 정치인이 구비해야 할 능력 아닐까요? 시쳇말로 '사고'를 칠 줄 알아야 한다는 거죠. 민주당의 386 정치인들이 너무 '사고'를 치지 않고 있어서 그런 생각이 드는지도 모르지만요. 유시민이 더 성장하기 위해서 보완해야 할 점이 있다면 무엇일까요?

조국 그는 치고 나가는 감각이 좋습니다. 그 점에서 '엉덩이'가 무거운 민주당의 386 정치인보다 낫죠. 그리고 그는 권력의 속성, 정치라는 '게임'의 법칙을 냉정하게 파악하고 있어요. '마키아벨리'적인 재능이 있다는 말입니다.

그런데 유시민에게는 품성에 대한 '낙인'이 있습니다. 이 '낙인'은 그가 자신과 견해를 달리하는 사람을 예를 갖추지 않고 야멸치게 비판하면서 생긴 것이죠. 유시민은 대중적으로는 인기가 높은데 정치권 내에서는 인기가 없다는 얘기를 많이 듣습니다. 구태에 물든 정치권 인사들의 탓도 있지만, '동지애'를 느끼지 못하게 하는 유시민 개인의 스타일 탓도 있지 않을까요? 2005년 3월 열린우리당 시절 김영춘 의원이 "저렇게 옳은 소리를 저토록 싸가지 없이 말하는 재주는 어디서 배웠을까"라고 유시민을 공개 비판했는데, 이 말이 오랫동안 시중에 회자되지 않았습니까?

유시민이 '큰 꿈'을 이루려면 김영춘이 제기한 비판의 합리적 핵심을 받아들여야 할 것입니다. "너 원래 한나라당 출신이잖아, '반노'였잖아!" 이렇게 쏘지 말고 말입니다. 예리하게 갈라 치는 모습을 넘어 아우르고 껴안는 모습을 보여주기를 희망합니다. 재승박덕 才勝薄德의 이미지를 벗어나야 합니다. 이제 그가 꾸는 꿈은 '경호실장'이 아니라 '대통령'이니까요. 그의 정치적 스승인 노무현 대통령은 '적'과는 무섭게 싸우는 '투사'이자 과감한 승부사였습니다. 그러면서 친화력도 뛰어났어요. 유시민은 〈한겨레21〉과의 인터뷰에서 대구를 포기하고 경기도로 간 것을 언급하면서 "나는 노무현 전 대통령만큼 바보는 아닌 것 같다"라고 했는데,■ 그에게서 '바보 노무현'의 냄새가 더 나길 바랍니다. 다행히 그는 변하고 있습니다. 지난 6·2 지방선거에서 김영춘은 "명석한 유시민이 겸양과 온유함까지 체득해가고 있다"고 재평가하며 유시민을 지지했죠. 또 다른 인터뷰에서 유시민은 "야수와 싸울지라도 성인의 고결함을 견지해야만 훌륭한 지도자가 될 수 있어요. 그러면 국민들이 알아봅니다"라고 했어요.■■ 그가 말한 대로 그런 지도자가 되길 기대합니다.

한편 유시민은 노무현의 모든 것을 무조건 옹호하려 하고 있습니다. 노무현 정부의 장관이었던 만큼 이해가 가는 점도 있습니다. 그러나 우리가 노무현의 성취를 부정하거나 폄하해서도 안 되지만 그 한계를 외면해서도 안 되죠. 유시민이 자신의 대학 동기인 심상정과 정태인의 비판과 문제제기를 과감히 수용할 수는 없을까요? 진보신당 노회찬 대표가 노무현 정권이 이명박 정권으로 이어진 것을 두고

■ 나는 노무현만큼 바보는 아닌 것 같다, 〈한겨레21〉, 808호, 2010. 4. 30.
■■ 김혜리, 《진심의 탐닉》, 씨네21북스, 2010, 176쪽.

"1948년 이래 가장 나은 정부가 1987년 이래 가장 나쁜 정부를 탄생시키는 배경이 된 이 역설"을 고민해야 한다고 한 바 있습니다.■ 유시민과 노회찬은 여러모로 생각이 다르겠지만, 유시민은 이러한 역설의 원인에 대하여 고민해야 합니다. 또한 이 역설이 발생한 것에 일정한 책임도 있을 것이고요. 요컨대, 우리 사회의 진보와 개혁은 노무현을 계승하면서도 극복하는 방향으로 가야 합니다.

정동영의 반성, 진정성이 열쇠다

오연호 최근 민주당 정동영 상임고문이 "나는 부족한 대통령 후보였다"는 반성을 자신의 홈페이지에 올렸던데, 정동영에 대해서는 어떻게 생각하세요? 대선을 치른 경험이 있는 데다가 조직력으로는 민주당의 최강자가 아닌가 싶은데요.

조국 "참여정부가 좌회전 깜빡이를 켜고 우회전한다는 비판에 직면했을 때, 모든 것을 걸고 대통령 앞에서 방향 전환을 주장하지도 못했다", "분양원가 공개 공약이 좌초당할 때 반기를 들지 못했다", "한·미 FTA를 초고속으로 밀어붙일 때도 비켜서 있었다", "현직 대통령과의 갈등이 두렵고 부담스러웠기 때문이며 차기 대선에 대한 욕망 때문에 몸을 사렸다" 등의 반성은 그 방향이 옳습니다. 민주당과 국민참여당 정치인에게서 나온 반성문 중 가장 철저하다고 평가합니다. 앞으로 "고용, 주거, 교육, 의료, 노후 등 삶의 전 과정에

■ 강수돌 외, 《리얼 진보》, 레디앙, 2010, 372쪽.

서 국민의 기본적 경제인권을 보장하고 이를 근거로 경제의 역동성까지 확보하는 전략"을 취하겠다는 다짐에는 박수를 보내고 싶습니다. 용산참사 현장을 찾아가 적극적인 해결을 위해 노력한 모습, 4대강 개발 반대를 위한 환경운동가들의 함안보 고공농성 현장을 지지 방문한 것도 좋습니다.

그런데 문제는 반성의 진정성이라고 봅니다. 《논어》의 표현을 인용하자면, '무신불립無信不立', 즉 믿음이 없으면 일어설 수 없는 것 아닙니까. 정동영은 2009년 4·29 재·보궐선거 당시 자신의 원래 수도권 지역구를 포기하고 무소속으로 고향인 전주로 내려가서 손쉽게 당선했습니다. 제 생각으로는 당시 정동영이 '전사'하더라도 수도권에서 싸웠어야 한다고 봐요. 장수가 최전선을 이탈해 최후방에 머무르며 보급품을 챙긴 격이니까요. 자신의 '무관無冠' 상태를 못 견뎠던 것이 아닐까 합니다. 그가 과거를 반성한다는 의미에서 현재 진행되는 민주당 당권 경쟁에는 뛰어들지 않겠다고 선언했으면 어떨까요.

이런 점에서 정동영은 손학규와 비교됩니다. 손학규는 정치노선에서는 정동영보다 오른쪽에 있는데, 2009년 10·28 재·보궐선거에서 다른 모습을 보여줬거든요. 당시에 자신이 출마했으면 쉽게 원내 진입할 수 있었던 수원 장안에서 출마를 포기하고, 대신 이찬열 후보를 밀어 승리했잖습니까. 정동영이 자신을 비우는 모습을 보여주길 기대합니다.

또한 정세균, 정동영 등 민주당 지도부 전체에는 자신과 민주당이 혜택을 입은 지역주의 정치구도를 어떻게 깰 것인가, 당내 호남 기득권의 과잉을 어떻게 해소하고 민주당을 진보·개혁 진영의 '맏형'

으로 자리 잡게 할 것인가 등에 대한 고민이 보이지 않습니다. 누가 민주당의 새로운 지도부가 되더라도 민주당이 '호남+α' 당에 머무르지 않도록 당 혁신의 계획을 보여줄 책무가 있어요.

지방권력 쥔 '노무현 가문'의 과제

오연호 지난 6·2 지방선거에서 진보·개혁 진영이 얻은 성과 중의 하나는 새로운 인물들의 등장이라고 볼 수 있습니다. 이른바 '노무현의 자식'이라 할 수 있는 안희정, 이광재, 김두관 이 세 명이 도지사로 당선되었죠. 그동안 차세대 주자를 생각해볼 때 보수 진영에는 박근혜, 김문수, 오세훈, 원희룡 등 대권에 도전해볼 만한 인물군이 형성돼 있었는데 진보 진영은 상대적으로 빈약했습니다. 유시민 정도가 주목을 받았죠. 그런데 이번 선거를 통해 송영길, 김두관, 안희정, 이광재가 광역자치단체장에 당선되면서 진보 진영에도 인물군이 풍성해진 느낌입니다.

조국 좋은 일이죠. 진보·개혁 진영의 '인물 상품'이 많아진 것이니까요. 대중의 관심도 더 불러일으킬 수 있고요. 안희정, 이광재는 각각 노무현의 '왼팔'과 '오른팔'로 불렸고, 김두관은 '리틀 노무현'으로 불렸죠. 6·2 지방선거에서 '노무현 가문'은 '폐족' 신세를 벗어나 화려하게 부활했습니다.

안희정은 대선캠프 정무팀장으로 일하면서 관례에 따라 대선자금을 모은 이유로 노무현 정권 내내 '야인' 생활을 했습니다. 이광재가 노무현 정권 시기에 항상 권력의 핵심에 있었던 것과 비교가 되죠. 이념과 정파를 떠나 안희정이 묵묵히 '의리'를 지키는 모습은 아름다웠어요.

이광재는 평상시나 선거운동 과정에서 지역 주민들과 같이 마을 회관 등에서 소주잔을 기울이면서 환담을 하다가 같이 잠들기도 한다더군요. 지역 어른들은 그를 그냥 "광재야"라고 부른다고 합니다. 그래서인지 선거법 위반 혐의로 강원도지사 당선 이후에도 두 달간 직무정지 상태였지만 강원도에서 이광재에 대한 호감이 유지되고 있죠. 이광재가 과거 삼성과의 지나친 유착 등을 성찰하고 이러한 친화력을 잘 살려 재기하길 바랍니다.

김두관은 지방대를 졸업하고 고향인 경남 남해의 이장과 군수를 거쳐 도지사의 자리에 올랐습니다. 그의 이력은 그가 학벌주의, 서울중심주의를 몸으로 깨뜨릴 사람임을 보여줍니다. 그는 남해군수 시절, 군수 관사를 헐고 그 자리에 민원인 전용 주차장과 느티나무 쉼터를 만들었으며, 임기가 끝날 때까지 허름한 자택에서 출퇴근했죠. 그리고 여러 행정개혁으로 지자체 평가에서 1위를 기록하기도 했어요.

이들이 도지사 임기가 끝난 후 대권 도전을 준비하는 것은 자연스러운 수순이겠죠. 여기서 '노무현 가문' 출신의 '도백道伯'들이 자신의 임기 내에 어떠한 성과를 내는지가 매우 중요할 것입니다. 대중은 당장 이들이 4대강 사업을 둘러싸고 중앙정부와 벌어질 대립을 어떻게 풀어낼 것인지, 각자의 지역에서 지방자치의 모범을 어떻게 창출할 것인지 주목할 것입니다. 유시민에게 던졌던 충고와 마찬가지로, 이 세 명의 '노무현의 자식'들은 '노무현을 계승하면서도 노무현을 넘어서는' 과제를 어떻게 성공적으로 이루어내는가에 자신의 미래가 달려 있습니다.

오연호 진보·개혁 진영에서 유일하게 수도권의 광역자치단체장을 차지한 사람이 송영길 인천시장입니다. 그는 인천시장 출마 전에 〈오마이뉴스〉가 주최한 '10만인클럽' 특강에서 "대권에 도전하겠다"고 공개선언을 했죠.

조국 송영길은 386 정치인 중 가장 오른쪽에 서 있었습니다. 그 역시 2017년에는 대권 도전에 나설 것이 분명한데, '중도'보다는 '진보'의 자리에 서 있기를 바랍니다. 송영길은 국회의원 시절에 계양산 롯데 골프장 건설, 경인운하 건설에 찬성했는데, 이때는 정말 실망스러웠습니다. 다행히도 인천시장에 출마해 야권 연대를 하면서 입장을 번복했더군요. 의욕을 가지고 강화도 조력발전소 건설 백지화 등 친환경 정책들을 추진하고 있어요. 송영길이 배관용접공으로 노동운동에 헌신하던 시절의 초심을 잃지 말고 우직한 황소처럼 진보와 개혁을 위해 걸어가길 바랍니다.

오연호 광역자치단체장이 된 이들 말고도 민주당에는 총학생회장 출신의 386 정치인들이 다수 있습니다. 대담 초반에 잠시 이야기를 했습니다만, 이들이 그동안 보여왔던 정체된 모습을 떨치고 다시 주목을 받으려면 어떤 선택을 해야 할까요?

조국 민주당에는 386세대의 '스타'들이 많습니다. 예컨대, 이인영은 전대협(전국대학생대표자협의회) 1기 의장, 오영식은 전대협 2기의장, 임종석은 전대협 3기 의장, 송영길과 우상호는 연세대 학생회장, 최재성은 동국대 학생회장, 강기정은 전남대 삼민투(민족통일·민주쟁취·민중해방 투쟁위원회) 위원장 출신이죠. 사실 안희정, 이광재도 386세대이고요.

이들은 386세대의 정치적 대리인 또는 '젊은 피'로 민주당에 '수혈'되어 국회의원이 되었지만, 기성 정치의 논리와 문화를 변화시키지는 못했습니다. 운동권의 조직 문화에 익숙하다 보니 민주당의 조직 문화에 순응해버린 게 아니었을까 추측하는데, 별도의 진보파 정치 블록을 만들지도 못했어요. 국회의원이 된 후에는 '중도' 운운하며 '우 클릭'하거나 당권에 집착하는 모습도 보였습니다. 앞에서도 언급했듯이 대중이 직면한 고통을 직시하고 사회·경제적 민주화를 위한 제도를 만들어내는 데 주도적 역할을 하지 못했고, 심지어 '시장권력'에 투항하는 모습도 보였습니다.

2004년 김근태가 아파트 분양원가 공개 여부에 대하여 노무현 대통령에게 "계급장 떼고 논의하자"라고 치고 나갔을 때, 386 정치인 다수는 침묵했죠. 게다가 386 정치인들이 민주당 내에서 '당권파'로 활동한다는 뉴스를 들었을 땐 기분이 묘했습니다. 이들이야말로 당내 '진보파'로 불리도록 활동했어야 하지 않을까요? 단, 노무현 정권 당시 정부의 추가 이라크 파병 결정 이후 이인영, 우원식, 임종석이 연장파병동의안에 반대한 것, 그리고 임종석이 '전투병 파병 반대'를 요구하며 단식농성에 돌입한 것은 386세대의 대의를 지키는 것이었습니다. 이인영이 지난 9월 전당대회에 최고위원 후보로 나오면서 이제 '하청정치'는 그만하겠다, 김대중과 노무현의 길을 넘어 '문익환의 길'을 걷겠다고 선언했다는 소식을 들었을 때 제 마음에 감흥이 일었습니다. 제가 82학번으로 이분들과 같은 세대이다 보니 애정도 많고 기대도 많습니다. 그래서 더 평가가 가혹해지는지도 모르겠습니다. (웃음)

주위에 과거 민주화운동의 경험을 공유한 수많은 386 생활인이 있어요. 이들도 저와 유사한 심정을 가지고 있을 겁니다. 그래서 더더욱 386 정치인의 각성과 분투를 촉구합니다. 6·2 지방선거를 통해 386 도지사, 시장, 구청장 등이 줄줄이 나왔으니 이제 더 과감하고 더 힘 있게 치고 나가야 합니다.

민주당 내 386 정치인들은 민주당의 비전과 정책을 더욱 진보로 이동시키고 당내 호남 기득권을 깨뜨리며 다른 정당과의 연대를 공고히 하는 데 앞장서야 합니다. '전대협'과 '삼민투'라는 자랑스러운 깃발을 부끄럽게 해서는 안 되죠. 이런 과제를 못 이루어낸다면, 정치 그만두어야죠.

오연호 민주당의 386 정치인에 대한 이야기를 비판적으로 나눴는데, 그만큼 이들에 대한 애초의 기대가 컸고, 또 앞으로도 심기일전해서 다시 한 번 큰 역할을 해달라는 기대가 있기 때문이라고 봅니다. 그렇다면 이제 진보정당에 속해 있는 정치인들 이야기를 해볼까요? 이번 6·2 지방선거 과정과 결과를 보면, 진보신당의 두 얼굴인 노회찬, 심상정의 위상은 전보다 더 작아진 듯합니다. 진보신당은 비교적 신당이라고 할 수 있는데 국민참여당이 새로 가세해서 그런지 위상이 아주 애매해졌어요. 노회찬의 경우는 당대표이면서 서울시장 후보로 나섰는데, 민주당으로부터 후보단일화 대상으로 무게 있게 논의되지 않을 정도로 존재감이 크지 않았거든요.

조국 범야권의 6·2 지방선거 대책이었던 '반MB 연대'에서 진보신당은 가장 큰 손해를 보았습니다. 민주노동당과 차별성도 드러내지 못했고, 실속도 챙기지 못했어요. 노회찬, 심상정 두 사람은 열악한 환경에서도 일관되게 진보정치와 노동운동의 길을 걸어온 인물들입니다. 국회의원으로 활동하던 당시 개인의 정책 역량과 전투력 역시 발군이었죠. 앞에서도 말했지만, 한국 정치지형의 과잉우편향을 교정하고 사회·경제적 민주화를 이루려면 민주노동당과 진보신당 같은 진보정치 세력이 지금보다 훨씬 더 커야 합니다. 진보정당이 원내 20석을 확보하여 원내교섭단체를 구성할 정도로 커져야 시장권력, 경제권력을 제대로 견제할 수 있어요. 사실 현재 정치인 중 노회찬, 심상정만큼 삼성과 대놓고 싸운 사람이 있나요? '삼성왕국의 게릴라' 역할을 하며 정말 고군분투 싸웠잖아요. 이들은 '진보의 파수꾼'이란 칭호를 들을 자격이 있어요.

그런데 지금처럼 민주노동당과 진보신당이 나눠져 있으면 원내교섭단체 구성은 매우 어렵습니다. 분당 전 2004년 총선에서 얻었던 10석의 의석을 회복하기도 어려울지 몰라요. 물론 두 정당 사이에 노선 차이가 있고 감정대립도 있음을 잘 압니다. 그렇지만 진보신당의 지도자인 두 사람이 힘을 합쳐 당을 진보대통합의 길로 이끌어가야 합니다. 민주노동당에서 분당할 때 보여준 '선도탈당파'의 문제의식에 공감 가는 점이 없진 않지만, 진보신당이 '선도탈당파'의 당으로 축소되어서는 안 됩니다.

오연호 그런데 진보신당의 경우, 6·2 지방선거에서 과연 그릇이 작았기 때문에 존재감이 작아졌느냐를 생각해보면 꼭 그렇지만도 않은 것 같습니다. 민주노동당의 경우는 후보단일화 전략을 유연하고 도 적극적으로 써서 존재감이 상당히 있었거든요. '우리만이 지순하고 최고다'라는 생각의 틀에 갇혀 있었기 때문은 아닐까요?

조국 진보신당은 '반MB 연대' 그 자체가 전부가 아니라 그 내용이 더 중요하다는 의미 있는 화두를 던졌습니다. 사실 이명박 정권의 온갖 문제에도 불구하고 'MB 반대'라는 프레임은 주도권을 잃는 프레임이거든요. MB를 넘는 비전과 대안이 더 중요합니다. 그러나 진보신당이 선거연대에 소극적인 태도를 취한 것은 패착이었어요. 결국 선거 막판에 심상정 후보의 전격 사퇴가 있었고, 이를 계기로 당내 분란이 계속되고 있습니다. 진보신당이 대중민주주의의 작동 원리를 직시하면서 다른 정파와 섞이는 것을 두려워하지 말길 바랍니다.

박노자 교수가 일전에 쓴 글을 보니, 좌파는 집권을 위한 정당운동만이 아니라 "인간의 아주 근원적인 문제점들을 해결해주는 '도덕 선생'의 노릇"■을 해야 한다고 하셨더군요. 그 말에 동의합니다. 그런데 순간순간의 국면에서 좌파는 정치판을 바꾸어낼 수 있어야 합니다. 그것이 자본주의 모순의 폐절에는 전혀 미치지 못한다 하더라도 말입니다. 그리고 진보정당의 목표가 단지 '소금' 역할은 아니겠죠. 정당이라면 집권을 목표로 뛰어야 해요. 이번 6·2 지방선거를 보면 민주노동당이 진보신당보다 영리하고 유능했던 것이 아닌가 합니다.

■ 강수돌 외, 《리얼 진보》, 레디앙, 2010, 65쪽.

오연호 민주노동당은 후보단일화 전략의 성공으로 인천에서 두 구청장을 배출하는 등 몸집을 키우고 있습니다. 특히 6·2 지방선거가 끝난 뒤 이정희라는 젊은 정치인을 당대표로 내세워 주목을 받고 있습니다. 이정희 대표는 신인이지만 짧은 시간 안에 존재감을 드러내고 있는데, 앞으로의 성장 가능성을 어떻게 보십니까? 이 대표가 서울대 법대 87학번이니, 교수님의 5년 후배가 되는군요.

이정희의 가능성과 민노당의 딜레마

조국 민주노동당이 수도권에서 기초단체장 자리 2석을 확보하고, 경남에서 원내교섭단체를 이룬 것은 쾌거입니다. 6·2 지방선거에서 '반MB 연대' 전략의 최고 수혜자는 민주당과 민주노동당입니다. 민주노동당은 소수파인 진보신당과 연대하기보다는 다수파인 민주당과 연대해서 실리를 챙긴 것이죠. 그 결과 제법 주가도 오르고 지분도 챙겼습니다. 그러나 수도권 광역단체장을 모두 양보하면서, 비록 인천에서 두 구청장을 차지하긴 했지만 수도권에서 민주노동당의 존재는 작아졌어요. 그리고 7·28 재·보궐선거에서 민주당은 은평, 광주 어디서도 양보해주지 않았죠. 새로 선출된 이정희 대표는 이러한 점을 직시하면서 당을 이끌어가야 합니다.

이정희는 대학 시절 총여학생회장으로 활동했고, 졸업 이후 민변에 가입하여 공익과 인권을 위해 활동했습니다. 특히 미군 문제와 여성복지 문제에 관심이 많았던 것으로 기억합니다. 당시부터 진보의 '재목'이 될 거라는 생각을 했어요. 지금까지 민주노동당의 대표 인물은 권영길과 강기갑이었죠. 두 분 다 훌륭하시지만, 젊은 세대에게 먹히는 스타일은 아니었습니다. (웃음) 묵직한 권영길도 좋고 수염과 도포자락 휘날리는 '강달프'도 좋지만, 민주노동당이 젊은 여성 당대표를 뽑은 것은 매우 현명한 선택이죠. 이정희가 당대표로서 당적 틀을 넘어 진보의 통합을 이루어내고, 매력 있는 진보정치를 만들어나가길 바랍니다.

그런데 현재 이정희 개인에 대한 대중의 호감도는 민주노동당에 대한 호감도보다 훨씬 위에 있습니다. 이 간극을 메우는 것이 그의 과제가 되겠죠. '민족해방파' 운동권의 논리와 문화가 지배하는 민주노동당을 '현대화'시키는 과제가 그의 어깨 위에 놓여 있는 거죠. 그가 입당하기 전의 일이지만, 당 간부의 성향을 파악하여 북한에 보낸 '일심회' 관련자를 징계하지 않았던 것이 상식에 맞을까요? 그리고 북한에서 3대 권력세습이 이루어졌을 경우, '내정간섭'을 말아야 한다는 이유로 이에 대하여 침묵하거나 또는 옹호한다면 어떻게 될까요? 북한 문제의 해결 주체는 북한 인민이고 북한과의 교류·협력이 강화되어야 함은 분명하지만, 이 대표와 민주노동당은 북한 체제의 억압성과 비효율성을 직시할 필요가 있습니다.

이 대표에게는 젊음, 패기, 진정성 그리고 합리성이 있습니다. 그러나 이런 그도 민주노동당의 '관성'에서 자유롭지 못할 수 있어요. 2012년 총선에서는 서울시 지역구에 출마하여 당선되고, 진보정치의 핵심적 인물로 커나가길 빌고 있습니다. 그리하여 이정희가 심상정과 함께, 박근혜, 나경원에 맞서는 진보 여성정치인으로 크길 바랍니다.

오연호 이정희 대표가 대학 후배라고 너무 칭찬만 하시는 것 아닙니까? (웃음) 말이 나온 김에 한나라당의 차세대 주자로 성장하고 있는 원희룡과 나경원에 대해서도 한 말씀 해주시죠. 두 사람 다 조교수님의 서울대 법대 82학번 동기인데, 〈동아일보〉가 선정한 '2020년 한국을 빛낼 100인' 명단을 보니 세 분의 이름이 모두 올라 있더군요.

원희룡·나경원의 닮은꼴과 차이점

조국 연말 동기회에서 만날 것 같아 조금 신경 쓰이네요. (웃음)

원희룡은 대학 시절 교내 시위로 유기정학 처분을 받았고 이후 노동운동에 뛰어들었습니다. 386세대의 전형적 고민과 경험을 공유하고 있는, 명민하고 성실한 친구죠. 그가 사법시험 합격 후 판사나 변호사가 아닌 검사의 길을 택했을 때, 정치의 길을 걷겠구나라고 직감했습니다. 정치를 시작할 때 민주당을 택하지 않고 한나라당을 택한 것은 민주당 내에는 '경쟁재競爭財'가 많아서 자신의 '상품성'이 약해진다고 판단했기 때문일 겁니다. 또한 한국 사회는 근원적으로 '보수적'이라고 판단하고, 그 속에 몸을 담으며 '개혁적' 입장을 취하는 것이 '큰 꿈'을 펼치는 데 유리하다고 생각했을 것입니다.

그런데 한나라당이 원희룡을 자신의 대표 주자로 내세우는 것은 당이 위기에 처했을 때뿐이 아닌가 생각합니다. 그의 고민은 바로 이 지점에 있을 것입니다. 그가 주도하여 한나라당을 '수구·꼴통'이 아니라 '개혁적 보수'로 바꿀 수 있다면 그 자신을 위해서나 한국 정치를 위해서나 좋은 일일 것입니다. 그의 분투를 빕니다.

한편, 지난 6·2 지방선거 때 한나라당의 서울시장 후보 경선에서 원희룡, 나경원 두 사람이 오세훈 시장에 대응하기 위해 단일화를 시도했죠. 그때 제 주위의 진보·개혁 진영 사람들은 "나경원보다는 원희룡이 되어야지!"라고 얘기했습니다. 그런데 현실은 나경원이 되었습니다. 한나라당 당원이 나경원을 더 선호했을 것이고, 대중적 인기도 나경원이 더 있었을 겁니다. 진보·개혁 진영의 사람들은 원희룡이 낫다고 이념적 판단을 했지만, 대중은 나경원으로 가는 거죠. 이 현상을 진보·개혁 진영 사람들이 이해할 수 있어야 합니다.

오연호 왜 원희룡이 아니라 나경원이었을까요? 이 질문이 시사하는 바가 적지 않아 보입니다. 6·2 지방선거 이후 치러진 한나라당 전당대회에서 나경원 의원은 3위로 최고위원에 당선되었는데, 나 의원도 여러 가지 도전을 하면서 차근차근 성장하는 것 같습니다.

조국 저는 대학 다닐 때 나경원이 정치인이 될 거라고는 상상해 본 적이 없었습니다. 전두환의 철권통치가 이루어지던 1980년대 전반기, 그는 사회문제에 관심을 드러내지 않으며 '모범생'으로 살았기 때문입니다. 저와는 생각이 다른 친구였지만, 노트 필기를 잘했기 때문에 그 노트를 빌려 시험공부를 하기도 했습니다. (웃음) 나경원은 그 뒤로도 '모범생'의 길을 걸었죠. 그가 정치에 입문할 때 '보수의 꽃' 역할을 하지 않겠느냐가 중평이었는데, 차근차근 성장하고 있어요. 그는 대중민주주의의 속성을 잘 포착하거나 활용하고 있어요. 국회의원은 계속 할 수 있을 것이고, 다음 서울시장 선거에서는 당 후보로 선출될 수 있지 않을까 합니다.

그런데 나경원은 과거 이명박 대통령이 대선 후보 시절 BBK 동영상으로 문제가 되었을 때, "주어主語가 없다"고 말하여 이 후보를 옹호한 적이 있습니다. 아무리 자기 당의 후보라고 하더라도 이는 견강부회식 옹호 아닙니까? 판사 출신이면서도 표현의 자유를 대폭 제한하는 '사이버 모욕죄' 도입을 앞장서서 주장하기도 했는데, 이는 법률가의 상식에 반하는 것이죠. 탤런트 최진실 자살 사건이 명분이 되었지만, 그 속은 이명박 대통령이나 권력자에 대한 비판을 처벌하겠다는 것 아닙니까. 이 대통령의 '멘토' 최시중 씨가 방송통신위원장으로 내정되자, 나경원은 "언론계 경험이 풍부한 인사"라고 칭찬했죠. 그런데 노무현 대통령이 서동구 씨를 KBS 사장에 임명할 때 한나라당은 뭐라고 했죠? 서 씨가 노무현 대선캠프의 언론고문이었으므로 공영방송의 사장이 될 수 없다고 맹공을 가하지 않았습니까?

앞으로 나경원이 보수정치인으로 더 커가려면 '얼짱 경원'이 아니라 콘텐츠와 일관성을 갖춘 '주어 있는 경원'이 되어야 한다고 봅니다.

오연호　보수 진영의 유력 대선주자로 박근혜와 김문수를 빼놓을 수 없을 텐데요. 박근혜는 복지국가론을 주창할 가능성이 높다는 점에서, 김문수는 서민풍의 이미지를 갖고 있다는 점에서 진보·개혁 진영 대선주자들에게 긴장감을 줄 수도 있겠습니다.

조국　대담 초반에도 언급했지만, 박근혜는 전통적인 보수층을 기반으로 하면서 복지정책을 내세워 부동층과 서민을 잡으려 하고 있습니다. 진보·개혁 진영에서 박근혜표 복지보다 못한 복지정책을

"보통 사람의 입장에서 보면 이명박 정권이 미워서 현실정치의 대안 세력을 만들어보고 싶은 건데, 표를 던지고 싶은 사람들이나 세력이 정당으로 보면 갈가리 찢겨 있는 거죠. 그러니까 어느 정당과 나를 일치화해야 할지 망설이게 되고 그 과정에서 열정이 식을 수도 있겠죠."

내세운다면 표는 박근혜에게 갈 것입니다.

그리고 진보·개혁 진영이 주의할 것은 복지가 진보·개혁 진영의 전유물은 아니라는 것입니다. 과거 비스마르크와 드골이 독일과 프랑스에서 복지국가의 기초를 놓았고, 골수 신자유주의 정당이던 스웨덴 보수당도 전격적으로 복지국가를 수용하며 집권했죠. 복지국가 모델은 사회민주주의의 비전과 투쟁의 산물이었지만, 이후 보수 진영도 이를 채택, 활용하고 있습니다.

사실 어떤 정책이건 먼저 주장했다고 해서 그 과실果實이 자기에게 떨어지지는 않습니다. 우리의 예를 보더라도 무상급식 정책의 원조는 민주노동당이었지만, 지난 6·2 지방선거에서 그 과실은 민주당이 대거 가져갔죠.

김문수는 대기업 우선, 수도권 우선, 4대강 지지 정책, 대북강경노선 등을 고수하고 있죠. 과거 그가 진보정치운동과 노동운동의 지도자였다는 점이 믿기지 않습니다. 이 점에 대해서는 더 말할 필요가 없습니다. 그런데 그는 철두철미 '서민풍'을 유지하고 있어요. 골프도 전혀 치지 않고 2008년부터 주말마다 택시를 운전하며 도민들의 의견을 청취했어요. 18차례에 걸쳐 26개 시·군에서 약 3000킬로미터를 운전했다고 하더군요. 그의 동지이자 멘토인 이재오도 보세요. 속마음이야 어떻든 간에 얼마나 몸을 낮춥니까. 이 점만큼은 진보·개혁 진영의 정치인, 활동가들이 배워야 합니다. 대중을 가르치려 들지 말고, 대중의 말을 듣고 또 들어야 합니다. 대중과 찰싹 밀착해서 말입니다.

오연호 귀가 간지러운 분들이 많겠습니다. (웃음)

조국   이런저런 자리에서 제가 비판적으로 품평한 분들을 만날 텐데 조금은 거북스럽겠죠. 그러나 어쩌겠습니까. 지식인으로서 할 말은 해야죠. 또 다들 도량 넓은 '대인'이라고 믿고 있습니다. (웃음)

대중민주주의 사회에서 정치인의 역할은 매우 중요합니다. 정치인은 도덕철학자, 종교인, 지식인, 학자와는 다른 역할이 있죠. 일찍이 나폴레옹은 "지도자는 희망을 파는 상인"이라고 갈파했습니다. 대중에게 희망을 주지 못하고, 자신의 권력을 추구하는 정치인은 정치모리배라 불려 마땅합니다. 그리고 막스 베버의 표현을 빌려 말하자면, 우리에게는 '열정', '책임의식', '균형감각'을 모두 갖추고 불가능에 도전하는 정치인이 필요합니다. 이 세 가지 중 하나라도 빠지면 '큰 정치인'이 되기는 힘들다고 봅니다.

베버의 말을 한 번 더 빌려 말하자면, "지도자 없는 민주주의"는 대중권력을 강화하는 것이 아니라 정치꾼들의 지배를 낳습니다. 정치인도 인간으로서 모든 한계를 다 가지고 있죠. 단점은 비판해야겠지만 그 사람이 제대로 실력을 발휘하기도 전에 끌어내려 패대기쳐서는 안 됩니다. 사람을 소중히 여기고 키워줘야 합니다. 좋은 정치가 하늘에서 떨어지지 않는 것처럼, 좋은 지도자도 하늘에서 떨어지지 않습니다.

오연호   진보·개혁 진영의 인물 키우기와 사전 경쟁을 선거 때만 할 게 아니라 항시적으로 할 만한 방법이 없을까요?

조국   다양한 방법이 있겠지만, 소박하게 떠오르는 생각부터 말씀드리죠. 진보·개혁 진영의 언론이 네티즌과 공동 작업으로 진보·개혁 진영의 '드림팀'을 뽑아보는 겁니다. 현재의 당 소속과 상관없이 집권을 전제로 한 정부 구성을 해보는 겁니다. 당 중심이 아니라 인물 중심으로 말이죠. 예컨대, 대통령으로 ○○○, 국무총리로 ○○○, 장관으로 ○○○, 대법원장으로 ○○○, 헌법재판소장으로 ○○○ 등을 뽑아보는 거죠. 각 자리마다 3배수 정도로 뽑는 것이 좋겠습니다. 일종의 '놀이'일 수도 있는데, 이런 모습이 그려져야 새로운 정부에 대한 감도 빨리 오지 않겠어요?

진보·개혁 진영의 '드림팀'을 만들자

오연호 지금 정치권 밖에 있는 사람들까지 포함해서 대통령 역할이든 장관 역할이든 '드림팀'을 구성해보면 더 좋을 것 같습니다. 문재인 변호사, 박원순 변호사, 배우 문성근 씨 같은 분들을 포함해서 말이죠. 더 젊은 축에서는 안철수 카이스트 교수, 김기식 참여연대 정책위원장 같은 사람도 있죠.

조국 정치권 밖 인사들도 포함될 수 있겠죠. 언급하신 분들 모두 훌륭한 분들이지만, 이분들이 정치로 뛰어들 것인가에는 다른 문제가 남아 있습니다. 권력의지 말입니다.

오연호 그렇죠. 유권자들이 정치인을 신뢰할 수 있는가를 따질 때 권력의지를 진정으로 가지고 있는가도 중요한 요소라고 봅니다. 정치판이라는 진흙탕 속에 들어가서도 지속적으로 집권의지를 갖고 잘할 수 있느냐의 문제죠. 노무현 대통령이 그래서 정치인 지망생에 대한 신뢰를 이야기하면서 정치판에 들어온 다음에 "진흙탕 속에서 검증해봐야 제대로 된 검증"이라고 하셨죠. 조국 교수님도 한번 서서히 진흙탕 속 검증을 준비해보시는 게 어떨까요? (웃음) 미국의 클린턴, 오바마 두 대통령도 로스쿨 교수로 있다가 정치인으로 변신했잖아요?

조국 손학규도 서강대 교수로 있다가 김영삼 대통령의 발탁으로 전격 변신했죠. 저는 현재 학문 연구와 '앙가주망engagement'(사회참여)을 동시에 진행하고 있는데, 이 앙가주망은 정치와 무관할 수가 없죠. 그리고 미력하나마 진보·개혁 진영의 확장적 구조조정에 기여할 생각은 있습니다.

그런데 정치인으로의 변신은 고민을 해봐야겠습니다. 학자로서 세워놓은 연구 작업, 학계에서 요구하는 일들이 첩첩이 쌓여 있어서요. 그리고 한국 현실에서 정치인이 되려면 '지성'이나 '덕성'보다 '야성'이 있어야 하는 것 같은데, 저는 이 점이 취약합니다. 유시민은 정치인의 일상에는 '짐승의 비천함'과 '야수적 탐욕'이 있어야 한다고 예리하게 지적한 적이 있는데,■ 이러한 삶을 감당하기란 쉽지 않죠.

또한 제가 아는 정치인들의 일상을 보니 사람 만나서 술 마시는 게 큰 비중을 차지하던데, 저는 그렇게 술을 많이 마시면서 살 자신이 없네요. (웃음) 그리고 다들 골프를 치면서 후원자도 만나고 인맥을 넓히던데, 저는 골프를 치지도 않거든요.

■
김혜리, 《진심의 탐닉》, 씨네21북스, 2010, 173쪽.

오연호 지금까지 학문의 길을 걸었는데, '폴리페서'■라는 오명을 덮어쓸까 봐 두려우신 건 아닌가요? (웃음)

조국 폴리페서라…… 정말 정치인이 되려면 그런 욕도 감수하고 뛰어들어야겠죠. 사실 저는 2008년 18대 총선 직전 서울대 내에서 '선출직 공무원 진출 교수의 휴·복직에 대한 예규 제정'을 위한 서명운동을 주도했습니다. 당시 서울대 모 교수가 한나라당 지역구 공천을 받고 휴직계를 제출했는데, 휴직 사유가 육아휴직이었어요. 그리고 휴직계가 수리되지 않았음에도 출마하여 선거운동을 했어요. 이 때문에 학내외에서 폴리페서 문제가 논란이 되었죠.

정당법상 교수가 휴직을 하고 나서 출마할 수는 있지만, 수업과 학사행정에 지장을 주는 출마 행태는 규제해야 한다는 것이 저의 소신입니다. 그리고 학문 연구나 강의에는 아무 관심도 없고 정치권 언저리를 돌아다니면서 자리를 탐하는 행태는 비난받아 마땅하죠. 그런데 정치활동을 하는 교수, 정당에 가입하는 교수 일체를 폴리페서라고 낙인찍는 것은 과도하며 잘못이라고 생각합니다.

참고로 저는 비정당원이지만, 예컨대 민주노동당에 가입한 김수행 교수나 진보신당에 가입한 김석준 교수와 김상봉 교수를 폴리페서라고 비난할 수 있을까요? 그래서 저는 진보건 보수건 교수의 정치 참여는 헌법상 기본권으로 허용되지만, 그 요건과 절차를 재정립해야 한다고 주장한 것입니다.

■ 정치를 뜻하는 폴리틱스(politics)와 교수를 뜻하는 프로페서(professor)의 합성어. 현실 정치에 적극적으로 참여해 교수직을 발판으로 정관계 고위직을 얻으려는 교수를 일컫는다. 학문적 소양과 전문성으로 사회 발전에 기여하기보다 정치권력을 추구한다는 점에서 주로 부정적인 의미로 사용된다.

오연호 그런데 교수님을 포함해서, 지금 제가 거론한 정치권 밖 인사 중에는 경상도 출신이 많네요.

조국 그렇군요.

오연호 진보·개혁 진영한테는 유리한 점이죠?

조국 한국 사회의 발전을 위해서는 영남에서 진보·개혁 진영의 세가 더 커져야 되죠. 서울 강남에서도, 달리 말해 유산자층에서도 진보·개혁 진영이 자리 잡아야 하고요. 그래서 저는 항상 '영남 좌파'와 '강남 좌파'가 훨씬 더 많이 필요하다고 말하고 다닙니다.

오연호 지금까지 '판을 바꾸자, 인물을 키우자'는 주제로 이야기를 나눠봤는데, 특히 진보·개혁 진영 정치인과 여론주도층 그리고 일부 보수 진영 정치인들의 이름을 실명으로 거론하면서 대화를 나누니 생동감이 더 있었습니다. 당사자의 입장에서는 좀 불편할 수도 있겠지만요. 그러나 빠르면 2012년, 늦어도 2017년에 제대로 된 집권을 하기 위해서는 지금부터 다양한 후보군이 등장해야 한다는 점에서, 그리고 우리의 준비가 추상적이지 않기 위해서 실명을 거론하는 대화를 해봤습니다.

조국 당사자들이 넓은 마음으로 이해해주리라 믿습니다. (웃음) 차세대 주자들이 선의의 경쟁을 하는 것은 무조건 좋은 일이죠. 큰 꿈을 가진 이들이라면 그런 경쟁을 본인들이 즐겨야죠. 그게 진보·개혁 진영의 판과 사람을 키우고, '흥행'도 높이는 방법입니다. 이런 점에서 지난 6·2 지방선거 때 민주당의 서울시장 후보 경선 과정은 문제가 있습니다. 한명숙 캠프는 한명숙이 상처를 입을까 봐 이계안과 경선에서 붙는 것을 회피했죠. 안전모드를 택한 겁니다.

반면 한나라당에서는 오세훈, 원희룡, 나경원 등이 다 나와서 치열하게 경쟁을 했죠. 그래서 흥행도 제법 되었어요. 경기도지사 선거와도 비교가 되죠. 유시민과 김진표 사이에 단일화가 될 듯 안 될 듯하는 과정이 흥행을 불러일으켰죠. 민주정치의 꽃은 선거이고 경선 아닙니까? 미국 민주당 대통령 후보 경선 때 오바마와 힐러리는 치열하게 싸웠거든요. 그러다가 1, 2위가 딱 바뀌면서 오바마가 확 떴죠. 노무현이 뜰 때도 그랬어요. 차세대 주자들은 경쟁을 두려워해서는 안 됩니다. 안전 위주의 보신주의 경향을 버려야 합니다. 바로 그 경쟁을 통해 모두가 크는 것이니까요.

에필로그
진보의 고속도로를 만들자

오연호 아침저녁으로 날씨가 조금씩 서늘해지고 있습니다. 제가 교수님과 함께 '작당'을 시작한 게 올 초 2월 겨울이었는데 벌써 봄, 여름이 지나고 가을의 문턱에 들어섰네요. 이제 그동안의 대담을 마무리할 시간입니다.

조국 그러고 보니 7개월 동안이나 함께 이야기를 나눴군요.

오연호 '판을 바꾸자, 인물을 키우자', 이것이 앞에서 저희가 이야기한 것인데, 오늘은 마무리를 하는 날이니까 '우리 시민은 무엇을 할 것인가'에 초점을 두고 싶습니다. 6·2 지방선거를 기점으로 진보·개혁 진영이 신명을 회복해가고 있는데, 이제 20대, 30대, 40대 등 젊은 세대를 중심으로 그들의 사명이 어디에 있는가를 진단해보죠. 그러면서 그들이 신명을 더욱 돋울 수 있도록 추임새를 넣어보았으면 합니다.

우선 20대 이야기를 해보죠. 6·2 지방선거 결과를 보고 어떤 이는

'20대의 재발견'이라고까지 하던데요. 20대의 반한나라당 성향이 분출됐으니까요.

조국 지금까지 20대의 보수화에 대한 비판이 많았죠. 20대는 사회문제에 관심이 없고 투표도 안 하면서 개인 스펙 쌓기에만 몰두하고, 심지어 10대도 참여하는 촛불 집회·시위에도 나오지 않는다는 비판이죠. 그래서 2009년 김용민 교수는 "분노도 열정도 연대도 모르는 20대여, 난 너희를 포기한다", 이렇게 '20대 포기론'을 제기하며 논쟁을 촉발하기도 했죠. 심지어 '20대 개새끼론'이 회자되기도 했습니다.

이러한 비판이 20대의 현실을 지적하고 있는 점은 맞습니다. 20대 투표율은 30퍼센트 정도를 유지하고 있는데, 이는 50, 60대 장년층 투표율 60~70퍼센트와 비교해보면 절반밖에 되지 않는 낮은 수치예요. 이와 관련해서 제가 6·2 지방선거 직전 〈한겨레〉에 "'88만 원 세대'가 88퍼센트 투표하면 세상은 지금보다 적어도 88퍼센트 나아질 것"이라며 20대의 선거 참여를 독려하는 글을 쓰기도 했습니다.

이번 투표에서 20대는 반한나라당 성향을 분명히 보여주었지만, 20대 투표율은 제가 기대한 것만큼 많이 오르지 않았습니다. 지금처럼 '고용 없는 성장' 정책이 관철되고 있을 때는 스펙 쌓기에 몰입하기보다 그 정책을 바꾸는 정치적 행동을 하는 것이 진정한 구직 대책이 될 수 있는데, 아쉬워요. 올해 개봉한 영화 〈내 깡패 같은 애인〉에서 삼류 깡패(박중훈 분)가 지방대 출신 취업준비생 애인(정유미 분)에게 이런 말을 말하더군요. "우리나라 백수들은 참 착해요.

프랑스 애들은 일자리 달라고 때려 부수고 난리던데……. 네 탓이 아니야. 힘내."

20대의 보수화 문제는 20대를 비난한다고 해서 해결되지는 않을 것입니다. 386세대가 20대일 때 조직적·집단적으로 현실참여를 한 것은 맞습니다. 그러나 20대는 386세대에게 다음과 같이 반문할 수 있어요. "당신들은 민주화 이후 '생활 우파'의 길을 걸으며 주식 투자하고 집 평수 늘리고 자식 과외 시키느라 바쁘지 않았느냐", "2002년 대선에서 노무현에게 열광하며 표를 주었지만, 2007년 대선에서는 이명박 쪽으로 몰려가지 않았느냐", "당신들의 선택으로 만들어진 사회제도와 문화 때문에 우리는 이렇게 힘들게 산다" 등등. 제가 말하고 싶은 것은 특정 세대 전체를 싸잡아 비난하는 것은 조심해야 한다는 겁니다.

그리고 20대의 활동방식은 386세대와는 달라요. 386세대는 정치적 이념을 통일하고 그에 따라 조직적으로 움직이죠. 그런데 20대는 그렇게 움직이지 않는 것 같아요. 대학 내에도 민주노동당 지부, 진보신당 지부가 있는데, 거기에 소속해 있는 학생은 소수예요. 그런데 이러한 정치조직에 속해 있지 않은 20대들도 상당히 진보적인 모습을 보여요. 무당파적·무정형적 모습으로 소통하고 실천하거든요. 386세대가 수직적 네트워크에 익숙하다면, 20대는 수평적 네트워크에 능하고요. 20대는 '투사'로 교육받지는 않았어요. 그러나 이들은 김대중·노무현 정권 시기에 청소년 시절을 보내면서 민주주의, 탈권위주의 등을 공기처럼 받아들이고 살았어요. 그런데 이명박 정권이 되니까 갑자기 '공기의 질'이 달라지고 숨이 막히는 거죠. 반체제 지식인도 아니고 열성적 시민활동가도 아닌 김제동이 텔레

비전 프로그램에서 쫓겨나는 상황이 얼마나 황당했겠어요.

그리고 청년실업은 계속 심각한데 대통령은 눈높이를 낮추라는 말만 하고, 단기 인턴 같은 나쁜 일자리만 제공하니 울분이 쌓일 수밖에요. 그래서 이번 지방선거를 통해 조용히 이명박 정권에 대해 거부 표시를 한 거죠. 그 결과 20대가 386세대 출신 정치인을 지방자치단체장으로 뽑아주는 데 합세했어요. 그러니까 이번 선거를 통해 20대가 386에게 손을 내민 셈입니다.

386세대와 20대, 손을 잡아야 한다

오연호 이렇게 생각해볼 수도 있을까요? 어찌 보면 386세대는 이념·조직에서 출발했지만 서서히 생활인이 되면서 유연하게 변해가는 모습이 있잖아요? '생활 정치'라고 해야 하나요? 무상급식이라든지 보육 문제에 관심을 갖고 있는……. 20년 전만 해도 이런 이슈는 전혀 먹히지가 않았죠.

그런데 지금의 20대는 이념과 조직에서 출발하지도 않았고, 그냥 자기네들의 생활, 자기네들 간의 커뮤니티 속에서 뭔가 생각을 가지고 출발한 건데, 이들이 어떤 때는 조직화도 한단 말이죠. 촛불 집회 같은 경우에도 그들의 방식대로 조직화를 하잖아요. 그러니까 386세대와 20대는 서로 다른 쪽에서 출발했지만, 자기 방향으로 계속 가다 보면 서로 결합할 가능성도 있지 않을까요?

조국 네, 서로가 서로를 향해 오고 있는 것이죠. 386세대가 '정치과잉' 문화를 가지고 있었다면 20대는 '정치과소' 문화를 가지고 있었는데, 서로 접근하고 있음이 확인됩니다.

오연호 그러다가 이번 6·2 지방선거판에서 투표를 통해 서로 만난 거군요.

조국 그렇죠. 이 만남을 어떻게 더 알차게 이어나갈지 고민해야 합니다. 어찌 보면 보수 성향의 50, 60대와 진보 성향의 30, 40대가 20대를 서로 자기편으로 끌어들이기 위한 '세대 전쟁'을 벌이고 있다는 느낌을 가져요. 2002년 조갑제 씨는 20대를 북한 동포 해방의 이념으로 무장시키고, '좌파 30대'를 고립시키기 위해서는 "50대가 용돈과 등록금으로 20대를 장악해야 한다"라고 주장하지 않았습니까. 이명박 정권 출범 이후인 2008년 서울시 교육청에서 조갑제, 류근일, 유석춘 등으로 '극우 드림팀'을 만들어 고등학교를 돌면서 현대사 특강을 했어요. 제가 그중 한 사람의 강의 동영상을 봤는데, 정말 기가 막히더군요. 요약하자면, 고등학생에게 "너희들, 역사니 이념이니 이런 것에 신경 쓰지 마라, 이런 거 해봤자 너희들 직업 가지고 사는 데 도움이 안 된다"고 하는 거예요. 얼마나 황당하고 섬뜩하던지…….

이제 역으로 386세대가 20대와 손을 잡아야 합니다. 386에게 10대, 20대는 자식이고 조카이며, 우리가 은퇴한 후 세상을 책임질 세대, 우리의 노후를 책임질 세대이기도 하죠. 이들과 연대하여 진보·개혁 진영을 두텁게 만들어야 해요. 386은 등록금, 취업 등 20대가 당면하고 있는 고통에 공감하고 같이 제도적 해결을 모색해야 합니다. 그러지 않으면 20대가 수구·보수 진영에 의탁할 가능성은 언제나 있어요.

오연호 20대는 IMF 세대의 자식들이다, 그들이 자신의 생존을 최우선적으로 생각하다 보니 보수화되어 있다, 이런 지적들이 그동안 많이 있어왔잖아요. 보수언론에서는 그들이 정말 보수화되었는가, 그들 안에서 무엇이 꿈틀거리고 있는가를 살펴보기보다는 그들이 보수화됐다고 기정사실화한 후에 그 자체를 즐겨왔던 것 같아요. 보수언론은 20대와 진보·개혁 진영의 정치인들이 손잡는 것을 원하지 않았던 거죠.

앞에서 진보·개혁 진영의 정당 통합에 촛불 시민이 적극 개입해야 한다고 하셨는데요. 현재 진보·개혁 진영의 정치인들과 촛불 세대 젊은이들 사이의 감성적 소통은 어떤 상태라고 보십니까?

조국 진보·개혁 진영 정치인이나 활동가의 상당수는 과거 민주화운동 시절의 '엄숙주의' 문화에서 벗어나지 못하고 있어요. 진중하고 진지한 것을 넘어 너무 무겁고 심각하죠. 그리고 '조직이 결정하면 나는 몸을 던진다'는 식의 사고가 강해서 개인의 개성과 고민을 무시하는 경향도 있어요. 그 결과 촛불 세대의 유쾌함, 발랄함을 이해하지 못하거나 거북해하기까지 합니다.

운동권 출신의 경우 악기를 잘 다루는 사람이 드물죠. 노래를 불러도 운동권 노래를 악을 쓰며 부르는 것에 머물렀고요. 그런데 촛불 세대는 웬만하면 악기 하나씩은 다룰 줄 알죠. 고등학교마다 록밴드, 힙합 그룹이 없는 데가 없어요. 그래서 예술적·문화적 감수성이 풍부하죠. 운동권 출신들은 투사, 지사, 선비 이런 모습을 지향하며 살았어요. 이것이 나쁘거나 잘못되었다고 하는 것이 아니라, 이제는 그런 모습만으로는 안 된다는 겁니다. 촛불 세대의 감수성은 과거 권위주의 시대 '운동권'의 문화와 많이 다릅니다.

촛불 세대는 '386 운동권'과 구별되는 논리와 문화를 가지고 있습니다. 올해 대학에 들어간 제 딸아이를 보면 신문이나 책도 잘 안 보는 것 같은데, 록 밴드 친구 등 취미가 비슷한 벗들과 자유롭게 어울리며 소통하고 돌아다니면서 나름의 세계관을 가지고 또 그에 따른 실천을 하더군요. 자기 아빠가 쓴 책이나 칼럼은 읽지도 않으면서 말입니다. (웃음)

30대의 이유 있는 '반MB' 정서

오연호 젊은 세대가 자기 사회에 대해서 관심을 덜 갖게 되고 자기 속으로 들어가버리는, 그래서 활력을 잃고 정치에도 관심을 보이지 않는 현상이 일본, 미국, 유럽 등지에서 큰 문제라는 이야기들이 있어왔는데요. 이번 선거에서 젊은 세대들이 활력을 되찾고, 우리가 한번 발언하겠다고 이렇게 적극적으로 나선 것이 상당히 중요한 것 같아요. 386세대들이 다시 한 번 잔치를 벌여보겠다고 나서는 것, 20대가 자기 발언을 시작한 것, 이런 흐름이 연대하면 앞으로 5년, 10년 동안 한국 사회 개혁을 위한 중요한 에너지가 될 수도 있을 것 같습니다.

이제 30대 이야기를 해보죠. 사실 이번 6·2 지방선거 결과를 보면 30대가 이명박 정권에 가장 비판적이었습니다. 30대만 보면 한나라당이 승리한 곳은 대구, 경북, 울산밖에 없었잖아요. 경남과 부산에서도 민주당에게 졌고요. 이번 투표에서 30대가 40대보다 훨씬 더 진보적이었는데, 왜 30대가 '반MB'의 선두에 서게 되었을까요?

조국 우리 사회에서 가장 아등바등 사는 세대가 30대입니다. 40대는 어떡해서든 집을 마련했어요. 애도 웬만큼 컸고요. 집 마련과 자식 교육이라는 고통의 터널을 중간쯤 통과했거나 거의 통과한 거죠. 그러나 30대는 그 고통의 터널 초입에 들어서 있습니다. 아이 낳아서 키워야죠, 집 마련해야죠, 직장에서 제대로 자리 잡아야죠. 그런데 이명박 정권이 펴는 정책이 30대의 불안과 고통을 해결해주지는 못하고 오히려 심화시키는 정책이거든요. 너무 경제결정론적인 분석인가요? (웃음)

오연호 그런데 386세대와 비교해보면, 30대가 조직적 운동을 통해 이념적 진보가 되었다고 볼 수는 없을 텐데요. 말씀하셨듯이 30대는 그런 생활고에 가장 정면으로 직면해 있는 세대이기도 하고, 또 한편으로는 대안적 미디어를 가장 왕성하게 활용하고 있는 세대이기도 합니다. 블로그, 트위터, 페이스북 등 새로운 미디어에 그 어느 세대보다 왕성하게 참여하고 있거든요. 이런 점도 반한나라당 투표 성향과 연관이 있을까요?

조국 30대는 IT 활용에서 386세대보다 훨씬 능수능란하죠. 40대는 IT 세계를 어렵게 배우면서 적응했지만 30대는 그렇지 않거든요. 물론 IT 활용 자체는 30대보다 20대가 더 뛰어날 겁니다. 그러나 20대는 아직 콘텐츠가 부족합니다. 그래서 블로그를 개설해놓고,

"진보·개혁 진영이 재집권한다면 진보의 고속도로를 깔아야 합니다.
우리의 대담은 이 고속도로를 어떠한 사람이, 어떠한 방향과 방식으로
깔아야 하는가에 대한 것이었죠. '제도적 말뚝'의 수혜로 대중이 '진보
의 맛'을 보게 되면, 그 '말뚝'을 뽑기 어려워집니다."

트위터나 페이스북을 해봐도 별 재미를 못 느끼는 거죠.

반면에 30대는 할 이야기가 참 많습니다. 앞에서 말씀하신 생활고 때문에 아이 키우는 이야기, 집 장만하는 이야기, 직장 이야기 등이 무궁무진하죠. 눈앞에 닥친 문제들이 많으니까 당연히 그 문제를 어떻게 해결할 수 있을까에 대해 함께 의견을 나누게 되겠죠. 그러다 보니 그 어떤 세대보다 더 '반MB'가 되고 반한나라당이 된 것이 아닌가 싶습니다. 기업들의 조·중·동 광고중단 운동을 벌이면서 주목을 받았던 여성 생활정보 사이트 '82쿡닷컴 82cook.com' 회원들이 '반MB'에 나서는 이유도 같을 거라고 추측해요.

오연호 흔히들 나이가 들면 보수화가 된다고 말합니다. 20대부터 40대까지가 현재 '반MB', 반한나라당을 선도하는 세대인데, 이들이 나이가 들어 50대, 60대가 되면 결국 보수적으로 변해갈까요? 아니면 6·2 지방선거의 체험, 독특한 대안적 미디어의 활용 경험이 축적되어서 진보의 핵심세대로 계속 역할을 해나갈 수 있을까요?

조국 일정한 보수화 경향은 나타날 것으로 봅니다. 그런데 386세대는 반독재민주화 운동의 집단경험을, 20, 30대는 촛불 집회·시위의 집단경험을, 그리고 6·2 지방선거를 통한 이명박 정권 심판이라는 집단경험을 공유하고 있어요. 현재 50, 60대가 공유하는 집단경험과는 전혀 다르죠. 유럽의 '68세대'가 나이가 들어서도 진보를 추구하면서 사회를 견인하고 있는 것처럼, 한국의 20, 30, 40대도 그럴 것이라고 봅니다. 또한 말씀하신 것처럼 대안미디어가 이들을 계속 묶어줄 것으로 예상해요.

오연호 이 대담을 7개월 동안 해온 것은 진보·개혁 진영이 제대로 된 집권을 해보자는 뜻에서였죠. 후회하지 않을 집권을 위해서는 젊은 세대들의 고통이 어디에 있고 그것을 어떻게 해결해줄지에 대해 철저히 준비해야겠습니다.

정복되지 않는 영혼을 꿈꾼다

조국 진보·개혁 진영이 재집권한다면 진보의 고속도로를 깔아야 합니다. 우리의 대담은 이 고속도로를 어떠한 사람이, 어떠한 방향과 방식으로 깔아야 하는가에 대한 것이었죠.

저는 진보·개혁 진영이 재집권을 하면, 이후 10년을 연속해서 가야 한다고 생각해요. 사실 김대중·노무현 정권 10년 동안 많이 바뀌었어요. 그 10년간 사람들 의식이 바뀌다 보니 이명박 정권 들어 민주주의가 후퇴하는 것을 참지 못하는 거죠. 진보·개혁 진영이 재집권을 한다면 처음 1~2년 동안 어떠한 제도적 개혁을 할 것인지는 물론, 대통령 임기 중간에 있는 선거에서 어떻게 이겨 진보·개혁 진영을 강화할 것인지에 대해서도 영악할 정도의 전략을 짜두어야 합니다.

그리고 제도적으로 진보의 인프라를 어디에, 어떻게 깔 것인지를 고민함은 물론, 이 인프라를 지키고 발전시킬 인물들을 키워야 합니다. 우리 세대는 우리 자녀 세대에게 진보의 고속도로를 물려줄 책임이 있습니다. 지금부터 정당은 정당대로, 학계는 학계대로, 싱크탱크는 싱크탱크대로, 시민사회는 시민사회대로, 네티즌은 네티즌대로 각자의 위치에서 그것을 위한 준비 작업을 착실히 하고, 그 성과를 공유해야 합니다. 이명박 정권의 남은 2년 반은 그런 점에서 우리에게는 매우 소중한 기회입니다.

오연호 이명박 집권 시기가 우리에게 낙담과 탄식, 분노의 계절만 이어서는 안 된다는 거군요. 오히려 우리가 왜 권력을 잃었는가를 성찰해보고 재집권을 준비할 좋은 시기로 만들어야 한다는 말씀이시죠?

조국 아주 소중한 시기죠. 정권 빼앗긴 것을 억울하게 생각하고, 정치적 민주주의의 후퇴에 분개하면서 "저 나쁜 놈들!"이라고 울분을 토하는 데 그쳐서는 의미가 없어요. 사회·경제적 민주화에 대한 비전과 계획이 없는 상태에서는 다시 권력을 잡더라도 5년 뒤에 다시 망할 수 있어요. 이런 일이 벌어지면 "쟤들은 도저히 권력 못 맡길 놈"이라는 낙인이 찍힐 수도 있어요. 지금부터 준비해야 합니다. 고대 로마의 철학자이자 정치가였던 루키우스 세네카Lucius Annaeus Seneca가 한 말이 있죠. "행운이란 준비가 기회를 만날 때 일어나는 것이다."

정치권력을 잡으면 무엇을 할 것인지 사전에 계획을 가지고 있어야 해요. 집권 1년차에는 무엇을 할지, 2년차에는 무엇을 할지, 그런 식의 5개년 계획을 가지고 있다가 바로 전광석화처럼 실시할 수 있어야 합니다. 5년 임기 대통령의 경우 3년이 지나면 레임 덕이 옵니다. 따라서 초기 1~2년 내에 진보를 위한 '제도적 말뚝'을 박아야 합니다. 노무현 대통령은 비슷한 취지로 '대못'이라는 표현을 썼는데, '대못'보다 더 크고 굵은 '말뚝'을 땅속 깊이 박아야 합니다. 이를 통하여 사회의 판을 바꾸고 지지계층을 결집시켜야죠. '제도적 말뚝'의 수혜로 대중이 '진보의 맛'을 보게 되면, 그 '말뚝'을 뽑기 어려워집니다.

사실 노무현 대통령의 경우 준비 부족 상태에서 전격적으로 대통령이 되었죠. 그러다 보니까 어떤 정책을 언제 던지고, 어떻게 판을 변화시킬지에 대한 계획이 세밀하게 안 잡혀 있었던 것은 아닌가 하는 생각이 들어요. 물론 탄핵 등 반대파에서 무지막지하게 흔들어 대니까 방해를 받은 측면도 있죠. 노 대통령이 왜 앤서니 기든스 Anthony Giddens가 쓴 《이제 당신 차례요, Mr. 브라운》과 람 이매뉴얼 Rahm Emanuel, 브루스 리드Bruce Reed가 함께 쓴 《더 플랜》을 읽었는지 그 심경을 짐작해보아야 합니다.

그리고 대선 기간이 되면 각 당이 100개가 넘는 공약을 만들 텐데, 여기에 대중의 눈이 번쩍 뜨일 만한 사회·경제적 민주화를 위한 '말뚝 공약'이 다섯 개 정도는 있어야 한다고 봅니다. 지난 6·2 지방선거에서 주목을 받은 무상급식 공약처럼 말입니다. 뉴타운 공약에 대한 평가에서도 언급했지만, 뉴타운 공약은 보수 진영의 프레임이 승리한 사례이고, 무상급식 공약은 진보 진영의 프레임이 승리한 사례죠. 이슈를 선점하는 것, 그것을 선제적이고 공격적으로 펼쳐나가는 것, 이게 중요합니다.

지금 이 순간 한나라당의 전략팀은 2012년을 가를 프레임을 준비하고 있을 겁니다. 지난 노무현 정권 시절에 박세일 교수는 '대한민국 선진화론'을 준비했어요. 정치적으로는 '뉴라이트', 사회·경제적으로는 '선진화론'을 결합시킨 것이었는데, 이것이 이명박 정권 출범의 이론적 기초가 되지 않았습니까? 진보·개혁 진영도 이명박 정권 기간 동안 마찬가지의 준비를 해야 합니다.

오연호 자, 이제 7개월에 걸친 대담을 마무리할 때가 왔습니다. 정치적 민주화 이후에도 한국은 여전히 '불안사회'라는 점, 이 불안을 없애고 공정한 경쟁에 따라 자기 몫을 받는 사회, 타인과 연대하고 배려하는 사회가 되려면 일자리, 주택, 교육, 노동, 복지 등에서 해결해야 할 많은 과제가 놓여 있다는 점, 남북분단과 세계화에 능동적으로 대응해야 한다는 점, 이러한 과제를 해결하려면 진보·개혁 진영의 개편과 대권주자에 대한 준비가 필요하다는 점, 무엇보다도 시민 개개인의 실천이 시작되어야 한다는 점 등을 말씀해주셨습니다. 마지막으로 이 대담을 읽을 독자들에게 한마디 해주시죠.

조국 오 대표의 '꾐'에 빠져 얼떨결에 수락한 프로젝트가 이제야 끝나는군요. (웃음) 이 대담을 통하여 우리 사회를 다시 돌아보았을 뿐만 아니라 저 자신 역시 돌아볼 수 있어 보람 있었습니다. 제 사상에 동의하는 분도 있을 것이고, 반대하는 분도 있을 겁니다. 그러나 개방적인 자세로 소통하고 대화하고 연대하면, 차이점은 적어지고 공통점은 많아지리라 믿습니다.

제가 말씀드린 진보와 개혁의 과제는 새로운 시대정신을 담고 있습니다. 이 과제는 반드시 우리 세대에 실현되어야 하고, 또 실현될 수 있습니다. 잔치는 끝나지 않았습니다. 이제 우리 손으로 다시 제대로 된 잔치판을 벌여봅시다. 물론 이 과제는 단박에 이루어지지 않을 겁니다. 진보와 개혁의 길은 쫙 뚫린 직선 고속도로가 아니라 구불구불한 비포장도로일 수도 있습니다.

이제 외국 시와 노래 구절을 인용하면서 마무리하겠습니다. 넬슨 만델라Nelson Mandela가 인용하면서 유명해진 윌리엄 헨리William Ernest Henley의 시 〈인빅투스Invictus〉의 한 구절을 빌려 말하자면, 우리는 '정복되지 않는 영혼'을 가져야 합니다. 진보와 개혁의 길에서 순간순간 고민될 때가 있을 겁니다. 그때는 록 밴드 '이글스'의 명곡 〈데스페라도Desperado〉의 다음과 같은 가사를 기억하십시오. "다이아몬드 여왕queen of diamonds은 뽑지 말게나. 그녀는 가능한 때가 오면 당신을 때려눕힐 거야. 하트 여왕queen of hearts이 언제나 자네가 걸 최고의 패란 것을 알고 있지 않은가."

오연호 교수님과 진행했던 대화를 마치려니 아쉽습니다. 제가 전부터 기자로서 해보고 싶었던 일이 어떤 사람과 '1000일간 인터뷰'를 하는 것이었습니다. 날수로 따져보니 교수님과 약 220일에 걸쳐 대화를 나눴던데, 이 책이 나온 이후에도 한 동네에 사니까 짬짬이 만나 1000일을 채워보면 어떨까요. 이후의 전개 과정도 추적해볼 겸 말이죠. (웃음)

조국 이왕이면 이 책을 읽은 독자들과 함께 2부 마당을 꾸려가면 더 좋을 것 같습니다. 저희가 이 대담에서 꿈꿨던 것들이 앞으로 어떻게 실천되는지, 독자들과 함께 점검해보는 것도 의미가 있을 테니까요.

오연호의 이야기

조국을 찜하다

뭔가 신나는 일을 벌여보자.

2009년 여름, 나는 그런 생각을 가지고 그 신나는 일을 찾아 나섰다. 그것은 사람을 찾는 일이었다. 희망을 주는 사람, 세상을 제대로 바꿔보려는 권력의지를 가진 사람.

때는, 불만 가득한 국민들이 희망의 돌파구를 찾지 못하고 있을 즈음이었다. 이명박(MB) 정권이 2년째에 접어들자 MB에게 등을 돌리고 있던 국민들은 이제 염증을 느끼기 시작했다. 그의 남은 임기 일수를 헤아리는 놀이가 누리꾼들 사이에서 유행할 정도였다. "MB가 이렇게까지 할 줄은 몰랐다"는 분노는 "정권을 보수파에게 넘겨줘선 안 됐는데……"라는 후회와 장탄식으로 이어졌고 "다음엔 꼭 정권을 되찾아야 한다"는 결의까지 나아갔다.

그러나 대안적 희망은 보이지 않았다. MB 시대를 극복할 수 있는 대안적 인물이 국민들에게 선명하게 드러나지 않았기 때문이다. 진보·개혁 진영 사람들마저도 자포자기식으로 이런 말들을 했다. "이쪽엔 인물이 없다. 저쪽엔 박근혜, 김문수, 오세훈, 원희룡 등 다음을 겨냥한 인물들이 크고 있는데 이쪽엔 차기 주잣감이 보이지 않는다. 이대로 가다간 2012년에도 한나라당에게 정권을 빼앗기는 것 아닌가?"

그런데 정말 이쪽엔 '차기'에 대한 희망을 걸어볼 만한 사람이 없는 것일까? 혹시 여기저기 있는데 우리가 그들을 제대로 주목하지 않는 것은 아닐까? 그리고 그런 사람을 꼭 기존 정치권에서만 찾아야 할까? 지금은 정치인이 아니더라도 우리의 미래 가치를 대변하는 사람이 있다면, 우리는 설레는 마음으로 그의 잠재성을 주목하고, 이에 자극을 받은 그가 정치인으로 변신하든, 다른 기존 정치인을 변화시키든 새 희망을 만들어낼 수도 있을 테니 말이다. 나는 이쪽에도 사람이 있다는 것을 보여주고 싶었다. 그래서 정치권 안에서뿐만 아니라 밖에서까지 '그 사람'을 찾아 나섰다. 기준은 하나였다. 진보이되 매력이 있어야 한다. 매력 있는 진보.

나는 세상을 바꾸려는 사람의 매력은 세 가지에서 나온다고 본다. 첫째는 그가 내세우는 가치다. 왜, 어떻게 세상을 바꾸려 하는지, 그 정치철학에 사람들이 끌려야 한다. 둘째는 그의 인간 됨됨이다. 살아온 길은 물론, 품성에 이르기까지 저 사람이라면 함께하고 싶다는 생각이 들어야 한다. 셋째는 권력의지다. 세상을 크게 한번 바꿔보겠다, 어떤 고난을 당하더라도 내가 앞장서겠다는 의지가 확실해야 한다. 그래야 지지자들이 따른다.

나에게 사람 찾기는 일종의 '신명의 회복' 프로젝트였다. 신명이 나면 꿈꾸는 일이 이루어진다. 내가 생각하기에, 진보·개혁 진영의 신명이 어떤 한 정치인의 등장과 성장을 보며 최고조에 이른 경우는 바로 2002년 노무현 대통령의 탄생 과정이었다. 그 이후 노무현 정권이 기대에 못 미치자 그 신명의 크기는 점점 줄어들었고, 2007년 12월 이명박 대통령의 탄생으로 그것은 바닥을 쳤다.

국민들은 지금 신명을 바쳐 지지할 수 있고 함께 세상을 바꿔보고 싶은 사람을 찾고 있다. 그와 함께 무엇으로 어떻게 세상을 바꿔볼까 이야기하고 싶어 한다. 나는 그들을 대신하여 그들이 잃어버린 신명을 다시 회복할 수 있는, 희망의 담지자를 찾아 나섰다. 당장은 직업 정치인이 아니라도 좋았다. 희망의 불씨를 확실하게 지펴줄 수만 있다면.

그해 여름, 나는 대학교 선배이기도 한 베스트셀러 작가 공지영을 만났다. 우리는 함께 저녁식사를 하면서 노무현의 죽음을, 이명박의 삽질을 이야기했다. 공지영 작가는 진보적 성향이면서도 대중을 사로잡고 있다는 점에서 드문 존재다. 그가 쓴 소설과 에세이집은 나오는 족족 베스트셀러가 되고 있다. 그것도 20여 년 동안이나.

그런 그에게 이런 질문을 던졌다. "진보를 이야기하면서도 대중을 사로잡을 수 있는, 매력 있는 진보는 정치 쪽에서 불가능한 걸까요? 노무현 이후 누가 그런 사람이 될 수 있을까요?" 우리는 이런저런 사람을 거론했다.

"조국 교수는 어떨까요?"

누구의 입에서 그런 말이 먼저 나왔는지는 기억나지 않지만, 우리는 동시에 그를 주목하고 있음을 확인했다.

비슷한 일들은 자주 일어났다. 진보의 미래를 걱정하는 사람들을 만날 때면 조국 교수에 대한 주목을 확인할 수 있었다. 그럴 때마다 이런 물음표를 남기고 이야기가 끝났다.

"그런데 조국 교수에게 과연 권력의지가 있을까요? 서울대 법대 교수 신분이면 세상 부러울 게 없는 사람인데, 굳이 세상을 바꾸겠다고 진흙탕에 나설까요?"

공 작가와 만나고 나서 며칠 뒤, 나는 방배역 근처에 있는 한 카페에서 조국 교수를 만났다. 그의 명성과 칼럼과 책을 익히 접하고 있었던지라 이미 오래된 사이인 듯싶었는데, 따지고 보니 행사장에서 한두 번 스쳐지나간 것 말고는 딱히 단둘이 시간을 가져본 적이 없었다. 약 한 시간 동안의 첫 만남에서 나는 그의 매력에 빠져들기 시작했다.

무엇보다 그는 권력의지가 있었다. 그것은 현재로서는, 우리가 흔히 말해온 정치인의 권력의지라기보다 더 큰 의미의 권력의지다. 즉 우리가 반드시 세상을 바꿔야 한다는 불타는 의지가 있었다. 좀 더 구체적으로, 빠르면 2012년, 늦어도 2017년에 진보·개혁 진영이 보수로부터 권력을 빼앗아 와야 한다는 것을 절체절명의 과제로 여기고 있었다. 그는 말했다.

"우리 386세대가 앞장서야죠. 다시 한 번 불꽃을 태워야 합니다. 우리 자식들에게 제대로 된 세상을 물려주기 위해서라도 보수정권 시대를 끝내야 하지 않겠습니까? 제대로 된 집권을 해야 하지 않겠습니까? 그러기 위해서는 지금부터 집권 프로그램을 준비해야 합니다."

그가 일자리, 주택 문제 등 사회·경제 민주화에 대한 어젠다를 몇 가지 이야기할 때, 나는 그가 그저 법학 교수만이 아니라 소셜 디자이너라는 생각이 들었다.

대화를 마치면서 나는 앞으로 그를 자주 만나야겠다고 작정했다. 그날 나는 조국 교수를 찜했다.

한 달 후쯤인 2009년 8월 27일, 나는 조국 교수를 〈오마이뉴스〉가 주최하는 '10만인클럽' 특강의 강사로 모셨다. '10만인클럽'은 월 1만 원을 내고 〈오마이뉴스〉의 각종 서비스를 이용하는 '자발적 유료구독자'들의 모임이다. 그날의 수강생 정원은 100명이었는데 400여 명이 신청을 했다. 그의 인기를 실감했다. 그날 특강은 '진보의 미래'에 초점을 맞추었는데 내용이 알찼다. 그의 고민의 깊이를 알 수 있었다.

나는 며칠 후 다시 조국 교수를 만나 정식으로 '프러포즈'했다.
"우리 세대가 다시 한 번 불꽃을 태워야 한다고 하셨죠? 그 이야기를 본격적으로 나눠보지 않겠습니까? 빠르면 2012년, 늦어도 2017년에 왜 우리가 다시 집권을 해야 하는지, 그러기 위해서는 우리가 지금부터 무엇을 준비해야 하는지 저와 긴 대화를 나눠보지 않겠습니까?"

조국 교수는 흔쾌히 답했다.
"부담이 되긴 하지만 필요하고 의미 있는 일이라고 생각합니다. 한번 해봅시다."

우리는 두 사람의 대화를 녹음하고 잘 정리해서 한 권의 책으로 펴내기로 했다. 우리 둘뿐만이 아니라 독자들과 함께 '다시 한 번 불꽃을 태우는 잔치'를 벌여야 한다고 생각했기 때문이다. 그리고 몇 달간, 우리는 때때로 동네 커피숍에서 만나 대담을 준비했다.

2010년, 저 멀리서 봄기운이 느껴질 무렵부터 우리는 한 달에 한

두 번씩 만나 본격적으로 대화를 나눴다. 때로는 대여섯 시간에 걸쳐 심층 대화를 나누기도 했고, 때로는 30분 정도 중간 점검 티타임을 가지기도 했다. 조국 교수의 서울대 법대 연구실과 방배동의 카페들이 주요 대화 장소였다. 2월 17일에 시작한 대화는 9월 초에야 마무리됐다.

우리는 왜 진보·개혁 진영이 이명박에게 정권을 빼앗겼는지를 점검하고 다시 정권을 찾기 위해 무엇이 필요한지, 그 설계도를 한장 한장 그렸다. 그것은 한편으로는 뼈저린 반성으로 시작된 진보·개혁 진영의 자기 재개발 프로젝트였고, 다른 한편으로는 우리 자녀 세대들이 사람답게 살 수 있는 진보의 고속도로를 만들어내는 일이었다. 이 책은 7개월간 이루어진 대담의 긴 여정을 기록하여 정리한 것이다.

나는 조국 교수와 대담을 하면서 많은 것을 배웠다. 그는 1964년생인 나보다 한 살 어린 1965년생이지만, 대학에는 나보다 한 해 더 빨리 들어간 82학번이다. 나는 그로부터 일반 국민의 눈높이에 맞는 자연스러운 답변을 얻기 위해 사전에 구체적인 질문의 내용을 예고해주지 않았는데, 그는 어떤 분야의 질문을 받아도 '아하, 그렇구나' 하는 반응이 나올 정도로 예리한 답을 해줬다. 정치, 교육, 주택, 일자리, 남북 문제, 세계화 등 다양한 영역에서 그는 준비된 시각, 준비된 콘텐츠를 가지고 있었다.

특히 나는 그동안 진보·개혁 진영이 애매하게 방치해놓은 부분, 예컨대 경쟁은 나쁜 것인가, 북한 인권 문제를 어떻게 다룰 것인가, 왜 한·미 FTA는 반대하면서 한·EU FTA에는 무대응인가 등의 질문을 던졌는데 그의 답은 '새로운 것'을 기대하는 나를 실망시키지 않았다. 그 때문에 나는 그의 답을 들으면서 그로부터 개별 과외를 받는 기분이 들었다. 대담의 횟수가 거듭될수록 하루빨리 그 '특혜'를 다른 사람과 나누고 싶었다.

내가 조국 교수와 7개월의 긴 대화를 즐길 수 있었던 또 하나의 이유는 그의 긍정적 사고 덕분이었다. 그는 촛불 시민의 힘을 믿었다. 분단사회를 규정하는 힘이 강하다는 것을 인정하면서도 그것에 파열구를 낼 수 있는 시민의 힘을 믿었다. 그는 김대중·노무현 정권의 한계를 분명하게 지적하면서도 왜 그런 한계가 있을 수밖에 없었는지 애정을 가지고 조명했다. 두 민주정권의 한계만을 난도질하듯 냉소적으로 지적하면서 자기는 그 책임과 무관하다는 식의 태도를 보여온 일부 진보 정치인이나 교수들과는 달랐다. 그는 진보·개혁 진영의 과거의 한계에 자신의 한계를 포함시켰고, 그래서 자신부터 다시 시작해야 한다고, 다시 불꽃을 태워야 한다고 했다. 그는 '나의 실천'을 강조했다.

그래서일까? 조국 교수에게 긴 대화를 해보자고 프러포즈를 한 것은 나인데, 정작 7개월간의 대화를 정리하고 보니 프러포즈를 당한 것은 나였다. 그는 말한다. "우리 제대로 한번 해봅시다."

한때는 민주화를 위해 거리에 나서기도 하면서 열정적으로 세상을 바꿔보려 했는데 지금은 맥이 풀린 채 살아가는 386이 있는가? 현대사에서 대학생은 사회 변화의 선도자였다는데 우리는 취직의 포로가 되어 젊은 날들을 이렇게 보내도 되는가 하고 찜찜해하는 20대가 있는가? 아이 하나 낳아 키우기도 버겁기만 한데 우리 문제를 풀어줄 정치권에는 왜 이리 희망이 없나 하고 절망하는 30대가 있는가? 그렇다면 조국 교수의 프러포즈를 들어보길 권한다.

집권을 꿈꾸는 자가 있는가? 자신이 지지하는 정치인이 대통령이 되기를 바라는가? 다시는 진보 대통령이 조·중·동과 검찰의 공격을 받아 부엉이바위에 오르는 일이 있어서는 안 된다고 생각하는가? MB 시대에 염증을 느끼고 있는가? 그렇다면 조국 교수의 이 책을 정독하라. 지금 자신이 준비해야 할 일을 찾을 수 있을 것이다.

물론 이 책은 자신이 보수라고 생각하는 사람이 읽어도 도움이 될 것이다. 진보·개혁 진영이 무엇을 고민하고 있는지, 어떻게 집권 계획을 설계하고 있는지를 알고 싶어 하는 보수 세력, 그래서 진보와 선의의 경쟁을 해보고 싶은 보수 세력에게도 이 책을 권한다.

나는 이 대담을 진행하면서 개인적으로 두 개의 트랙을 동시에 보는 즐거움을 누렸다. 하나는 위에서 말한 대로 조국이 답하는 우리 사회의 해법, 진보 집권 전략을 들어보는 것이었다. 또 하나의 즐거운 탐험은 조국이라는 인물 그 자체를 조금씩 더 알아가는 것이었다. 나는 그와 만나면서 나와는 다른 그를 목격하곤 했다. 예를 들면 이런 것들이다. 하루는 함께 카페에 갔는데 그가 커피를 샀다. 그런데 현금이나 카드 대신 공짜 쿠폰을 내미는 것이었다. 단골 카페에서 주는, 도장이 꽉꽉 찍힌 쿠폰을 잘 모아놓았다가 요긴하게 활용한 것이다. 아, 그 세심함과 착실함이란. 성질이 급하고 엄벙대는 나는 그런 공짜 쿠폰을 몇 차례 받아봤지만 도장을 다 채우지 못하거나 잘 보관하지 못한 탓에 단 한 번도 써먹지 못했다.

조국 교수는 자녀교육과 가사노동에서도 나와는 차원이 다른 역할을 하고 있는 듯했다. 어느 날 우리의 대화 도중 그의 중학생 아들이 전화를 걸어왔기에 부자지간의 통화를 본의 아니게 엿듣게 되었는데, 그가 이렇게 말하는 것이 아닌가. "거기 냉장고 열어보면 두 번째 칸 오른쪽에 사다 놓은 거 있거든? 그거 먹은 다음에는……."

그는 신세대적 소통에도 능하다. 내게 아이폰에 어떤 어플이 있는지 가르쳐주기도 했다. "참고로 카카오톡 어플을 쓰면 무료로 문자를 교환할 수 있습니다"라고 내게 권유문자를 몇 차례 보내서 그 네트워크의 세계로 안내하기도 했다. 그는 오래전부터 페이스북 사용을 즐기고 있다. 그가 페이스북 담벼락에 남긴 글을 보면 얼마나 음악을 전방위적으로 좋아하는지 알 수 있다. 그의 글에는 국내외 시인들의 시가 자주 등장한다.

그런 그가 우리에게 '진보 집권 전략'을 프러포즈했다. 섬세하고 낭만적이며 학구적인 그가 집권 전략을 이야기할 때는 원대하고 담대하다. 마키아벨리처럼 정치판의 냉정한 논리와 정치인의 권력욕을 직시하면서 계획을 세워야 한다고 말한다.

사실 우리 두 사람의 대화는 분명 부담스러운 것이다. 사회통념상 '객관보도'와 '학문집중'을 요구받는 언론인과 대학교수가 드러내 놓고 진보의 집권을 위해 거리에서 깃발을 휙 치켜든 것이기 때문이다. 조국 교수는 그것을 알면서도 에둘러 이야기하지 않았다. 노벨상 수상자이기도 한 폴 크루그먼 교수가 《미래를 말하다》에서 눈치코치 보지 않고 미국 민주당의 집권 전략을 설파한 것과 비슷하다. 386세대의 학생운동식으로 말하면 조국 교수는 이 대담을 통해 일종의 '선도투쟁'을 한 것이다.

이 책을 읽는 독자들은 조국 교수의 '이후'가 궁금해질 것이다. 2012년, 늦어도 2017년에 진보·개혁 진영이 집권하기 위한 전략을 설파한 그가 그 과정에서 어떤 역할을 할지, 사실 나도 궁금하다. 설계자에 머물지, 시공자 역할도 할지, 혹은 감리자가 될지……. 그는 학자로서 진보·개혁 진영의 연대와 승리를 위한 '접착제' 역할을 하겠다고 했지만, 나는 그가 한 걸음 더 나아가길 바란다.

이번 6·2 지방선거를 기점으로 진보·개혁 진영에 앞날이 기대되는 정치인들이 다수 등장했다. 좋은 일이다. 조국 교수의 이후와 그들의 이후를 함께 그려보면 몇 가지 재미있는 상상도를 만들어낼 수 있을 것이다.

그렇다면 우리가 함께 그려갈 상상도는 과연 신명 나는 현실이 될 수 있을까? 그 답은 독자 여러분이 가지고 있다. 신명은 판을 함께 만들어가는 과정에서 나온다. 조국 교수는 이미 당신에게 프러포즈했다.

"우리 함께 판을 만들어봅시다. 신명 나는 잔치를 다시 시작해봅시다."

2010년 9월
새로운 10년을 준비하는 안식월에
오연호

진보집권플랜
오연호가 묻고 조국이 답하다

1판 1쇄 펴낸날 | 2010년 11월 5일
1판 18쇄 펴낸날 | 2019년 10월 14일

지은이 | 조국·오연호
펴낸이 | 오연호
기획편집 | 서정은
교정 | 김인숙·김성천
녹취 | 서유진
사진 | 권우성·남소연·유성호
디자인 | 공중정원 박진범
인쇄 | 천일문화사

펴낸곳 | 오마이북
등록 | 제2010-000094호 2010년 3월 29일
주소 | 서울시 마포구 월드컵로14길 42-5 (04003)
전화 | 02-733-5505
팩스 | 02-3142-5078
www.ohmynews.com
book@ohmynews.com

ⓒ 조국·오연호, 2010

ISBN 978-89-964305-2-0 03300

이 도서의 국립중앙도서관 출판시도서목록(CIP)은 e-CIP 홈페이지(http://www.nl.go.kr/ecip)에서 이용하실 수 있습니다. (CIP제어번호: CIP2010003749)

오마이북은 오마이뉴스에서 만드는 책입니다.